MY WRITING COACH

내신서술형 중1

KB189687

교재 내용 문의	교재 내용 문의는 EBS 중학사이트 (mid.ebs.co.kr)의 교재 Q&A 서비스를 활용하시기 바랍니다.	교재 정오표 공지	발행 이후 발견된 정오 사항을 EBS 중학사이트 정오표 코너에서 알려 드립니다. **교재학습자료 → 교재 → 교재 정오표**	교재 정정 신청	공지된 정오 내용 외에 발견된 정오 사항이 있다면 EBS 중학사이트를 통해 알려 주세요. **교재학습자료 → 교재 → 교재 선택 → 교재 Q&A**

중학 내신 영어 해결사
MY COACH 시리즈

MY WRITING COACH

내신서술형 중1

FEATURES OF MY WRITING COACH

"영어의 활용 능력 향상에 초점을 맞춘 교육의 점층적 변화에 따라 서술형 문제에 대한 중요성이 날로 강조되고 있습니다. 객관식 문제의 해결 능력과는 달리, 서술형의 문제 해결을 위해서는 문법을 정확히 알고, 종합적으로 활용할 수 있는 능력이 필요하며, 단순 암기로는 해결할 수 없는 부분이 존재합니다. 따라서 서술형에서의 감점 요소와 요인은 다양하며 이에 따라 내신 등급에도 큰 영향을 미칠 수 있습니다.

〈EBS MY WRITING COACH〉의 목표는 서술형 문제 해결 능력의 100% 습득입니다. 학교 현장에서 내신 서술형에 실제로 출제되는 다양한 유형의 문제 분석을 통해 주요 문법 포인트별로 빈출 서술형 문제 유형이 정리되어 있으며, 문제 해결에 필요한 문법적, 구조적 학습과 단계별 학습이 가능하도록 설계되어 실질적인 학습 효과를 거둘 수 있습니다."

WORD PREVIEW

학습에 들어가기 전 미리 단어를 확인하여 학습의 효과를 최대화할 수 있습니다.

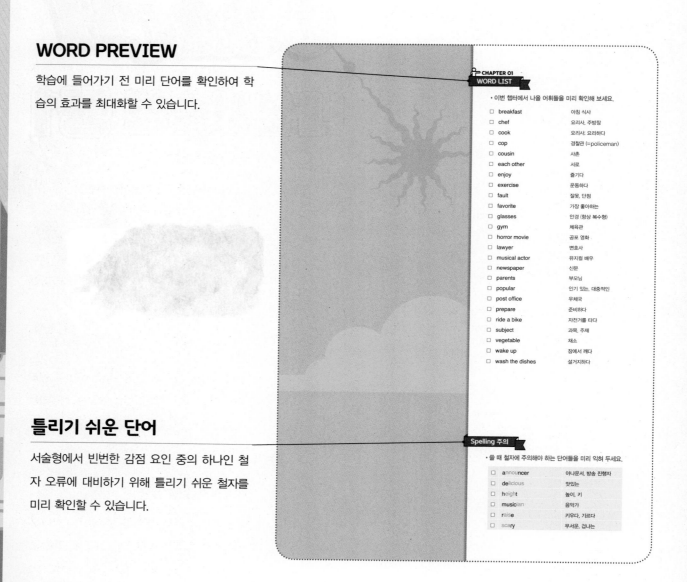

CHAPTER 01
WORD LIST

• 이번 챕터에서 나올 어휘들을 미리 확인해 보세요.

☐ breakfast	아침 식사
☐ chef	요리사, 주방장
☐ cook	요리사, 요리하다
☐ cop	경찰관 (=policeman)
☐ cousin	사촌
☐ each other	서로
☐ enjoy	즐기다
☐ exercise	운동하다
☐ fault	잘못, 단점
☐ favorite	가장 좋아하는
☐ glasses	안경 (항상 복수형)
☐ gym	체육관
☐ horror movie	공포 영화
☐ lawyer	변호사
☐ musical actor	뮤지컬 배우
☐ newspaper	신문
☐ parents	부모님
☐ popular	인기 있는, 대중적인
☐ post office	우체국
☐ prepare	준비하다
☐ ride a bike	자전거를 타다
☐ subject	과목, 주제
☐ vegetable	채소
☐ wake up	잠에서 깨다
☐ wash the dishes	설거지하다

틀리기 쉬운 단어

서술형에서 빈번한 감점 요인 중의 하나인 철자 오류에 대비하기 위해 틀리기 쉬운 철자를 미리 확인할 수 있습니다.

Spelling 주의

• 쓸 때 철자에 주의해야 하는 단어들을 미리 익혀 두세요.

☐ announcer	아나운서, 방송 진행자
☐ delicious	맛있는
☐ height	높이, 키
☐ musician	음악가
☐ raise	키우다, 기르다
☐ scary	무서운, 겁나는

서술형 필수 문법 & 빈출 유형 학습

🏛 01 be동사의 현재형 '~다', '~에 있다'

빈출 유형 **대화 완성**

주어진 말을 활용하여 대화를 완성하시오.

> A: Is he Minsu?
> B: Yes, he is. 그와 나는 같은 반이야.
> (the same class, in)

→ _____

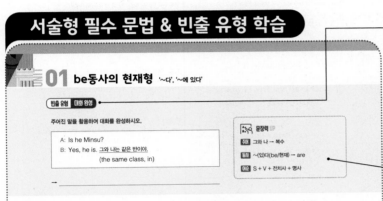

📖 문장력 UP
- **주어** 그와 나 → 복수
- **동사** ~(있)다(be/현재) → are
- **어순** S + V + 전치사 + 명사

필수 문법

| 1 | 동작이 아닌, '~(이)다, ~에 있다'로 끝나면 be동사를 써요.

어순	be의 의미	예문
주어 + be + 명사	~ (이)다	He is a cop. 그는 경찰이다.
주어 + be + 형용사	~다	He is free. 그는 한가하다(한가한 + 다).
주어 + be + 전치사 + 명사	~(에) 있다	He is in a car. 그는 차 안에 있다.

| 2 | 주어에 맞는 형태로 be동사를 쓰세요. 인칭대명사 주어와 be동사는 줄여 쓸 수도 있어요.

단수 주어		현재형 (축약형)	복수 주어	현재형 (축약형)
모든 단수 주어 (He, She, It)		is (-'s)	모든 복수 주어 (We, They, You)	are (-'re)
1인칭	I	am (I'm)		
2인칭	You	are (You're)		

| 3 | be동사 뒤에 〈전치사 + 명사〉는 문맥에 맞게 사용해야 해요.
- 〈be + from + 나라/도시〉 ~에서 왔다, ~ 출신이다
- 〈be + with + 사람〉 ~와 함께 있다
- 〈be + for + 사람〉 ~를 위한 것이다

빈출 유형 해결

해설
- ☑ and로 묶인 하나의 주어(He and I)는 복수 주어이고, 시제는 현재이므로 be동사는 are를 써요.
- ☑ 동사 뒤에 나머지 말 the same class, in은 〈전치사 + 명사〉의 순서로 써야, '같은 반에 있다, 같은 반이다'가 돼요.
- **정답** He and I are in the same class.

---

❶ 빈출 유형

챕터에서 다루고 있는 문법 요목을 유닛별로 나누어 빈출 유형의 문제가 제시됩니다. 학습자들이 문제를 직접 해결해 볼 수 있도록 구성되어 있습니다.

❷ 문장력 UP

서술형 문제의 가장 기본적인 유형인 '문장 완성, 배열, 영작' 등의 문제를 풀 때, 문장의 성분을 이해하고 시제와 어순에 맞게 쓸 수 있게 하는 단서들이 〈문장력 UP(활용 능력 UP)〉 코너에 제시됩니다. 이로써 빈출 유형별로 문장을 쉽고도 정확하게 쓸 수 있습니다.

❸ 필수 문법

문제 해결에 요구되는 필수적인 문법이 정리되어 있습니다. 제시된 빈출 유형을 해결하는 데 어떤 문법적 요소가 요구되는지를 필수 문법을 통해 확인하고 학습할 수 있습니다.

❹ 빈출 유형 해결

빈출 유형의 풀이 과정 및 정답을 제시하여 학습자들이 직접 풀어 본 것과 비교해 볼 수 있고, 직접 풀지 않더라도 풀이 과정과 답을 보며 직접 풀이한 것과 같은 효과를 낼 수 있습니다.

FEATURES OF MY WRITING COACH

실전 유형으로 PRACTICE

❶ 빈출 유형 오답 풀이

(PRACTICE 01)

빈출 유형과 동일한 유형의 또 다른 문제와 오답을 보며, 어느 부분이 틀렸고 어떻게 써야 했었는지를 확인하며 학습할 수 있습니다.

❷ 빈출 유형 훈련

(PRACTICE 02~04)

빈출 유형과 동일한 유형의 다른 문제들을 직접 해결하며 배운 내용을 확인 학습할 수 있습니다.

❸ 다양한 서술형 유형 훈련

(PRACTICE 05~10)

해당 유닛에서 학습한 내용을 토대로 빈출 유형 이외의 다양한 유형을 직접 풀어 보며 완벽한 서술형 대비 학습이 가능합니다.

📖 실전 유형으로 PRACTICE

정답과 해설 · 2쪽

[대화 완성]
[01~04] 주어진 말을 활용하여 대화를 완성하시오.

01
> A: Is Ming Korean?
> B: No. 그녀와 나는 중국에서 왔어.
> (China, from, be)

→ ____She and I am China. from.____ (X)

👤 위의 오답에서 틀린 부분을 찾아 바르게 고쳐 주세요.

☑ 주어에 맞는 be동사   ☑ 전치사의 위치

→ _____

💬 She and I는 복수 주어이므로 am이 아니라 are가 되어야 해요. be동사 뒤에 〈from + 국가/도시〉을 쓰면 '~에서 왔다'라는 의미가 되며, 나라 이름 앞에는 관사를 쓰지 않아요.

02
> A: Are you busy now?
> B: No. 나는 한가해.
> (free, be)

→ _____

03
> A: Is Minhee here?
> B: No. 그녀는 진희와 함께 있어.
> (Jinhee, with, be)

→ _____

💬 be동사 뒤에 〈with + 사람〉을 쓰면 '~와 함께 있다'라는 의미가 돼요.

04
> A: Is the young man a singer?
> B: No. 그는 선생님이야.
> (a teacher, be)

→ _____

[오류 수정]
[05~06] 어법상 틀린 부분을 찾아 고쳐 쓰시오.

05 Lisa and I am good friends.

_____ → _____

06 Your father are a good cook.

_____ → _____

[단어 배열]
[07~08] 우리말과 일치하도록 주어진 말을 알맞게 배열하시오.
(단, 필요시 동사의 형태를 바꿀 것)

07 내가 가장 좋아하는 과목은 수학이야.
(favorite / math / my / be / subject)

_____

08 그는 똑똑하고 상냥하다.
(smart / he / nice / be / and)

_____

[보기 영작]
[09~10] 주어진 말을 활용하여 보기 와 같이 영작하시오.
(단, 인칭대명사와 be동사는 줄여 쓸 것)

┌─ 보기 ──────────────
│ my dad / a chef / kind
│ → My dad is a chef. He's kind.
└─────────────────────

09 My aunt / an announcer / friendly

_____

10 Sue and Kim / soccer players / fast

_____

💬 인칭대명사와 be동사는 줄여 쓸 수 있어요.
→ I'm, He[She, It]'s, You[They, We]'re

중간고사 · 기말고사 실전문제

챕터별 실전문제를 제공하여 챕터에서 다룬 여러 유닛의 내용을 종합적으로 복습하고 확인 학습할 수 있을 뿐만 아니라, 학교별 중간고사 · 기말고사의 범위에 맞춘 학습도 가능합니다.

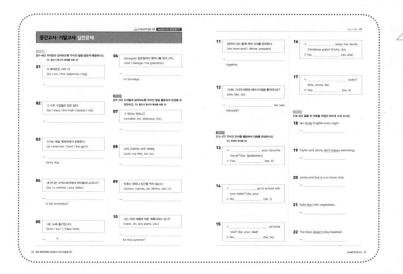

WORKBOOK

본책의 중간고사 · 기말고사 실전문제와 동일하게, 다양한 빈출 유형으로 챕터별로 추가 학습하여 실력을 다질 수 있습니다.

정답과 해설

정답과 함께, 문제 해결에 필요한 필수 문법 및 주의할 포인트를 확인 학습할 수 있습니다.

CONTENTS & STUDY PLAN

THE MOST COMMON MISTAKES

" 여러 가지 문법적 요소를 모두 고려하여 써야 하는 서술형 문제의 특성상, 문제가 중점적으로 요구하는 부분을 학습한 것을 토대로 해결하여 쓸 수 있어야 합니다. 이 과정에서 가장 기본적이며 빈번하게 고려해야 하는 관사나 동사 형태 등에 대해 소홀하게 되어 감점을 받는 안타까운 상황이 많이 일어납니다. 본 교재를 학습하기에 앞서 서술형 문제에서 감점 없이 만점을 받는 데 필요한 너무나도 기본적이며 따라서 가장 중요할 수 있는 부분들을 인지하는 것이 실수를 줄이고, 학습의 동기 부여는 물론 학습의 효과를 극대화하는 결과를 가져올 것입니다. "

1. 관사 어려운 문장을 잘 써 놓고 이것 때문에 감점을 받으면 가슴이 쓰리다.

우리말과 일치하도록 주어진 말을 활용하여 문장을 완성하시오.

> 내 아빠는 나에게 새 자전거를 가져다주셨다. (bring, bike, new)
> → My dad **brought me new bike**. (X)

☑ 시제: 동사 bring을 시제에 맞게 과거형 brought로 잘 썼어요.
☑ 어순: 4형식 긍정문 〈동사 + 간접목적어(me) + 직접목적어(new bike)〉의 순서로 잘 썼어요.
☒ 관사: 셀 수 있는 단수 명사 bike에 대한 부정관사를 빼먹었어요!
    → My dad **brought me a new bike**. (O)

이 답을 쓴 학습자는 분명히 관사의 법칙을 알고 있을 것입니다. 하지만 직접 써야 하는 서술형 문제의 특성상 4형식 어순과 시제까지 신경을 쓰면서 답을 작성하다 보면, 이런 단순한 실수를 자주 하게 됩니다.

MUST CHECK 모든 명사는 항상! 관사가 필요한지 아닌지, 어떤 관사가 필요한지를 꼼꼼히 확인한다.

2. 전치사 의외로 많이 혼동되는 이 녀석 때문에 감점을 받는 경우가 많다.

우리말과 일치하도록 주어진 말을 활용하여 문장을 완성하시오.

> 여기서 학교까지 뛰어가자. (run, here, to)
> → **Let's run here to** the school. (X)

☑ 표현: '~하자, ~합시다'라는 의미의 청유문이므로 Let's를 잘 썼어요.
☑ 동사: 〈Let's + 동사원형(run)〉으로 잘 썼어요.
☒ 전치사: '여기서 학교까지'는 '여기서부터 학교까지'라는 의미로 '~로부터'라는 전치사 from을 써야 해요.
    → **Let's run from here to** the school. (O)

이 학습자는 분명히 from의 의미를 알고 있을 것입니다. 하지만 우리말로는 표현하지 않는 것들까지 영어로 써야 하는 서술형의 특성상 전치사를 잘못 쓰거나 빼먹는 경우들도 많이 발생합니다.

MUST CHECK 의미에 따라 어떤 전치사를 쓰는지를 알고, <전치사 + 명사>의 형태로 학습하도록 한다.

3. 동사의 현재형 3인칭 단수 주어에 맞는 동사의 현재형은 입이 닳도록 배우지 않았나? 그런데 꼭 틀린다.

주어진 말을 활용하여 대화를 완성하시오.

> A: What does Susan do on weekends?
>
> B: <u>She enjoy playing tennis</u> with her dad. (tennis, enjoy, play) (X)

☑ 목적어: 동사 enjoy에 맞는 동명사 목적어(playing)를 잘 썼어요.

☑ 관사: 운동[경기] 앞에는 관사를 쓰지 않으므로 playing tennis로 잘 썼어요.

☒ 동사: 주어가 3인칭 단수이고 시제가 현재임에도 현재형에 -(e)s를 붙이지 않았어요.

  → **She enjoys playing tennis** with her dad. (O)

주어가 3인칭 단수일 때, 동사의 현재형은 -(e)s를 붙인다는 것을 여러 번 배웠지만, 막상 동사에 맞는 목적어의 형태와 명사의 관사 등을 신경 쓰다 보면 이런 실수를 하게 됩니다.

MUST CHECK 동사를 쓸 때는 반드시 주어와 시제를 확인해야 한다.

4. 동사의 과거분사형 암기하라고 할 때 암기했어야 했다. 모르면 절대 쓸 수 없는 불규칙 과거분사형!

우리말과 일치하도록 주어진 말을 활용하여 대화를 완성하시오.

> A: Would he like some plants for his birthday?
>
> B: <u>그는 어떤 식물도 길러 본 적이 없어.</u> (grow, never, plants, any)
>
>   → <u>He has never growed any plants.</u> (X)

☑ 시제: 경험(~한 적 있다)을 나타내는 현재완료 시제를 주어에 맞게 〈has + 과거분사〉로 잘 썼어요.

☑ 부사: never를 조동사인 has와 과거분사 사이에 잘 썼어요.

☒ 과거분사: 현재완료 시제 〈has + 과거분사〉에서 과거분사를 잘못 썼어요. grow는 규칙 변화하는 동사가 아니라 불규칙 변화하는 동사로, 불규칙 동사 변화는 꼭 암기해 두어야 해요.

  → **He has never grown any plants.** (O)

시제 판단, 주어에 맞는 has, never의 위치 등 모든 것을 완벽하게 영작했으나, 정작 과거분사의 형태를 잘못 쓴 아쉬운 답이 되었습니다.

MUST CHECK 불규칙 동사 변화는 무조건 암기하라! 172쪽~175쪽에 수록되어 있는 불규칙 동사 변화를 몇 번 보면 나름의 규칙성이 보인다.

5. 동사의 진행형 <be동사 + V-ing>라고 알고는 있지만, 꼭 be동사를 빼먹는다.

우리말과 일치하도록 주어진 말을 활용하여 문장을 쓰시오.

> 내가 그에게 전화했을 때, 그는 샤워하고 있었다. (call, a shower, take)
>
> → When I called him, he taking a shower. (X)

☑ 접속사와 부사절: 접속사 when과 when절의 시제(과거)까지 잘 썼어요.

☑ 표현: take a shower(샤워하다)를 정확하게 알고 있네요.

☒ 진행형: 과거진행형이라는 것을 분명히 알고 썼지만, was(be동사)를 빼먹었어요.

   → **When I called him, he was taking a shower.** (O)

이런 실수는 말이 안 된다고 생각할지 모르지만, 실제로 많은 학습자가 진행형의 be동사를 빼먹거나, be동사의 시제를 잘 못 쓰는 실수를 자주 하게 됩니다.

(MUST CHECK) 시제를 판단한 후에는, 반드시 동사의 형태를 확인해야 한다.

6. 의문문 & 부정문 기본이지만 어순을 생각하다 보면, 항상 시제 등의 기타 실수를 하게 된다.

주어진 말을 활용하여 대화를 완성하시오.

> A: **Is he call** you last night? (call) (X)
>
> B: No. He **doesn't call** me last night. Why do you ask? (X)

☑ 의문문: 의문문은 동사를 주어 앞에 써야 한다는 것을 잘 알고 있네요.

☑ 부정문: 일반동사 부정문은 동사 앞에 <조동사 do(es)[did] + not>을 쓰는 것도 알고 있어요.

☒ 조동사: 의문문에서 조동사 did를 사용하지 않았고, 부정문에서는 시제가 틀렸어요.

   → A: **Did he call** you last night? (O)

   B: No. He **didn't call** me last night. Why do you ask? (O)

막상 쓸 때는 의문문의 어순만 판단하고, be동사인지 일반동사인지를 구분하지 않는 경우들이 많습니다. 부정문은 don't 인지 doesn't인지를 판단하는 데만 집중하여 정작 시제를 놓치는 경우들도 있습니다.

(MUST CHECK) 의문문과 부정문은 어순 이외에도 주어, 동사, 시제를 모두 꼼꼼히 따져 보아야 한다.

[01]

be동사와 일반동사

CHAPTER 01
WORD LIST

• 이번 챕터에서 나올 어휘들을 미리 확인해 보세요.

☐	breakfast	아침 식사
☐	chef	요리사, 주방장
☐	cook	요리사; 요리하다
☐	cop	경찰관 (=policeman)
☐	cousin	사촌
☐	each other	서로
☐	enjoy	즐기다
☐	exercise	운동하다
☐	fault	잘못, 단점
☐	favorite	가장 좋아하는
☐	glasses	안경 (항상 복수형)
☐	gym	체육관
☐	horror movie	공포 영화
☐	lawyer	변호사
☐	musical actor	뮤지컬 배우
☐	newspaper	신문
☐	parents	부모님
☐	popular	인기 있는, 대중적인
☐	post office	우체국
☐	prepare	준비하다
☐	ride a bike	자전거를 타다
☐	subject	과목, 주제
☐	vegetable	채소
☐	wake up	잠에서 깨다
☐	wash the dishes	설거지하다

Spelling 주의

• 쓸 때 철자에 주의해야 하는 단어들을 미리 익혀 두세요.

☐	announcer	아나운서, 방송 진행자
☐	delicious	맛있는
☐	height	높이, 키
☐	musician	음악가
☐	raise	키우다, 기르다
☐	scary	무서운, 겁나는

01 be동사의 현재형 '~다', '~에 있다'

주어진 말을 활용하여 대화를 완성하시오.

> A: Is he Minsu?
> B: Yes, he is. 그와 나는 같은 반이야.
>   (the same class, in)

→ _____

 문장력 UP

주어 그와 나 → 복수

동사 ~(있)다(be/현재) → are

어순 S + V + 전치사 + 명사

 | 1 | 동작이 아닌, '~(이)다, ~에 있다'로 끝나면 be동사를 써요.

어순	be의 의미	예문
주어 + be + 명사	~(이)다	He is a cop. 그는 경찰이다.
주어 + be + 형용사	~다	He is free. 그는 한가하다(한가한 + 다).
주어 + be + 전치사 + 명사	~(에) 있다	He is in a car. 그는 차 안에 있다.

| 2 | 주어에 맞는 형태로 be동사를 쓰세요. 인칭대명사 주어와 be동사는 줄여 쓸 수도 있어요.

단수 주어		현재형 (축약형)	복수 주어	현재형 (축약형)
모든 단수 주어 (He, She, It)		is (-'s)	모든 복수 주어 (We, They, You)	are (-'re)
1인칭	I	am (I'm)		
2인칭	You	are (You're)		

| 3 | be동사 뒤에 〈전치사 + 명사〉는 문맥에 맞게 사용해야 해요.

* 〈be + from + 나라/도시〉 ~에서 왔다, ~ 출신이다

* 〈be + with + 사람〉 ~와 함께 있다

* 〈be + for + 사람〉 ~를 위한 것이다

빈출 유형 해결

해설

☑ and로 묶인 하나의 주어(He and I)는 복수 주어이고, 시제는 현재이므로 be동사는 are를 써요.

☑ 동사 뒤에 나머지 말 the same class, in은 〈전치사 + 명사〉의 순서로 써야, '같은 반에 있다, 같은 반이다'가 돼요.

정답 He and I are in the same class.

📖 실전 유형으로 PRACTICE

[01~04] 주어진 말을 활용하여 대화를 완성하시오.

01
> A: Is Ming Korean?
> B: No. <u>그녀와 나는 중국에서 왔어.</u>
> (China, from, be)

→ _____ She and I am China from. _____ (X)

🎧 위의 오답에서 **틀린** 부분을 찾아 바르게 고쳐 주세요.

☑ 주어에 맞는 be동사   ☑ 전치사의 위치

→ _____

💬 She and I는 복수 주어이므로 am이 아니라 are가 되어야 해요. be동사 뒤에 〈from + 국가/도시〉을 쓰면 '~에서 왔다'라는 의미가 되며, 나라 이름 앞에는 관사를 쓰지 않아요.

02
> A: Are you busy now?
> B: No. <u>나는 한가해.</u>
> (free, be)

→ _____

03
> A: Is Minhee here?
> B: No. <u>그녀는 진희와 함께 있어.</u>
> (Jinhee, with, be)

→ _____

💬 be동사 뒤에 〈with + 사람〉을 쓰면 '~와 함께 있다'라는 의미가 돼요.

04
> A: Is the young man a singer?
> B: No. <u>그는 선생님이야.</u>
> (a teacher, be)

→ _____

[05~06] 어법상 **틀린** 부분을 찾아 고쳐 쓰시오.

05 Lisa and I am good friends.

_____ → _____

06 Your father are a good cook.

_____ → _____

[07~08] 우리말과 일치하도록 주어진 말을 알맞게 배열하시오.
(단, 필요시 동사의 형태를 바꿀 것)

07 내가 가장 좋아하는 과목은 수학이야.
(favorite / math / my / be / subject)

→ _____

08 그는 똑똑하고 상냥하다.
(smart / he / nice / be / and)

→ _____

[09~10] 주어진 말을 활용하여 │보기│와 같이 영작하시오.
(단, 인칭대명사와 be동사는 줄여 쓸 것)

│ 보기 │
my dad / a chef / kind
→ My dad is a chef. He's kind.

09 My aunt / an announcer / friendly

→ _____

10 Sue and Kim / soccer players / fast

→ _____

💬 인칭대명사와 be동사는 줄여 쓸 수 있어요.
→ I'm, He[She, It]'s, You[They, We]'re

02 be동사의 부정문과 의문문 '～가 아니다', '～이니?'

빈출 유형 **대화 완성**

다음 대화의 빈칸에 알맞은 말을 쓰시오.

> A: _____ Tom and Sam your friends?
>
> B: No, _____ _____.

> **문장력 UP**
>
> **주어** Tom and Sam → 복수
>
> **동사** ～이니?/～가 아니다(be) → are
>
> **어순** 의문문 Be동사 + S + 명사?
> 대답 No, S + 'be동사+not' 축약.

 | 1 | '～이 아니다'는 be동사 뒤에 not을 붙여요.

단수 주어		현재형 부정 (축약형)	복수 주어	현재형 부정 (축약형)
모든 단수 주어 (He, She, It)		is not (isn't)	모든 복수 주어 (We, They, You)	are not (aren't)
1인칭	I	am not (축약 X)		
2인칭	You	are not (aren't)		

| 2 | '～이니?, ～입니까?'라는 의문문은 be동사를 주어 앞으로 옮겨요.

평서문	주어 + be동사 + 나머지 말.	He is a lawyer. 그는 변호사예요.
의문문	Be동사 + 주어 + 나머지 말?	Is he a lawyer? 그는 변호사입니까?

| 3 | be동사 의문문의 대답은, 〈Yes/No, 인칭대명사 + be동사〉로 해요.

[의문문]   Is your sister a musician?
[긍정 대답] Yes, she is. 네, 그래요.
[부정 대답] No, she isn't. 아니요, 그렇지 않아요.
        ↳ 부정 대답의 경우, 'be동사+not'을 축약해서 써요.

빈출 유형 해결

해설
☑ and로 묶인 하나의 주어(Tom and Sam)는 복수 주어이고, 시제는 현재이므로 be동사는 are를 써요.
☑ 문장은 의문문이므로 〈Be동사 + 주어 + 나머지 말?〉의 어순으로 써요.
☑ 부정 대답은 〈No, 인칭대명사 + 'be동사+not'의 축약형〉으로 써요.
정답 Are / they aren't

📖👆 실전 유형으로 PRACTICE

[01~04] 다음 대화의 빈칸에 알맞은 말을 쓰시오.

01

A: _____ your uncle a cook?

B: No. _____ _____ _____

_____ _____ .

→ __Are__ / __He__ __not__ __is__

__cook__ _____ (X)

👤 **위의 오답에서 틀린 부분을 찾아 바르게 고쳐 주세요.**

☑ 주어에 맞는 be동사   ☑ not의 위치   ☑ 관사

→ _____ / _____ _____ _____

_____ _____ .

💬👤 be동사의 부정은 be동사 뒤에 not을 붙이며, 셀 수 있는 명사가 단수일 때는 관사 a(n)를 써야 해요.

02

A: _____ your sister at school now?

B: No, _____ _____ .

03

A: _____ Tom and David brothers?

B: No. _____ _____ _____

brothers.

04

A: _____ the musical actors popular?

B: No, _____ _____ .

[05~06] 어법상 틀린 부분을 찾아 고쳐 쓰시오.

05 Is Mina and Bill your cousins?

_____ → _____

06 I amn't 13 years old.

_____ → _____

💬👤 am not은 축약할 수 없어요.

[07~08] 우리말과 일치하도록 주어진 말을 알맞게 배열하시오.
(단, 필요시 동사의 형태를 바꿀 것)

07 Jenny와 나는 그 공원에 있지 않다.

(in / Jenny / park / and / the / be / I / not)

→ _____

08 그것은 그의 잘못이 아니다.

(be / it / his / not / fault)

→ _____

[09~10] 다음 표를 보고, 대화를 완성하시오.

	Jimin (boy)	Minji (girl)
age	14	16
height	170 cm	160 cm

09

A: _____ Jimin 160 cm tall?

B: No, _____ _____ .

💬👤 be동사 의문문에 대한 부정 대답은 〈No, 인칭대명사 + 'be동사 + not'의 축약형〉으로 해요.

10

A: _____ Minji 14 years old?

B: No. _____ _____ _____ 14

years old.

03 일반동사의 현재형 '~한다'

다음 표를 보고, 우리말과 일치하도록 문장을 완성하시오.

	TUE	WED	THU
Paul	study math	–	study English
Jack	–	study Korean	study English

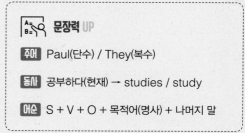

문장력 UP

주어 Paul(단수) / They(복수)

동사 공부하다(현재) → studies / study

어순 S + V + O + 목적어(명사) + 나머지 말

(1) _____ on Tuesday.

(Paul은 화요일에 수학을 공부한다.)

(2) _____ on Thursday.

(그들은 목요일에 영어를 공부한다.)

필수 문법

| 1 | '~한다'는 be동사를 쓰지 않고, 일반동사를 써요.

* '~(이)다, ~에 있다' → [be동사] → 주어에 따라 am, are, is
* '~한다' → [일반동사] → 주어에 따라 동사원형 또는 동사원형-s

| 2 | 일반동사는 주어가 <u>3인칭 단수일 때만</u> 동사원형-s의 형태로 써요.

주어		일반동사 현재형	3인칭 단수 주어	일반동사 현재형
모든 복수 주어 (We, They, You)		동사원형	3인칭 단수 주어 (He, She, It)	동사원형-s
1인칭	I			
2인칭	You			

| 3 | 주어가 3인칭 단수일 때 동사원형-s를 붙이는 방법에 유의하세요.

대부분의 동사	원형-s	walks, runs, eats, plays
-o, -s, -ch, -sh, -x로 끝나는 동사	원형-es	goes, passes, watches, washes, fixes
자음+y로 끝나는 동사	y → -ies	study → studies, fly → flies, try → tries
* have	has	haves (X)

빈출 유형 해결

해설

☑ 주어 Paul(3인칭 단수)에 맞는 일반동사 study의 현재형은 studies가 돼요.

☑ 주어 그들(복수)에 맞는 일반동사 study의 현재형은 동사원형 그대로 써요.

☑ 〈주어 + 일반동사〉 뒤에 무엇을 공부하는지 목적어 명사가 필요해요.

정답 Paul studies math / They study English

실전 유형으로 PRACTICE

도표형

01 다음 표를 보고, 우리말과 일치하도록 문장을 완성하시오.

	skateboard	bike	kickboard
Minjung	X	O	X
Jack	O	X	O

→ _____ Minjung is bike have. _____ (X)

(민정이는 자전거를 가지고 있어.)

👤 위의 오답에서 **틀린** 부분을 찾아 바르게 고쳐 주세요.

☑ 동사의 종류　　☑ 동사의 자리와 형태　　☑ 관사

→ _____

💬👤 be동사를 쓸지 일반동사를 쓸지 판단하고, 주어가 3인칭 단수라는 점에 유의하세요. 일반동사 뒤에 목적어가 있는지를 파악해야 하며, 목적어인 명사가 셀 수 있는 명사라면 부정관사(a, an) 또는 복수형(-s)을 붙여야 해요.

도표형

[02~04] 다음 표를 보고, 문장을 완성하시오.

	Judy	James
Friday	play soccer	play soccer
Saturday	read a book	go fishing
Sunday	watch TV	play the violin

02 Judy and James _____ _____ on Friday.

03 Judy _____ _____ _____ on Saturday. But James _____ _____ on Saturday.

04 Judy _____ _____ on Sunday. But James _____ _____ _____ on Sunday.

💬👤 모음+y로 끝나는 동사는 -ies가 아니라 그냥 -s를 붙여요.
plays, enjoys

오류수정

[05~06] 어법상 **틀린** 부분을 찾아 고쳐 쓰시오.

05 My parents works at the post office.

_____ → _____

06 Peter have an older brother.

_____ → _____

빈칸쓰기

[07~08] 우리말과 일치하도록 주어진 말을 활용하여 빈칸에 알맞은 말을 쓰시오. (단, 필요시 동사의 형태를 바꿀 것)

07 이 드레스는 그녀에게 잘 어울린다. (look good on)

→ This dress _____ _____ her.

08 Nancy는 점심 식사 후에 설거지한다.
(wash the dishes)

→ Nancy _____ _____ _____ after lunch.

문장완성

[09~10] 우리말과 일치하도록 주어진 말을 활용하여 문장을 완성하시오.

09
> 내 여동생은 매일 수영하러 간다.
> (every day, go, swimming)

→ My sister _____
_____ .

10
> 나는 영어를 좋아하고, Suji는 수학을 좋아한다.
> (like, English, math)

→ I _____ and
Suji _____ .

04 일반동사의 부정문 '~하지 않는다'

빈출 유형 **보기 영작**

주어진 말을 활용하여 |보기|와 같이 영작하시오.

> |보기|
> My parents / have / a car
> → My parents don't have a car.

My brother / walk / to school

→ _____

문장력 UP

주어 My brother → 3인칭 단수

동사 걸어가지 않는다(현재/부정)
→ 조동사 does + not + walk

어순 S + V + 전치사 + 명사

 필수 문법

|1| '~하지 않는다'는 〈don't + 동사원형〉의 형태로 써요.

[긍정문] I drink milk. 나는 우유를 마신다.

[부정문] I don't drink milk. 나는 우유를 마시지 않는다.
└→ = do not (동사원형 앞에 조동사 do를 넣고, 그 조동사를 부정하는 not을 붙여요.)

|2| 단, 주어가 3인칭 단수일 때는 〈doesn't + 동사원형〉으로 써요.

[긍정문] She has breakfast. 그녀는 아침을 먹는다.

[부정문] She doesn't have breakfast. 그녀는 아침을 먹지 않는다.
└→ = does not (동사원형 앞에 조동사 does를 넣고, 그 조동사를 부정하는 not을 붙여요.)

|3| 부정문에 사용된 do/does는 조동사로, 조동사 뒤에는 항상 동사원형을 써요.

주어	일반동사 부정	3인칭 단수 주어	일반동사 부정
I (나는) / You (너는) 모든 복수 주어	don't + 동사원형	3인칭 단수 주어 (He, She, It 등)	doesn't + 동사원형

빈출 유형 해결

해설

☑ 주어 My brother는 단수예요. 따라서 부정문의 동사는 doesn't[does not] walk로 써야 해요.

☑ 부정문의 어순은 〈주어 + doesn't + 동사원형〉이며, 그 뒤에 목적어 또는 나머지 말을 써요.

정답 My brother doesn't[does not] walk to school.

실전 유형으로 PRACTICE

보기 영작

01 주어진 말을 활용하여 보기 와 같이 영작하시오.

보기

I / ride / a bike / to school.
→ I don't ride a bike to school.

Eric / play / baseball / on Saturday.

→   Eric plays don't baseball on Saturday.   (X)

👤 위의 오답에서 틀린 부분을 찾아 바르게 고쳐 주세요.

☑ 조동사의 위치   ☑ 동사의 형태

→ _____

💬 부정문을 만들 때 쓰는 do/does는 조동사예요. 조동사 뒤의 동사는 항상 원형으로 써요.

보기 영작

[02~04] 주어진 말을 활용하여 보기 와 같이 영작하시오.

보기

He / eat / dinner / at 6 p.m.
→ He doesn't eat dinner at 6 p.m.

02 We / play / games / after school

→ _____

03 She / know / the answer / to the question

→ _____

04 My aunt / drink / coffee / at night

→ _____

💬 부정문은 〈3인칭 단수 주어 + doesn't + 동사원형〉 /
〈그 외 주어 + don't + 동사원형〉

오류 수정

[05~06] 어법상 틀린 부분을 찾아 고쳐 쓰시오.

05 Kelly do not gets up early in the morning.

_____ → _____

06 Jaehee don't likes horror movies.

_____ → _____

문장 쓰기

[07~08] 우리말과 일치하도록 주어진 말을 활용하여 문장을 쓰시오. (단, 부정은 축약형으로 쓰시오.)

07

그는 토요일에 수업이 없다.
(have, a class, on Saturday)

→ _____

08

Henry는 안경을 쓰지 않는다.
(wear, glasses)

→ _____

문장 전환

[09~10] 다음 문장을 괄호 안의 지시에 따라 바꾸어 쓰시오.
(단, 부정은 축약형으로 쓸 것)

09 They read the newspaper. (부정문으로)

→ _____

10 Billy watches the comedy show. (부정문으로)

→ _____

UNIT 05 일반동사의 의문문과 대답 '~하니?'

 빈출 유형 | 대화 완성

다음 빈칸에 알맞은 말을 넣어 대화를 완성하시오.

> A: _____ Minhee _____ a dog?
> B: No, _____ _____. She has a cat.

문장력 UP

주어 Minhee → 3인칭 단수

동사 마지막 문장을 볼 때, '가지고 있다(have)'

어순 Does + S + V ~?
No, S + 'does+not' 축약.

필수 문법

| 1 | '~하니?, ~합니까?'는 〈Do/Does + 주어 + 동사원형 ~?〉의 어순으로 써요.

[긍정문] You drink milk. 너는 우유를 마신다.

[의문문] Do you drink milk? 너는 우유를 마시니?
→ 조동사 Do/Does를 주어 앞에 쓰고, 뒤에는 〈주어 + 동사원형〉의 순서를 유지해요.

주어	일반동사 부정	주어	일반동사 부정
I (나는) / you (너는) 모든 복수 주어	Do + 주어 + 동사원형 ~?	3인칭 단수 주어 (he, she, it 등)	Does + 주어 + 동사원형 ~?

| 2 | 대답은 인칭대명사와 조동사 do/does를 사용해요.

[의문문] Does your sister drink milk? 네 여동생은 우유를 마시니?

[긍정 대답] Yes, she does.
→ 대답할 때는 인칭대명사로 바꾸어야 해요.

[부정 대답] No, she doesn't.
→ 부정 대답의 경우, 'do/does+not'을 축약해서 써요.

빈출 유형 해결

해설
☑ 주어 Minhee는 단수예요. 따라서 의문문은 조동사 Does를 주어 앞에 써야 하며, 주어 뒤에 동사는 원형(have)으로 써요.
☑ 부정 대답(No,)은 인칭대명사(she)와 조동사 does not의 축약인 doesn't로 써야 해요.

정답 Does / have / she doesn't

실전 유형으로 PRACTICE

[01~04] 다음 빈칸에 알맞은 말을 넣어 대화를 완성하시오.

01
> A: _____ your dad _____ here?
> B: No, _____ _____. He works at the school.

→ __Do__ / __works__ / __he__ __do__ (X)

👤 **위의 오답에서 틀린 부분을 찾아 바르게 고쳐 주세요.**

☑ 주어에 맞는 조동사 　 ☑ 동사의 형태

→ _____ / _____ / _____ _____

💬👤 부정문/의문문을 만들 때 쓰는 do/does는 조동사예요. 조동사 뒤의 동사는 항상 원형을 써요.

02
> A: _____ she _____ coffee?
> B: No, _____ _____. She drinks tea.

03
> A: _____ your brother _____ the book?
> B: Yes, _____ _____. He has it.

04
> A: _____ they _____ the guitar?
> B: No, _____ _____. They play the piano.

💬👤 의문문은 주어에 따라 주어 앞에 Do나 Does를 써서 만들어요.

[05~06] 우리말을 영어로 옮겼을 때, 어법상 틀린 부분을 찾아 고쳐 쓰시오.

05 그녀는 오후에 자전거를 타니?

→ Is she rides a bike in the afternoon?

_____ → _____

06 그 가게는 저녁 10시에 문을 닫나요?

→ Do the store closes at 10 p.m.?

_____ → _____

[07~08] 우리말과 일치하도록 주어진 말을 알맞게 배열하시오.

07
> 너의 할아버지는 서울에 사시니?
> (grandfather / live / in Seoul / your / does)

→ _____

08
> 그들은 서로를 알고 있니?
> (they / do / know / each other)

→ _____

[09~10] 다음 문장을 괄호 안의 지시에 따라 바꾸어 쓰시오.

09 Linda studies French very hard. (의문문으로)

→ _____

10 Paul and Mia go shopping every weekend. (의문문으로)

→ _____

중간고사·기말고사 실전문제

단어 배열

[01~06] 우리말과 일치하도록 주어진 말을 알맞게 배열하시오.
(단, 필요시 동사의 형태를 바꿀 것)

01
> 이 휴대폰은 너무 커.
> (be / too / this cellphone / big)

→ _____

02
> 그 수학 수업들은 쉽지 않다.
> (be / easy / the math classes / not)

→ _____

03
> 수미는 매일 체육관에서 운동한다.
> (at / exercise / Sumi / the gym)

→ _____

every day.

04
> 네 언니는 오케스트라에서 바이올리니스트니?
> (be / a violinist / your sister)

→ _____

in the orchestra?

05
> 나는 뉴욕 출신입니다.
> (from / be / I / New York)

→ _____

06
> George는 일요일마다 할머니를 뵈러 간다.
> (visit / George / his grandma)

→ _____

on Sundays.

문장 완성

[07~12] 우리말과 일치하도록 주어진 말을 활용하여 문장을 완성하시오. (단, 필요시 동사의 형태를 바꿀 것)

07
> 그 국수는 맛있니?
> (noodles, be, delicious, the)

→ _____

08
> 나의 고양이는 아주 귀여워.
> (cute, my kitty, be, so)

→ _____

09
> 민호는 양파나 당근을 먹지 않는다.
> (onions, carrots, do, Minho, eat, or)

→ _____

10
> 너는 이번 여름에 어떤 계획이라도 있니?
> (have, do, any plans, you)

→ _____

for this summer?

11

> 엄마와 나는 함께 저녁 식사를 준비한다.
> (my mom and I, dinner, prepare)

→ _____

together.

12

> 그녀는 그녀의 새로운 헤어스타일을 좋아하나요?
> (she, like, do)

→ _____ her new

hairstyle?

대화 완성

[13~17] 주어진 단어를 활용하여 대화를 완성하시오.
(단, 부정은 축약할 것)

13

> A: _____ _____ your favorite
> movie? (be, Spiderman)
> B: Yes, _____ _____. (be, it)

14

> A: _____ _____ go to school with
> your sister? (do, you)
> B: No, _____ _____. (do, I)

15

> A: _____ _____ _____ at home
> now? (be, your, dad)
> B: No, _____ _____. (be, he)

16

> A: _____ _____ enjoy her family
> Christmas party? (Emily, do)
> B: No, _____ _____. (do, she)

17

> A: _____ _____ _____ scary?
> (this, movie, be)
> B: Yes, _____ _____. (be, it)

오류 수정

[18~22] 밑줄 친 부분을 어법상 바르게 고쳐 쓰시오.

18 Ian <u>study</u> English every night.

→ _____

19 Taylor and Jenny <u>don't enjoys</u> swimming.

→ _____

20 Jamie and Suji <u>is</u> in a movie club.

→ _____

21 Sally <u>don't</u> like vegetables.

→ _____

22 The boys <u>doesn't</u> play baseball.

→ _____

[23~25] 다음 문장을 의문문으로 바꿔 쓰시오.

23
> Bob cleans his room every weekend.

→ _____

24
> You and your sister are at the BTS concert.

→ _____

25
> You play computer games on Saturday night.

→ _____

[26~28] 다음 문장을 부정문으로 바꿔 쓰시오.

26
> The notebook is mine.

→ _____

27
> We raise two dogs and a hamster.

→ _____

28
> My brother has a sports car.

→ _____

[29~31] 그림을 잘 설명하는 문장을 보기 에서 알맞은 말을 골라 올바른 형태로 쓰시오.

보기
be in   play soccer   wake up

29

→ Dan is a good soccer player. He _____ _____ every day.

30

→ Jimin _____ _____ the library.

31

→ Ted and his brother _____ _____ early in the morning.

도표형

[32~34] 다음 표를 보고, 질문에 알맞은 대답을 완성하시오.

	Hyemi	Jiwon	Gahee
나이	13	14	13
좋아하는 것	musicals	books	K-pop songs

32 Are Hyemi and Jiwon the same age?

→ _____.

They _____ the same age.

33 Does Gahee like books?

→ No, _____.

She _____.

34 Does Hyemi like musicals?

→ _____.

She _____.

독해형

[35~37] 다음은 친구 Chloe를 소개하는 글이다. 빈칸에 알맞은 말을 쓰시오.

Chloe is my friend. She is from France. She **35** _____ 13 years old. She **36** _____ in Paris with her family. She enjoys movies after dinner on Saturdays. And on Sundays, she **37** _____ to church. She's so happy to live in Paris.

35 _____

36 _____

37 _____

도표형

[38~40] 다음 일과표를 보고, 보기와 같이 빈칸에 알맞은 말을 넣어 문장을 완성하시오.

	I	Minji
get up at 7 a.m.	○	○
study English at school	×	○
exercise at the gym in the afternoon	○	×
read books at night	×	○

보기

I get up at 7 a.m.
Minji gets up at 7 a.m.

38 I _____ English at school.

Minji _____ English at school.

39 I _____ at the gym in the afternoon.

Minji _____ at the gym in the afternoon.

40 I _____ books at night.

Minji _____ books at night.

CHAPTER

[02]

시제

• 이번 챕터에서 나올 어휘들을 미리 확인해 보세요.

☐	arrive	도착하다
☐	article	글, 기사
☐	attic	다락(방)
☐	break	깨다, 고장 내다 (break – broke)
☐	dirty	더러운, 지저분한
☐	draw	그리다 (draw – drew)
☐	eat	먹다 (eat – ate)
☐	expensive	비싼
☐	find	찾다, 알아내다 (find – found)
☐	finish	끝내다, 마치다 (finish – finished)
☐	invitation	초대
☐	leave	떠나다 (leave – left)
☐	lie	눕다, 가로로 놓여 있다 (lie – lay)
☐	lose	(경기 등을) 지다 (lose – lost)
☐	meet	만나다 (meet – met)
☐	miss	그리워하다, 놓치다
☐	novel	소설
☐	present	선물 (= gift)
☐	semester	학기
☐	short trip	짧은 여행
☐	sit	앉다 (sit – sat)
☐	throw a party	파티를 열다
☐	win	이기다 (win – won)
☐	wrap	싸다, 포장하다
☐	write	쓰다 (write – wrote)

Spelling 주의

• 쓸 때 철자에 주의해야 하는 단어들을 미리 익혀 두세요.

☐	enough	충분히, 충분한
☐	listen to	~을 듣다
☐	museum	박물관
☐	restaurant	식당
☐	scissors	가위 (항상 복수형)
☐	tomorrow	내일

01 be동사 과거시제 '~였다', '~이지 않았다', '~였니?'

빈출 유형 | 문장 전환

다음 문장을 주어진 말을 사용하여 바꾸어 쓰시오.

> Jihee isn't sick.
> (last night)

→ _____

 문장력 UP

주어 Jihee → 3인칭 단수

동사 is → last night(지난밤) / 과거 was

어순 S + be동사 + not + C(형용사) + 나머지 말

| 1 | be동사 현재형 am과 is의 과거형은 was, are의 과거형은 were로 써요.

주어	문장	be동사 과거	주어	문장	be동사 과거
단수 주어 (I, He, She, It)	긍정문	was	모든 복수 주어 + 단수 You (We, They, You)	긍정문	were

| 2 | be동사 과거형도 be동사 현재형과 같은 규칙으로 부정문과 의문문을 만들어요.

[긍정문] She was late for school. 그녀는 학교에 늦었다.
[부정문] She wasn't[was not] late for school. 그녀는 학교에 늦지 않았다.
[의문문] Was she late for school? 그녀가 학교에 늦었나요?

| 3 | 과거를 나타내는 부사들이 있으면 과거시제로 써야 해요.

yesterday 어제	~ ago ~ 전에	last ~ 지난 ~에	the other day 며칠 전에, 지난번에

She was here (10 minutes ago). 그녀는 (10분 전에) 여기에 있었다.
They were busy (last week). 그들은 (지난주에) 바빴다.

빈출 유형 해결

해설

☑ 지난밤(last night)으로 볼 때 시제는 과거로 써야 하며, Jihee는 3인칭 단수예요. 따라서 부정문의 동사는 wasn't[was not]를 써야 해요.

☑ 〈be동사 + not〉 뒤에 보어인 형용사 sick을 쓰고, 그 뒤에 과거 부사구 last night을 쓰면 돼요.

정답 Jihee wasn't[was not] sick last night.

정답과 해설 • 4쪽

문장전환

[01~04] 다음 문장을 주어진 말을 사용하여 바꾸어 쓰시오.

(단, not은 축약하여 쓸 것)

01

> Are you at the library?
>
> (an hour ago)

→ _You was at the library an hour ago?_ (X)

👤 위의 오답에서 틀린 부분을 찾아 바르게 고쳐 주세요.

☑ 주어에 맞는 be동사 ☑ 의문문의 어순

→ _____

💬👤 be동사의 과거형은 주어에 따라 달라요. be동사 과거 부정문, 의문문 모두 be동사 현재형과 만드는 방법이 동일해요.

02

> I am very busy.
>
> (yesterday)

→ _____

03

> The rooms aren't dirty.
>
> (the other day)

→ _____

💬👤 was not의 축약은 wasn't, were not의 축약은 weren't로 써요.

04

> Are they at the theater?
>
> (last weekend)

→ _____

오류 수정

[05~06] 우리말을 영어로 옮겼을 때, 어법상 **틀린** 부분을 찾아 고쳐 쓰시오.

05 지난주에 날씨가 나쁘지 않았다.

→ The weather weren't bad last week.

_____ → _____

06 예나는 6년 전에 일본에 있었니?

→ Yena were in Japan 6 years ago?

_____ → _____

단어 배열

[07~08] 우리말과 일치하도록 주어진 말을 알맞게 배열하시오.

(단, 필요시 동사의 형태를 바꿀 것)

07 그 소년은 2시간 전에 여기에 있었다.

(hours / be / boy / two / the / here / ago)

→ _____

08 Lisa는 작년에 13살이었니?

(Lisa / be / last / 13 years old / year)

→ _____

대화완성

[09~10] 빈칸에 알맞은 말을 넣어 대화를 완성하시오.

09

> A: _____ Kate and Tina on the same team last semester?
>
> B: Yes, _____ _____.

💬👤 질문에 대답을 할 때, 주어는 인칭대명사를 써요. 질문의 주어를 잘 살펴보세요.

10

> A: _____ Jake with you last Sunday?
>
> B: No, _____ with me then.

02 일반동사 과거시제 '~했다', '~하지 않았다', '~했니?'

빈출 유형 **문장 쓰기**

우리말과 일치하도록 주어진 말을 활용하여 영작하시오.
(단, 필요시 동사의 형태를 바꾸거나 조동사를 추가할 것)

> the game / yesterday / win / my team

어제 나의 팀은 그 경기를 이기지 않았다.

→ _____

 문장력 UP

주어 나의 팀(my team) → 3인칭 단수

동사 이기지 않았다(과거/부정) → didn't + V

어순 S + V + O + 나머지 말

| 1 | 과거의 일은 <u>주어에 상관없이 과거형</u>(동사원형-ed)으로 써요.

[과거시제] We walk<u>ed</u> to school. [복수 주어 + 과거형]
He walk<u>ed</u> to school. [단수 주어 + 과거형]

| 2 | 일반동사 과거형 중에서 **-ed를 붙이지 않는 불규칙 과거형**을 암기하세요.

* p.172 불규칙 동사 변화표 암기

규칙 과거형	동사원형 + -(e)d	work – worked live – lived study – studied	finish – finished move – moved plan – planned	play – played try – tried stop – stopped
불규칙 과거형	*암기	win – won run – ran break – broke make – made say – said go – went	see – saw meet – met write – wrote have – had find – found cut – cut	eat – ate sleep – slept tell – told do – did buy – bought read [riːd] – read [red]

| 3 | 과거 일의 부정문과 의문문은 조동사 did를 사용하여 만들어요.

주어	문장	일반동사 과거
모든 주어	긍정문	주어 + play<u>ed</u> ~.
	부정문	주어 + didn't[did not] <u>play</u> ~.
	의문문	Did + 주어 + <u>play</u> ~?

빈출 유형 해결

해설

☑ 문장의 시제가 과거이므로, 주어(my team)의 인칭과 수에 상관없이 동사는 과거형으로 써요.

☑ 하지만, 부정문(이기지 않았다)이므로 〈조동사 didn't + 동사원형〉의 형태로 써야 해요.

☑ 그리고 동사 뒤에 목적어가 필요하며(그 경기를), 그 뒤에 나머지 말(부사: yesterday)을 써요.

정답 My team didn't win the game yesterday.

문장 쓰기

[01~04] 우리말과 일치하도록 주어진 말을 활용하여 영작하시오. (단, 필요시 동사의 형태를 바꾸거나 조동사를 추가할 것)

01

> John / meet / on the street

나는 길에서 John을 만났다.

→ _____I meeted on the street John._____ (X)

👤 위의 오답에서 틀린 부분을 찾아 바르게 고쳐 주세요.

> ☑ 동사의 형태   ☑ 목적어의 자리

→ _____

💬👤 동사 meet은 규칙 과거형(-ed)이 아닌 불규칙 과거형을 써야 하며, 동사의 목적어는 동사 바로 뒤에 써요.

02

> to the museum / 3 days ago / go

Clara는 3일 전에 그 박물관에 갔다.

→ _____

03

> he / at the hospital / not / work

그는 그 병원에서 일하지 않았다.

→ _____

💬👤 일반동사 과거 부정문은 didn't 뒤에 동사원형을 써요.

04

> see / last night / a movie / they

그들은 지난밤에 영화를 봤니?

→ _____

오류 수정

[05~06] 우리말을 영어로 옮겼을 때, 어법상 틀린 부분을 찾아 고쳐 쓰시오.

05 그들은 숙제를 끝냈니?

→ Do they finished their homework?

_____ → _____

06 호민이는 그 꽃병을 깨지 않았다.

→ Homin broke not the vase.

_____ → _____

단어 배열

[07~08] 우리말과 일치하도록 주어진 말을 알맞게 배열하시오. (단, 필요시 동사의 형태를 바꾸거나 조동사를 추가할 것)

07

> Jimin이는 어제 나와 함께 점심을 먹었다.
> (eat / with / lunch / yesterday / Jimin / me)

→ _____

08

> 너는 3년 전에 뉴욕에 살았니?
> (in / you / live / 3 years / New York / ago)

→ _____

💬👤 시간을 나타내는 부사를 가장 나중에 써요.

문장 전환

[09~10] 다음 문장을 괄호 안의 지시에 따라 바꾸어 쓰시오.

09 She studies English every night. (과거시제로)

→ _____ last night.

10 Jin bought a new bag yesterday. (부정문으로)

→ _____ yesterday.

03 진행형 '〜하고 있다, 〜하는 중이다'

빈출 유형 단어 배열

우리말과 일치하도록 주어진 말을 알맞게 배열하시오.

(단, 필요시 동사의 형태를 바꿀 것)

> 나는 내 신발을 찾는 중이야.
>
> (am / I / shoes / look for / my)

→ _____

문장력 UP

주어 나(I)

동사 찾는 중이다(현재진행) → be동사 + V-ing

어순 S + V(진행형) + O

 필수 문법

| 1 | 현재시제와 현재진행의 의미 차이와 동사의 형태 차이를 알아 두세요.

예문	그는 매일 영어를 <u>공부한다</u>.	그는 지금 영어를 <u>공부하고 있다</u>.
시제	현재	현재진행
영작	He <u>studies</u> English every day.	He <u>is studying</u> English now.
동사 형태	원형 또는 원형-s	be동사 + 동사-ing

| 2 | 동사를 현재진행형인 〈be동사 + 동사-ing〉로 쓸 때, -ing를 붙이는 방법을 알아 두세요.

대부분의 동사	원형 + -ing	eating, trying, studying, seeing
-e로 끝나는 동사	e를 삭제하고 + -ing	come → coming, take → taking
-ie로 끝나는 동사	ie를 삭제하고 + -ying	lie → lying, die → dying
모음 1개 + 자음 1개로 끝나는 1음절 동사	마지막 자음 1개 추가 + -ing	winning, sitting, swimming, putting

| 3 | '〜하고 있었다'와 같이 과거에 진행되고 있었던 일은 <u>be동사만 과거</u>로 만들어요.

[현재진행] They <u>are</u> sitting on a bench. 그들은 벤치에 앉아 있다.

[과거진행] They <u>were</u> sitting on a bench. 그들은 벤치에 앉아 있었다.

빈출 유형 해결

해설

☑ 문장의 시제가 현재진행이므로 동사의 형태를 〈be동사 + 동사-ing〉로 쓰며, be동사는 주어인 I(나는)에 맞춰 〈am + 동사-ing〉로 써요.

☑ look for(〜을 찾다)가 하나의 동사로, 그 뒤에 찾는 대상(목적어)인 나의 신발(my shoes)을 써요.

정답 I'm[I am] looking for my shoes.

[01~04] 우리말과 일치하도록 주어진 말을 알맞게 배열하시오.
(단, 필요시 동사의 형태를 바꿀 것)

01

> 그는 가위로 종이를 자르고 있었어요.
> (with scissors / he / paper / cut / is)

→ _____He cuting with scissors paper._____ (X)

위의 오답에서 **틀린** 부분을 찾아 바르게 고쳐 주세요.

☑ 진행형의 형태   ☑ 목적어의 자리

→ _____

과거진행은 〈be동사 + V-ing〉에서 be동사만 주어에 맞게 was 나 were로 써요.

02

> 그녀는 지금 그녀의 방을 청소하는 중이다.
> (her / she / room / clean / be)

→ _____ now.

03

> 그들은 그때 요가 수업을 수강하는 중이었다.
> (they / be / a yoga lesson / take)

→ _____ then.

04

> 그 고양이는 의자 아래에 앉아 있다.
> (under / the cat / sit / the chair / be)

→ _____

[05~06] 어법상 틀린 부분을 찾아 고쳐 쓰시오.

05 Emily is swiming in the pool now.

_____ → _____

06 They was eatting dinner at that time.

_____ → _____

[07~08] 우리말과 일치하도록 주어진 말을 활용하여 문장을 완성하시오. (단, 필요시 동사의 형태를 바꿀 것)

07 Lena는 지금 편지를 쓰고 있다.
(write, a letter)

→ _____ now.

08 나는 그때 그림을 그리는 중이었다.
(draw, a picture)

→ _____ then.

[09~10] 주어진 말을 활용하여 질문에 대한 대답을 완성하시오.

09

> A: What are Joe and Greg doing now?
> B: _____
> (lie, the grass, on)

10

> A: What was she doing then?
> B: _____
> (wait, the bus, for)

04 진행형의 부정문과 의문문 '~하고 있지 않아', '~하고 있니?'

진행형을 사용하여 다음 대화를 완성하시오.

> A: _____ they _____ to music now?
>
> B: No, _____ _____.
>
>   They don't like to listen to music.

문장력 UP

주어 they

동사 '듣고 있다' → 현재진행
→ be동사 Are + V-ing

어순 Be동사 + S + V-ing + ~?
No, S + 'be동사+not' 축약.

|1| 진행형 〈be동사 + V-ing〉에서 <u>be동사</u>를 이용하여 부정문과 의문문을 만들어요.

긍정문	주어 + be동사 + V-ing + 나머지 말	He is studying English.
부정문	주어 + be동사 + <u>not</u> + V-ing + 나머지 말	He is <u>not</u> studying English.
의문문	Be동사 + 주어 + V-ing + 나머지 말?	Is he studying English?

|2| 의문문에 대한 대답 역시 be동사를 이용하여 대답해요.

[의문문]   Were you drinking milk? 너는 우유를 마시고 있었니?

[긍정 대답]   Yes, I was.

[부정 대답]   No, I <u>wasn't</u>.
└→ 부정 대답의 경우, 'be동사+not'을 축약해서 써요.

빈출 유형 해결

해설

☑ 문장의 시제가 현재진행이므로 동사의 형태를 〈be동사 현재형 + V-ing〉로 쓰며, be동사는 주어인 they(그들은)에 맞춰 〈are + V-ing〉로 써요.

☑ 의문문의 어순 〈Be동사 + 주어 + V-ing ~?〉로 써요.

☑ 대답은 부정이므로 〈인칭대명사 + 'be동사+not'〉의 축약인 they aren't로 써요.

정답 Are / listening / they aren't

정답과 해설 • 4쪽

대화완성

[01~04] 진행형을 사용하여 다음 대화를 완성하시오.

01

> A: _____ Jinsu _____ tennis then?
> B: No, _____ _____.
>   He didn't want to play tennis.

→ ___Were___ / ___play___ / ___he___ ___isn't___ (X)

👤 위의 오답에서 **틀린** 부분을 찾아 바르게 고쳐 주세요.

> ☑ 진행형의 형태   ☑ 알맞은 be동사   ☑ 시제

→ _____ / _____ / _____ _____

💬👤 진행형(be동사 + V-ing)의 부정문과 의문문은 be동사를 이용하여 만들어요. 시제에 따라 현재는 am, are, is, 과거는 was, were를 써요.

02

> A: _____ she _____ in her room now?
> B: Yes, _____ _____.
>   She always studies in her room.

03

> A: _____ you _____ John at that time?
> B: No, _____ _____.
>   I didn't want to help him.

💬👤 진행형 의문문에 대한 부정 대답의 경우 'be동사+not'의 축약형으로 해요.

04

> A: _____ your parents _____ now?
> B: No, _____ _____.
>   They don't like to cook.

오류수정

[05~06] 우리말을 영어로 옮겼을 때, 어법상 **틀린** 부분을 찾아 고쳐 쓰시오.

05 그는 지금 식당에서 일하고 있니?
→ He works at the restaurant now?

_____ → _____

06 그 아이는 그때 울고 있지 않았다.
→ The kid are not cry then.

_____ → _____

문장완성

[07~08] 우리말과 일치하도록 주어진 말을 활용하여 문장을 완성하시오.

07 나는 그때 야구를 하고 있지 않았다.
(baseball, play, then)

→ _____

08 그는 내가 전화했을 때 샤워를 하는 중이었니?
(a shower, take)

→ _____ when I called?

보기영작

[09~10] 주어진 말을 활용하여 |보기|와 같이 영작하시오.
(단, be동사와 not은 줄여 쓸 것)

| 보기 |
She / do the dishes (현재진행 부정)
→ She isn't doing the dishes.

09 We / swim / in the pool (과거진행 부정)

→ _____

10 The baby / sleep / now (현재진행 의문)

→ _____

빈출 유형 **조건 영작**

우리말을 |조건|에 맞게 영작하시오.

┌─ 조건 ┐
- will, there를 사용할 것
- not은 축약형으로 쓸 것

난 거기 안 갈 거야.

→ _____

 문장력 UP

주어 I(나는)

동사 '안 갈 거다' → 미래
→ will + not + 동사원형

어순 S + V + 나머지 말

|1| '~할 것이다'와 같이 <u>미래</u> 또는 <u>미래의 의지</u>를 나타내는 말은 조동사 will을 써요.

[일반동사 현재] I call her after school. 나는 방과 후에 그녀에게 전화한다.

[일반동사 미래] I <u>will</u> call her after school. 나는 방과 후에 그녀에게 전화할 것이다.

[be동사 현재] She is in my room. 그녀는 나의 방에 있다.

[be동사 미래] She <u>will</u> be in my room. 그녀는 나의 방에 있을 것이다.

|2| 조동사 will이 있는 문장의 <u>부정문</u>과 <u>의문문</u>은 조동사 will을 이용하여 만들어요.

긍정문	주어 + will + 동사원형 + 나머지 말	He will call me.
부정문	주어 + will + <u>not</u> +동사원형 + 나머지 말	He will <u>not</u> call me. *will not = won't
의문문	Will + 주어 + 동사원형 + 나머지 말?	Will he call me?

|3| 의문문에 대한 대답 역시 조동사 will을 이용하여 대답해요.

[의문문] Will he call me? 그가 나에게 전화를 할까?

[긍정 대답] Yes, he will.

[부정 대답] No, he won't.
            └→ 부정 대답의 경우, 'will+not'을 축약해서 써요.

빈출 유형 해결

해설
☑ 〈주어 + 동사〉는 '나는 가지 않을 것이다'이고, 가다(go)의 미래 부정은 will not go(won't go)를 써야 해요.
☑ 그리고 나머지 말 '거기에(there)'를 뒤에 써요.
☑ not은 축약형으로 쓰라고 했으므로 will not을 줄여서 won't로 쓰면 돼요.
정답 I won't go there.

정답과 해설 • 5쪽

조건 영작

01 우리말을 │조건│에 맞게 영작하시오.

┌ 조건 ┐
• will, party, to, the, come을 사용할 것
• 6단어로 쓸 것
└────────────────────────┘

그녀가 그 파티에 올 건가요?

→ ___She comes will to the party?___ (X)

👤 위의 오답에서 틀린 부분을 찾아 바르게 고쳐 주세요.

┌──────────────────────────────────┐
│ ☑ 의문문의 어순   ☑ 동사의 형태 │
└──────────────────────────────────┘

→ _____

🗣️👤 미래 의문문에서 조동사가 맨 앞에 오고, 주어 뒤에 오는 동사는 원형으로 써요.

조건 영작

[02~04] 우리말을 │조건│에 맞게 영작하시오.

┌ 조건 ┐
• 조동사 will을 사용할 것
• 주어진 말을 사용할 것
└────────────────────────┘

02 나는 오늘 저녁에 Sue를 만날 것이다.

(meet, tonight)

→ _____

03 그들은 새 컴퓨터를 사지 않을 것이다.

(a, buy, computer, new)

→ _____

04 그녀는 이번 학기에 우리 동아리에 가입할 거니?

(join, our club, this semester)

→ _____

오류 수정

[05~06] 우리말을 영어로 옮겼을 때, 어법상 <u>틀린</u> 부분을 찾아 고쳐 쓰시오.

05 나는 오늘 학교에 걸어가지 않을 것이다.

→ I willn't walk to school today.

_____ → _____

06 그 수업은 내일 아침에 시작하니?

→ The class will starts tomorrow morning?

_____ → _____

단어 배열

[07~08] 우리말과 일치하도록 주어진 말을 알맞게 배열하시오.

07 Yumi는 다음 달에 부산을 방문할 것이다.

(visit / will / next month / Busan)

→ Yumi _____.

08 Sam과 나는 이번 주말에 캠핑을 가지 않을 것이다.

(this weekend / not / will / go / camping)

→ Sam and I _____.

문장 전환

[09~10] 다음 문장을 괄호 안의 지시에 따라 바꾸어 쓰시오.

09 The plane will leave tomorrow. (의문문)

→ _____

10 Greg will be here next year. (부정문 축약)

→ _____

🗣️👤 will not의 축약형에 유의하세요.

06 미래 표현 be going to '~할[일] 예정이다'

빈출 유형 **단어 배열**

우리말과 일치하도록 주어진 말을 알맞게 배열하시오.
(단, 필요시 동사의 형태를 바꿀 것)

> 우리는 그 가게에 갈 예정이다.
> (we / to / go / the store / be going to)

→ _____

 문장력 UP

주어 우리는(We)

동사 '갈 예정이다' → 미래
→ be going to + 동사원형

어순 S + be going to + V + 나머지 말

필수 문법 ▶

| 1 | '~할 예정이다'와 같이 일정, 예정을 나타내는 말은 〈be going to + 동사원형〉으로 써요.

[일반동사 미래] I will call her after school. 나는 방과 후에 그녀에게 전화할 것이다.

[일반동사 미래] I am going to call her after school. 나는 방과 후에 그녀에게 전화할 예정이다.

[be동사 미래] She will be in my room. 그녀는 나의 방에 있을 것이다.

[be동사 미래] She is going to be in my room. 그녀는 나의 방에 있을 예정이다.

| 2 | 〈be going to + 동사원형〉에서 be동사는 주어에 맞춰 써요.

I	am	
You	are	
단수 주어	is	+ going to + 동사원형
복수 주어	are	

* 부정문은 be동사 뒤에 not을 붙여요.

| 3 | 의문문과 그 대답도 be동사를 이용해요.

[의문문] Is he going to call me? 그가 내게 전화할 예정인가요?

[긍정 대답] Yes, he is.

[부정 대답] No, he isn't.
└→ 부정 대답의 경우, 'be동사+not'을 축약해서 써요.

빈출 유형 해결

해설

☑ 〈주어 + 동사〉는 '우리는 가다'이고, 가다(go)의 미래 예정은 be going to go로 써야 해요.

☑ 그리고 나머지 말 '가게로(to the store)'를 뒤에 써요.

☑ be going to는 '~할 예정이다'이고, go to는 '~로 가다'라는 점에 유의하세요.

정답 We are going to go to the store.

정답과 해설 · 5쪽

단어 배열

[01~04] 우리말과 일치하도록 주어진 말을 알맞게 배열하시오.
(단, 필요시 동사의 형태를 바꿀 것)

01
> James는 내일 올 예정이다.
> (James / come / tomorrow / be going to)

→ <u>James are going to coming tomorrow.</u> (X)

👤 위의 오답에서 **틀린** 부분을 찾아 바르게 고쳐 주세요.

☑ 주어에 맞는 be동사   ☑ 동사의 형태

→ _____

💬 be동사는 주어에 맞춰서 쓰고, be going to 뒤에는 동사원형을 써요.

02
> Peter는 이번 주 일요일에 도착할 예정이다.
> (arrive / be going to)

→ Peter _____
this Sunday.

03
> 우리는 내일 그 호텔에 머물 예정이 아니다.
> (stay / be / going to / not / we)

→ _____
at the hotel.

04
> 너는 오늘 오후에 그를 만날 예정이니?
> (you / him / meet / be / going to)

→ _____
this afternoon?

💬 be going to 미래에서 부정문과 의문문은 모두 be동사를 이용해요. (부정) 〈be동사 + not + going to ~〉 / (의문) 〈Be동사 + 주어 + going to ~?〉

오류 수정

[05~06] 어법상 **틀린** 부분을 찾아 고쳐 쓰시오.

05 My parents is going to being home tonight.

_____ → _____

06 Is Dona going visits Guam next week?

_____ → _____

문장 전환

[07~08] 다음 문장을 be going to를 활용하여 바꾸어 쓰시오.
(단, 필요시 동사의 형태를 바꿀 것)

07 I have a sandwich for lunch. (긍정문으로)

→ _____
for lunch.

08 She reads the book after school. (의문문으로)

→ _____
after school?

도표형

[09~10] 다음 표를 보고, be going to를 사용하여 대화를 완성하시오.

	Saturday	Sunday
Yura	go camping	clean the house
Amy	go camping	take a rest

09
> A: _____ Yura and Amy _____
> _____ clean the house on
> Saturday?
> B: No, _____ _____. They
> _____ going to _____ camping.

10
> A: _____ Amy going _____
> _____ a rest on Sunday?
> B: _____, she _____.

중간고사·기말고사 실전문제

[01~06] 우리말과 일치하도록 주어진 말을 알맞게 배열하시오.
(단, 필요시 동사의 형태를 바꿀 것)

01

너는 어젯밤에 아팠다.
(be / last night / sick / you)

→ _____

02

그들은 운동장에서 달리고 있는 중이다.
(they / be / run)

→ _____ at the playground.

03

우리는 지난해에 새 집으로 이사했다.
(move / to / house / we / a / new)

→ _____ last year.

04

이번 주말에는 비가 올 것이다.
(will / it / this weekend / rain)

→ _____

05

그 소녀는 어젯밤에 부엌에서 쥐를 봤다.
(the girl / a mouse / see / in the kitchen)

→ _____ last night.

06

내 아버지는 곧 새 차를 살 예정이다.
(buy / be going to / new / my father / a / car)

→ _____ soon.

[07~12] 우리말과 일치하도록 주어진 말을 활용하여 문장을 완성하시오.

07

Tommy는 일 년 전에 키가 컸니?
(be, ago, tall, a, year)

→ _____

08

사람들이 비행기를 기다리고 있었나요?
(wait for, people, be)

→ _____ the airplane?

09

Ellen은 어제 충분히 잤다.
(enough, yesterday, sleep)

→ _____

10

너는 캠핑을 갈 예정이니?
(go, you, be going to, camping)

→ _____

11

Amy는 지금 그 기사를 읽고 있지 않다.
(be, read, the article, not)

→ _____ now.

12

> 내 동생과 나는 오늘 밤에는 게임을 하지 않을
> 것이다.
> (will, play, not, games, my brother and I)

→ _____

tonight.

대화 완성

[13~16] 주어진 말을 활용하여 대화를 완성하시오.

13

> A: Jason은 도서관에서 책을 읽고 있니?
>   (be, read, books)
> B: 아니, 그렇지 않아. 그는 점심을 먹고 있어.
>   (have, lunch)

A: _____ in the library?

B: No, _____ . _____

_____ .

14

> A: 그들은 다시 연주할까? (will, play)
> B: 아니, 그렇지 않아. 이게 그들의 마지막 쇼야.
>   (will, last show, their)

A: _____ ?

B: No, _____ . _____

_____ .

15

> A: 너희 팀이 어제 농구를 이겼니?
>   (win, the basketball game)
> B: 아니, 그렇지 않아. 우리가 졌어.
>   (lose, the game)

A: _____

yesterday?

B: No, _____ .

_____ .

16

> A: 너는 오늘 무엇을 할 예정이니?
>   (be going to, do)
> B: 나는 북촌 한옥 마을을 방문할 예정이야.
>   (be going to, visit)

A: _____ today?

B: _____ Bukchon

Hanok Village.

오류 수정

[17~21] 어법상 틀린 시제 부분을 찾아 고쳐 쓰시오.

17 I finded some old pictures in the attic.

_____ → _____

18 The children were swiming in the lake.

_____ → _____

19 My sister, Tracey, is going to writing a new novel.

_____ → _____

20 Do you stay at Jieun's home last night?

_____ → _____

21 My mother and I are in Busan two days ago.

_____ → _____

[22~24] 자연스러운 대화가 되도록 주어진 말을 활용하여 질문을 완성하시오.

22

A: _____
  (open, the door, he)
B: No, he didn't. His brother did.

23

A: _____ last night?
  (be, sick, her mother)
B: Yes, she was. But she's fine, now.

24

A: _____ in Tokyo?
  (you, be going to, stay)
B: Yes, _____. I'm going to stay in Tokyo for a week.

[25~27] 주어진 말을 사용하여 질문에 대한 대답을 완성하시오.

25

A: What is Sora doing in her room?
B: She _____ on her bed.
  (be, lie)

26

A: What will you do tomorrow?
B: I _____ downtown.
  (visit, will, a bookstore)

27

A: Are Kevin and Jenny going to do their homework now?
B: _____, _____.
  They are going to clean the house.

[28~30] 그림과 문장의 부사를 보고, 주어진 말을 활용하여 빈칸에 알맞은 말을 쓰시오

28

→ My brother _____ _____ _____
  yesterday. (break, a, dish)

29

→ The girls _____ _____ yesterday
  afternoon. (play, volleyball)

30

→ They _____ _____ _____ _____
  a few days ago. (be, the, theater, at)

도표형

[31~33] 다음은 Jina의 여행 계획표이다. 표를 보고, 주어진 말을 활용하여 대화를 완성하시오.

Trip Plan	
Where	Haeundae
When	next weekend
How	by train

31 A: Jina, what are you doing now?

B: _____ a short trip. (plan)

32 A: Oh, really? Where will you go?

B: I _____ to Haeundae next weekend. (be going to, go)

33 A: That sounds nice. _____ a plane? (take, will)

B: No, I'll go there by train. It won't take long.

독해형

[34~36] 다음은 Esther가 친구에게 받은 편지이다. 밑줄 친 부분 중 어법상 틀린 것을 세 군데 찾아 고쳐 쓰시오.

Dear Esther,

How are you doing? Thank you for your Christmas card. ⓐ <u>Did you really made the card?</u> I also liked your little present. On Christmas Day, ⓑ <u>I goed to Lotte World with my family.</u> That night, ⓒ <u>we ate delicious food at a nice restaurant.</u> ⓓ <u>We also stayed at an expensive hotel</u> in Seoul. ⓔ <u>Do you have a good time</u> last Christmas, too? I miss you so much.

Love,
Tina

34 _____

35 _____

36 _____

도표형

[37~40] 다음 생일 파티를 위한 역할 분담표를 보고, |조건|에 맞게 문장을 완성하시오.

Plan for Alex's Birthday Party	
Danny	buy snacks and drinks
Brenda	write invitation cards
Ted & Jina	make a birthday cake
Kate	wrap presents

┌ 조건 ┐
- be going to를 사용하여 미래를 표현할 것
- 표에 있는 단어를 사용할 것

This Sunday is Alex's birthday. So, Alex's friends will throw a surprise party for him. They made a list of things to do for the party.

37 Danny _____

_____ .

38 Brenda _____

_____ .

39 Ted and Jina _____

_____ .

40 Kate _____

_____ .

• 이번 챕터에서 나올 어휘들을 미리 확인해 보세요.

☐ borrow 빌리다
☐ contain 함유하다, 포함되어 있다
☐ dentist 치과 의사
☐ early 일찍
☐ earth 지구
☐ fasten 매다, 잠그다
☐ fee 요금, 수수료
☐ ground 땅바닥
☐ keep ~ in mind ～을 기억하다, ～을 마음에 간직하다
☐ practice 연습하다
☐ protect 지키다, 보호하다
☐ quiet 조용한
☐ return 반납하다, 돌려주다
☐ rudeness 무례함
☐ rule 규칙
☐ save 구하다, 아끼다, 저장하다
☐ skip 거르다, 생략하다
☐ solve 풀다, 해결하다
☐ spicy food 매운 음식
☐ spit 침을 뱉다
☐ take care of ～을 돌보다
☐ therefore 그러므로, 그래서
☐ time limit 시간제한
☐ traffic light 교통 신호
☐ turn off ～을 끄다

Spelling 주의

• 쓸 때 철자에 주의해야 하는 단어들을 미리 익혀 두세요.

☐	apologize for	～에 대해 사과하다
☐	environment	환경
☐	gain weight	몸무게가 늘다, 살이 찌다
☐	know	알다
☐	start a budget	예산을 짜다[편성하다]
☐	take medicine	약을 먹다

01 can, may '~할 수 있다', '~해도 괜찮다, ~할지 모른다'

다음 표를 보고, 조동사 can을 이용하여 대화를 완성하시오.

play	the guitar	the piano	the violin
Jeff	X	O	X
Mary	X	X	O

Jeff: _____ the piano, Mary?

Mary: No, _____.

But I _____.

 문장력 UP

주어 Jeff가 Mary에게 묻는 것이므로, you

동사 ~을 연주할 수 있다
→ 조동사 can + play

어순 조동사를 활용한 의문문 어순

대답 Yes, 주어 + can. / No, 주어 + can't.

| 1 | 〈조동사 can + 동사원형〉은 '~할 수 있다'라는 의미가 돼요.

[긍정문] He can ride a bike. 그는 자전거를 탈 수 있다.

[부정문] He cannot ride a bike. 그는 자전거를 탈 수 없다.
└→ = can't (can not 또는 cann't로 쓰지 않아요.)

[의문문] Can he ride a bike? 그는 자전거를 탈 수 있니?
└→ 조동사가 있을 때는 항상 조동사를 주어 앞에 쓰며, 뒤에 〈주어 + 동사원형〉을 써요.

| 2 | 〈조동사 may + 동사원형〉은 '~해도 괜찮다, ~할지 모른다'라는 의미예요.

~해도 괜찮다	May I use your phone?	제가 당신 전화기를 써도 괜찮을까요?	= Can I ~?
	You may use my phone.	당신은 내 전화기를 써도 괜찮아요.	= You can ~
	You may not use my phone. *may not은 줄여 쓰지 않아요.	당신은 내 전화기를 쓰면 안 돼요.	= You can't ~

~할지 모른다	He may leave early.	그는 일찍 떠날지도 몰라요.	
	She may be tired.	그녀는 피곤할지도 몰라요.	

해설

빈출 유형 해결

☑ Mary에게 피아노를 연주할 수 있는지를 물어보는 의문문, 연주할 수 없다는 부정문, 하지만 바이올린은 연주할 수 있다는 긍정문을 써야 해요.

☑ 조동사가 있는 문장의 긍정, 부정, 의문문은 모두 조동사를 이용하여 표현해요.

☑ '악기를 연주하다'라고 표현할 때, 악기의 이름 앞에는 항상 정관사 the를 써요.

정답 Can you play / I can't / can play the violin

정답과 해설 • 7쪽

도표형

[01~04] 다음 표를 보고, 대화를 완성하시오.

01

may	take pictures	take notes
	X	O

A: _____ pictures here?
B: No, you _____.
   But _____ notes.

→ <u>I may take</u> / <u>mayn't</u> / <u>you may took</u> (X)

👤 위의 오답에서 틀린 부분을 찾아 바르게 고쳐 주세요.

☑ 의문문 어순   ☑ 축약   ☑ 동사의 형태

→ _____ / _____ / _____

💬👤 may not은 '괜찮지 않다' 즉, '안 된다'라는 의미로 축약해서 쓰지 않아요.

02

can	speak English	speak French
Jessy	X	O

A: _____ Jessy _____ English?
B: No, _____ _____.
   But she _____ _____ French.

03

may	swim	ride a bike
Chungjuho Lake	X	O

A: _____ _____ _____ here?
B: No, you _____ _____.
   But you _____ _____ a bike.

04

I can	I can't
play cards	play chess

A: _____ _____ _____ chess?
B: No. I _____ _____ chess.
   But I _____ _____ cards.

오류 수정

[05~06] 어법상 틀린 부분을 찾아 고쳐 쓰시오.

05 She cann't solve this problem.

_____ → _____

06 Cole may is late for class.

_____ → _____

💬👤 조동사 뒤에는 동사원형을 써야 해요.

단어 배열

[07~08] 우리말과 일치하도록 주어진 말을 알맞게 배열하시오.

07

Cathy가 그의 번호를 알고 있을지도 모른다.
(know / number / may / his)

→ Cathy _____.

08

너는 매운 음식을 먹을 수 있니?
(can / spicy food / eat / you)

→ _____

문장 전환

[09~10] 다음 문장을 괄호 안의 지시에 따라 바꾸어 쓰시오.

09 This test may be easy. (부정문으로)

→ _____

10 She can go to the concert.

(부정문으로) → _____
(의문문으로) → _____

02 must, should '~해야 한다'

빈출 유형 **그림 영작**

다음 표지판을 보고, 주어진 말과 조동사 must를 활용하여 설명하시오.

→ You _____ here. (talk)

> **문장력 UP**
>
> **주어** You
>
> **동사** ~해야 한다 → must + 동사원형
>
> **어순** 문장 종류: 조동사 부정문
> 어순: S + 조동사 + not + V + 나머지 말

| 1 | 의무, 규칙의 의미로 '~해야 한다'라고 할 때는 〈조동사 must + 동사원형〉으로 써요.

'~해야 한다' (의무, 규칙)	긍정	You <u>must wait</u> here.	너는 여기서 <u>기다려야 해</u>. (의무)
	부정	You <u>must not wait</u> here. └→ = mustn't	너는 여기서 <u>기다리지 말아야 해</u>. (금지)
	의문	<u>Must</u> I <u>wait</u> here?	내가 여기서 <u>기다려야 하나요</u>?

* 부정인 must not은 '~하면 안 된다'라는 금지의 의미를 나타내요.

| 2 | 충고의 의미로 '~해야 한다'라고 할 때는 〈조동사 should + 동사원형〉으로 써요.

'~해야 한다' (충고, 조언)	긍정	You <u>should take</u> a walk.	너는 산책을 <u>해야 해[하는 게 좋겠어]</u>.
	부정	You <u>should not take</u> a walk. └→ = shouldn't	너는 산책을 <u>하지 말아야 해[하지 않는 게 좋겠어]</u>.
	의문	<u>Should</u> I <u>take</u> a walk?	내가 산책을 <u>해야 하나[하는 게 좋을까]</u>?

> **빈출 유형 해결**
>
> **해설**
> ☑ 표지판은 규칙과 의무에 해당하는 표시로 조동사 must를 쓰며, 긍정, 부정, 의문문을 만들 때 조동사 must를 이용해야 해요.
> ☑ '말하지 말아야 한다'라는 '금지'의 의미로 써야 하므로 〈must + 부정(not) + 동사원형(talk)〉으로 써야 해요.
> **정답** mustn't[must not] talk

그림 영작

[01~04] 다음 표지판을 보고, 주어진 말과 조동사 must를 활용하여 설명하시오.

01

→ You _____must not is quiet_____ . (X)
  (quiet)

🧑 위의 오답에서 **틀린** 부분을 찾아 바르게 고쳐 주세요.

☑ 조동사 뒤의 동사형   ☑ 긍정과 부정의 의미

→ You _____

💬 '해야 한다'는 뜻의 〈조동사 + 동사원형 + 형용사〉의 형태로 써야 해요.

02

→ You _____ here.
  (your, use, phone)

03

→ You _____ .
  (your, fasten, seatbelt)

04

→ You _____ here.
  (street, cross, the)

문장 쓰기

[05~06] 우리말과 일치하도록 주어진 말과 should를 활용하여 문장을 쓰시오.

05 너는 일찍 잠자리에 들어야 해.
  (bed, go, early, to)

→ _____

06 그녀는 회사에 늦지 않아야 해.
  (be, late, for work)

→ _____

단어 배열

[07~08] 우리말과 일치하도록 주어진 말을 알맞게 배열하시오.

07 내가 그녀에게 이 책을 돌려줘야 하니?
  (this book / return / to her / must / I)

→ _____

08 내가 Vicky를 그 파티에 초대해야 할까?
  (I / invite / should / to the party / Vicky)

→ _____

대화 완성

[09~10] 우리말과 일치하도록 대화를 완성하시오.

09

A: Jiho plays games all night.
B: 그는 밤새 게임을 하지 않는 게 좋아.

→ He _____ .

10

A: Can I eat food in the library?
B: 당신은 도서관에서 음식을 먹으면 안 돼요.

→ You _____ .

03 have to '~해야 한다'

다음 표를 보고, 질문에 알맞은 대답을 쓰시오.

	필수	선택
wear a uniform		✓
turn off the phone	✓	

A: Must Junsu wear a uniform?
B: No. He _____.

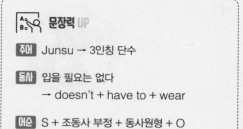

문장력 UP

주어 Junsu → 3인칭 단수

동사 입을 필요는 없다
→ doesn't + have to + wear

어순 S + 조동사 부정 + 동사원형 + O

| 1 | '~해야 한다(의무, 당위성)'를 나타내는 표현으로 have to를 쓸 수 있어요.

시제	주어	조동사	동사원형	
현재	모든 주어	have to	study	hard
	3인칭 단수 주어	has to		
과거	모든 주어	had to		

* 주어가 3인칭 단수이면 has to로 써야 해요.

| 2 | have to는 다른 조동사와는 달리 <u>부정문과 의문문을 만들 때 어순에 주의해야 해요.</u>

	have/has to	의미
긍정	He <u>has to</u> wait here.	~해야 한다
부정	He <u>doesn't have to</u> wait here.	~해야 하는 건 아니다
의문	<u>Does</u> he <u>have to</u> wait here?	~해야 하나요?

| 3 | have to와 must는 같은 의미로 사용하지만, <u>부정문일 때는 그 의미가 서로 달라요.</u>

[긍정문] You <u>have to come</u> before 7. 당신은 7시 전에 <u>와야 해요.</u>
└→ = must

[부정문] You <u>don't have to come</u> before 7. 당신은 7시 전에 <u>와야 하는 것은 아니에요.</u> (불필요)
└→ ≠ must not (금지: 오지 말아야 한다)

빈출 유형 해결

해설
☑ 교복(a uniform)을 입는 것은 '선택' 사항이므로 '꼭 해야 하는 것은 아니다(불필요)'라는 의미를 만드는 don't have to를 써야 해요.
☑ 주어가 3인칭 단수(Junsu)이므로 doesn't have to를 쓰고, 그 뒤에 동사원형과 목적어를 써요.

정답 doesn't have to wear a uniform

실전 유형으로 PRACTICE

도표형

01 다음 표를 보고, 질문에 알맞은 대답을 쓰시오.

	필수	선택
Ticket	✓	
Popcorn		✓

A: Does she have to buy popcorn?

B: No. She ~~has to not popcorn buy~~ . (X)

 위의 오답에서 **틀린** 부분을 찾아 바르게 고쳐 주세요.

☑ have to의 부정   ☑ 동사의 자리

→ No. She _____ .

(ﾟ∀ﾟ) have to의 부정은 don't/doesn't have to로 쓰고, 그 뒤에는 동사원형을 써요.

도표형

[02~04] 다음 표를 보고, 질문에 알맞은 답을 쓰시오.

	Bora	Jisung
get some rest	필수	필수
take the medicine	금지	필수
go to the dentist	필수	선택

02 A: Does Jisung have to go to the dentist?

B: No. He _____ .

03 A: Does Bora have to take the medicine?

B: No. She _____ .

04 A: Do Bora and Jisung have to get some rest?

B: Yes. They _____ .

오류 수정

[05~06] 어법상 틀린 부분을 찾아 고쳐 쓰시오.

05 All members has to follows the rules.

_____ → _____

06 You have not to wait for them.

_____ → _____

빈칸 쓰기

[07~08] 다음 두 문장이 같은 의미가 되도록 have to를 이용하여 빈칸에 알맞은 말을 쓰시오.

07 We must protect the environment.

= We _____ _____ _____ the environment.

08 Must he pay the fee now?

= _____ he _____ _____ _____ the fee now?

문장 완성

[09~10] 우리말과 일치하도록 주어진 말을 활용하여 문장을 완성하시오.

09
> 너는 오늘 개를 산책시켜야 하니?
> (walk, the dog, have)

→ _____ today?

10
> 그는 어제 그 일을 끝내야 했다.
> (finish, the work)

→ _____ yesterday.

(ﾟ∀ﾟ) '~해야 했다'는 과거의 의미로 have to의 have를 had로 쓰면 돼요.

중간고사·기말고사 실전문제

문장완성

[01~06] 우리말과 일치하도록 빈칸에 알맞은 말을 |보기|에서 골라 쓰시오. (단, 한 번씩만 사용할 것)

┌ 보기 ┐
should   can't   may
don't have to   has to   must not
└────────────────────────┘

01 우리는 지구를 살려야 한다.

→ We _____ save the Earth.

02 제가 오늘 당신의 집에 방문해도 될까요?

→ _____ I visit your house today?

03 빨간 불일 때는 길을 건너서는 안 된다.

→ You _____ cross the street when the traffic light is red.

04 여러분은 내일에 대해 걱정할 필요가 없어요.

→ You _____ worry about tomorrow.

05 그녀는 플루트를 잘 연주하지 못한다.

→ She _____ play the flute well.

06 내 남동생은 매일 축구를 연습해야 한다.

→ My brother _____ practice soccer every day.

단어 배열

[07~12] 우리말과 일치하도록 주어진 말을 알맞게 배열하시오. (단, 필요시 동사의 형태를 바꿀 것)

07
> 당신의 사진을 찍어도 될까요?
> (take / may / picture / your / I)

→ _____

08
> 그들은 주말에 화장실을 청소해야 한다.
> (they / clean / have to / the bathroom)

→ _____
on the weekend.

09
> 당신의 전화기를 잠시 써도 될까요?
> (use / can / your / I / phone)

→ _____
for a while?

10
> 그는 기차를 향해 뛰어갈 필요가 없다.
> (don't have to / he / run / the train / for)

→ _____

11
> 이 이야기는 사실일지도 모른다.
> (be / true / this story / may)

→ _____

12

당신은 당신의 무례함에 대해 사과해야 합니다.
(you / apologize for / should / your / rudeness)

→ _____

[13~18] 우리말과 일치하도록 주어진 말을 활용하여 문장을 쓰시오.

13

너는 너무 많은 패스트푸드를 먹지 말아야 한다.
(should, eat, fast food, too much)

→ _____

14

내가 당신 옆에 앉아도 되나요?
(sit, may, next to)

→ _____

15

너는 도서관에서 조용히 해야 한다.
(should, stay, in the library, quiet)

→ _____

16

미준이는 프랑스어를 매우 잘한다.
(speak, Mijun, very well, French, can)

→ _____

17

저희는 오래 기다려야 하나요?
(we, have to, long, wait)

→ _____

18

일요일에 Derek은 일찍 일어날 필요가 없다.
(Derek, early, wake up)

→ On Sunday, _____.

[19~23] 어법상 틀린 부분을 찾아 문장을 고쳐 쓰시오.

19 My brother can not drive.

→ _____

20 He don't have to save the money.

→ _____

21 Does Sidney has to take care of his baby sister today?

→ _____

22 Andy have to help Jina last night.

→ _____

23 You mayn't swim in the river.

→ _____

[24~27] 주어진 단어와 조동사를 활용하여 그림의 상황에 알맞은 조언을 완성하시오.

24

→ You _____ on the ground.

(should, spit)

25

→ You _____ into the store.

(can, bring, your pet)

26

→ You _____ for a while.

(should, take a break)

27

→ You _____
in the airplane. (must, your seatbelt, fasten)

[28~32] 다음 문장을 지시에 맞게 바꿔 쓰시오.

28

I can borrow the notebook today.

[의문문] _____

29

Teenagers should skip meals.

[부정문] _____

30

Jeremy has to finish his report tomorrow.

[의문문] _____

31

I may call you later.

[의문문] _____

32

> Gary must wear a school uniform.

[의문문] _____

33 다음 대화를 읽고, 대화의 내용과 일치하도록 문장을 완성하시오. (단, 대화에 쓰인 단어를 활용할 것)

> A: Jennifer, can you go shopping with me this Saturday? I want to buy a nice dress.
> B: Oh, I'm sorry, Tonya. I can't.
> A: Why not?
> B: Actually, this Saturday is my mother's birthday. So, my brother and I have to prepare a birthday party for her.
> A: Oh, really? I see.

→ Jennifer can't go shopping with Tonya this Saturday because she _____ _____ with her brother for her mother.

[34~36] 다음 글을 읽고, 밑줄 친 부분 중 어법상 **틀린** 것을 세 군데 찾아 고쳐 쓰시오.

> In the museum, there are some rules we ⓐ should follow. First, we ⓑ may drink water, but we ⓒ may don't eat snacks. Second, we ⓓ should are quiet inside the museum. Therefore, ⓔ does we have to turn off our phone? Yes, we ⓕ must not use our cell phone. Please keep these rules in mind.

34 _____

35 _____

36 _____

[37~40] 다음 표에 적힌 학생들의 고민을 보고 선생님이 남길 조언을 |보기|에서 골라 바르게 완성하시오.

	worry
Mina	**37** I keep gaining weight.
Hyunsoo	**38** I play computer games too much.
Jihye	**39** My mid-term grades were low.
Taemin	**40** I spend too much money on online shopping.

보기	
study hard	start a budget
drink so much soda	set a time limit

37 Mina, you _____ _____. It contains a lot of sugar. (must)

38 Hyunsoo, you _____ _____ for games. Playing so many games every day is not good for you. (should)

39 Jihye, you _____ _____ every day. Then, I'm sure your grades will get better. (have to)

40 Taemin, you _____ _____. That will stop you from spending so much money online.

CHAPTER

[04]

명사와 대명사

• 이번 챕터에서 나올 어휘들을 미리 확인해 보세요.

☐	agree with	~에 동의하다
☐	already	이미, 벌써
☐	be proud of	~을 자랑스러워하다
☐	bring	가져오다 (bring – brought)
☐	change	바꾸다, 변하다
☐	each	각각
☐	excited	신이 난, 흥분한
☐	fail	실패하다, (시험에) 떨어지다
☐	fall	떨어지다 (fall – fell)
☐	flour	밀가루
☐	forget	잊어버리다 (forget – forgot)
☐	interesting	재미있는, 흥미로운
☐	introduce	소개하다
☐	lend	빌려주다
☐	look at	~을 보다
☐	lose	잃어버리다, 지다 (lose – lost)
☐	mirror	거울
☐	playground	운동장
☐	quite	상당히, 꽤
☐	road	도로
☐	soap	비누
☐	special	특별한
☐	the last chance	마지막 기회
☐	trust	믿다, 신뢰하다
☐	wonder	궁금해하다

Spelling 주의

• 쓸 때 철자에 주의해야 하는 단어들을 미리 익혀 두세요.

☐	different	다른
☐	judge	판단하다, 평가하다
☐	laugh at	~을 비웃다
☐	order	주문하다
☐	recommend	추천하다
☐	sculpture	조각품

01 셀 수 있는 명사

우리말과 일치하도록 주어진 말을 활용하여 영작하시오.

(단, 필요시 형태를 바꿀 것)

> 아기들이 그 침대에서 자고 있다.
> (be, on the bed, sleep, baby)

→ _____

 문장력 UP

주어 아기들 → 복수

동사 현재진행 → be동사 + V-ing

어순 S + V(진행형) + 전치사 + 명사

 필수 문법

|1| 셀 수 있는 명사는 단수인지 복수인지를 꼭 표시해야 해요.

단수	복수
부정관사(a, an) + 명사	명사 + -s
a bed an orange	beds oranges

* 부정관사 뒤의 단어의 첫 소리가 자음이면 a, 모음이면 an을 써야 해요.

|2| 명사의 복수형을 만드는 방법을 꼭 알아 두세요.

대부분의 명사	+ -s	beds, oranges, trees, toys
-o, -x, -s, -x, -ch, -sh로 끝나는 명사	+ -es	boxes, churches, dishes, potatoes, tomatoes *예외: radios, pianos, photos
[자음+y]로 끝나는 명사	y 삭제 + ies	story → stories, lady → ladies, baby → babies
-f, -fe로 끝나는 명사	f, fe 삭제 + ves	leaf → leaves, knife → knives *예외: roofs, chefs
불규칙	다른 형태	man → men, child → children, tooth → teeth, foot → feet, mouse → mice
	같은 형태	fish → fish, sheep → sheep

빈출 유형 해결

해설

☑ 주어가 복수(아기들)이므로 baby의 복수형인 babies로 써요.

☑ 동사(sleep)는 현재진행형으로 〈be동사 + sleeping〉으로 쓰며, be동사는 주어에 맞춰 are로 써요.

☑ 주어와 동사를 쓰고 나면 나머지 〈전치사 + 명사〉를 마지막에 써요.

정답 Babies are sleeping on the bed.

실전 유형으로 PRACTICE

문장 쓰기

[01~04] 우리말과 일치하도록 주어진 말을 활용하여 영작하시오. (단, 필요시 형태를 바꿀 것)

01
> 그는 그 상자들을 한 트럭 위에 놓고 있다.
> (put, he, box, on, truck)

→ ___He puts box on truck.___ (X)

👤 **위의 오답에서 틀린 부분을 찾아 바르게 고쳐 주세요.**

☑ 시제   ☑ 명사의 수   ☑ 관사

→ _____

💬👤 시제는 현재진행(be동사 + V-ing)으로 써야 하며, 그 상자들은 정관사 the와 복수형으로 쓰고, 트럭은 하나니까 단수로 부정관사와 함께 써야 해요.

02
> 그녀는 피아노 세 대가 필요하다.
> (need, piano, three)

→ _____

03
> 나는 세 남자와 두 어린이를 봤다.
> (man, child, see)

→ _____

04
> 칼들과 포크들을 가져와라.
> (knife, fork, bring)

→ _____

💬👤 '가져와라'는 명령문으로 주어 없이, 동사원형으로 문장을 시작해요.

오류 수정

[05~06] 우리말을 영어로 옮겼을 때, 어법상 틀린 부분을 찾아 고쳐 쓰시오.

05 나는 아침으로 바나나 하나와 달걀 하나를 먹는다.
→ I eat banana and a egg for breakfast.

_____ → _____

06 한 숙녀가 그 아기들에게 이야기들을 읽어 줬다.
→ A lady read storys to the babyes.

_____ → _____

빈칸 쓰기

[07~08] 우리말과 일치하도록 주어진 말을 활용하여 빈칸에 알맞은 말을 쓰시오.

07 그 양들이 물을 마시고 있다. (sheep, drink)

→ The _____ _____ _____ water.

08 그 나뭇잎들이 떨어지고 있다. (leaf, fall)

→ The _____ _____ _____.

도표형

[09~10] 다음 표를 보고, 문장을 완성하시오.

| for pasta | potato – 5개 | onion – 2개 |
| for salad | tomato – 3개 | orange – 1개 |

09 She bought _____
for pasta.

10 She bought _____
for salad.

02 셀 수 없는 명사

빈출 유형 문장 쓰기

우리말과 일치하도록 |보기|의 말을 활용하여 영작하시오.

| 보기 |
slice / bag / sugar / cheese

그녀는 치즈 3장과 설탕 한 봉지가 필요해.

→ _____

 문장력 UP

주어 그녀는(she) → 3인칭 단수

동사 필요하다 → needs

어순 S + V + O

필수 문법

| 1 | 셀 수 없는 명사는 부정관사도, 복수형 -s도 붙이지 않고 그냥 써요.

I like **a** cheeses.
→ I like cheese. (O)

| 2 | 셀 수 없는 명사는 **단위나 용기를 사용**하여 셀 수 있어요.

용기에 담아서 세기	단위로 세기
(컵) a cup of tea/coffee	(장) a sheet of paper
(잔) a glass of water/milk/juice	(조각, 장) a slice of pizza/cheese/cake
(병) a bottle of water/wine/juice	(장, 조각) a piece of paper/cake
(그릇) a bowl of rice/soup/salad	(덩이) a loaf of bread
(봉지) a bag of sugar/flour	(막대) a bar of chocolate/soap

| 3 | 용기나 단위는 셀 수 있는 명사로 단수와 복수의 표현이 가능해요.

[단수] a bag of sugar 설탕 한 봉지
[복수] two bags of sugar 설탕 두 봉지

빈출 유형 해결

해설

☑ 현재시제이고 주어가 3인칭 단수이므로 need에 -s를 붙여 She needs ~로 써요.

☑ 동사(need)의 목적어로 2가지 셀 수 없는 명사를 각각의 용기나 단위로 표현해요.

☑ 세 장은 three slices of와 같이 단위를 복수로 쓰고, 한 봉지는 a bag of와 같이 단수로 써요.

정답 She needs three slices of cheese and a bag of sugar.

실전 유형으로 PRACTICE

문장 쓰기

01 우리말과 일치하도록 |보기|의 말을 활용하여 영작하시오.

┌─ 보기 ─────────────────────┐
loaf / bowl / water / bread
└────────────────────────────┘

나는 빵 다섯 덩어리와 물 한 그릇이 필요하다.

→ I need five loaf of breads and water bowl. (X)

👤 위의 오답에서 틀린 부분을 찾아 바르게 고쳐 주세요.

☑ 명사의 수   ☑ 용기와 셀 수 없는 명사의 어순

→ _____

🗨️👤 bread와 water는 셀 수 없는 명사이므로, 단위나 용기를 이용하여 세고, 단위와 용기는 단수나 복수형으로 써요. loaf의 복수형은 loaves라는 점에 유의하세요.

문장 완성

[02~04] 우리말과 일치하도록 |보기|의 말을 활용하여 문장을 완성하시오.

┌─ 보기 ─────────────────────────────┐
chocolate / flour / pizza / bag / bar / piece
└────────────────────────────────────┘

02 그 여자들은 초콜릿 바 2개를 주문했다.

→ The women ordered _____.

03 나의 삼촌은 피자 네 조각을 먹었다.

→ My uncle had _____.

04 나는 밀가루 한 봉지를 샀다.

→ I bought _____.

오류 수정

[05~06] 우리말을 영어로 옮겼을 때, 어법상 틀린 부분을 찾아 고쳐 쓰시오.

05 우리는 수프 두 그릇을 먹었다.

→ We ate two bowl of soups.

_____ → _____

06 그는 와인 한 병을 살 것이다.

→ He will buy bottle of a wine.

_____ → _____

빈칸 쓰기

[07~08] 우리말과 일치하도록 주어진 말을 활용하여 빈칸에 알맞은 말을 쓰시오.

07 나의 아버지는 밤에 커피 한 잔을 드신다.

(coffee, have, cup)

→ My father _____ _____ _____
_____ _____ at night.

08 우리는 주스 석 잔을 먹겠어요.

(juice, glass, have)

→ We will _____ _____
_____ _____.

그림 영작

[09~10] 다음 그림을 보고, 우리말과 일치하도록 문장을 완성하시오.

09 나는 우유 두 잔과 빵 두 덩이를 가져왔다.

→ I brought _____ and
_____.

10 그는 주스 세 병과 샐러드 한 그릇을 준비했다.

→ He prepared _____
_____.

03 There is/are + 명사 '~가 있다'

빈출 유형 | **그림 영작**

다음 그림을 보고, 주어진 말을 활용하여 문장을 완성하시오.

문장력 UP

주어 사과들 → 복수

동사 있다(현재) → are

어순 (There is/are 구문)
→ There + be동사 + S + 전치사구

→ _____

(apple, the box, there, in)

| 1 | '~가 있다'라고 할 때는 ⟨There + be동사⟩를 쓰고, 그 뒤에 주어를 써요.

5개의 사과가 있다. → Five apples are. (X)
→ There are five apples. (O)
└→ 주어

| 2 | ⟨There + be동사⟩ 뒤의 명사 주어에 맞춰 be동사의 형태를 선택해요.

There is	There are
+ 단수 명사 / 셀 수 없는 명사	+ 복수 명사
There is an onion on the table. There is milk in the bottle.	There are two onions on the table.

| 3 | ⟨There + be동사⟩ 구문의 부정문과 의문문은 be동사를 이용하여 만들어요.

[긍정문] There is water in the tub. 욕조에 물이 있다.

[부정문] There isn't water in the tub. 욕조에 물이 없다.

[의문문] Is there water in the tub? 욕조에 물이 있니?
└→ be동사를 there 앞에 써서 의문문을 만들어요.

[대답] Yes, there is. / No, there isn't.

빈출 유형 해결

해설

☑ '6개의 사과들이 있다' 또는 '사과들이 있다'와 같이 써야 하므로 ⟨There + be동사⟩ 구문을 이용해요.

☑ 주어인 사과들은 복수이므로 ⟨There are + 사과들⟩과 같이 써요.

☑ 마지막에 ⟨전치사 + 장소⟩를 넣어 문장을 완성해요.

정답 There are (six) apples in the box.

그림 영작

01 다음 그림을 보고, 주어진 말을 활용하여 문장을 완성하시오.

→ _____There is four egg on the bowl._____ (X)
(the bowl, there)

👤 위의 오답에서 **틀린 부분**을 찾아 바르게 고쳐 주세요.

> ☑ 동사   ☑ 명사의 수   ☑ 전치사

→ _____

💬👤 셀 수 있는 명사는 언제나 단수인지 복수인지를 표현해야 해요.
그리고 그릇 '안에' 달걀이 있으므로 전치사는 in을 써요.

그림 영작

[02~04] 다음 그림을 보고, 주어진 말을 활용하여 문장을 완성하시오.

02 _____ the desk.
(there, book, be)

💬👤 '안에'는 in, '위에'는 on, 특정한 '지점에'는 at, '아래'는 under를 써요.

03 _____
(the desk, there, cat, be, under)

04 _____
(the bottle, juice, there, in)

대화 완성

[05~06] 다음 빈칸에 알맞은 말을 넣어 대화를 완성하시오.

05
A: _____ there a seafood restaurant nearby?
B: No, _____ _____.

06
A: _____ _____ many cars on the road?
B: Yes, _____ _____.

단어 배열

[07~08] 우리말과 일치하도록 주어진 말을 알맞게 배열하시오.
(단, 필요시 형태를 바꿀 것)

07 학생들이 운동장에 있니?
(student / there / in / be)

→ _____ the playground?

08 우리 학교에는 체육관이 없다.
(not / gym / at / be / a / there)

→ _____ our school.

조건 영작

[09~10] 우리말을 |조건|에 맞게 영작하시오.

09
┌ 조건 ┐
• there, be동사를 쓸 것
• sofa, in your room을 쓸 것

너의 방에 소파가 있니?

→ _____

10
┌ 조건 ┐
• there, be동사를 쓸 것
• cup, on the table을 쓸 것

식탁에 컵들이 없다.

→ _____

04 인칭대명사

우리말과 일치하도록 주어진 말을 활용하여 대화를 완성하시오.

> A: Oh, you two have the same cap!
> B: No. <u>그녀의 모자와 나의 것은 달라.</u>
>   (different)

문장력 UP

주어 그녀의 모자와 나의 것은 → 복수

동사 ~다(be/현재) → are

어순 S + V + C(형용사)

→ _____

필수 문법 | **1** | 인칭대명사는 문장에서의 역할에 따라 그 형태를 다르게 써요.

I have a dog.　My dog is smart.　My dog likes me.　Yes, the dog is mine.
└→ 주격(나는)　　└→ 소유격(나의)　　　　　　└→ 목적격(나를)　　　└→ 소유대명사(나의 것)

| **2** | 다음 인칭대명사의 격변화를 꼭 암기하세요.

주격	소유격	목적격	소유대명사
~은, ~이	~의	~을, ~에게	~의 것
I	my	me	mine
you	your	you	yours
he	his	him	his
she	her	her	hers
it	its	it	x
we	our	us	ours
they	their	them	theirs

빈출 유형 해결

해설
☑ 주어 '그녀의 모자와 나의 것'은 소유격 대명사 her와 소유대명사 mine을 사용하여 영작해요.
☑ 주어 뒤에는 복수 주어에 맞는 be동사(are)와 보어인 different를 쓰면 돼요.

정답 Her cap and mine are different.

실전 유형으로 PRACTICE

[01~04] 우리말과 일치하도록 주어진 말을 활용하여 대화를 완성하시오.

01

A: Oh, I lost my pen.
내가 너의 것을 빌릴 수 있니? (borrow)
B: Sure. Here you go.

→ _____ I can borrow your? _____ (X)

🎧 위의 오답에서 틀린 부분을 찾아 바르게 고쳐 주세요.

☑ 어순　　☑ 대명사의 격

→ _____

💬 의문문이므로, 조동사가 맨 앞에 와야 해요. '너의 것'은 소유대명사 yours로 써야 해요.

02

A: Do you know the girl?
B: Yes. 그녀는 나의 친구 Sojung이야. (friend)

→ _____, Sojung.

03

A: I can't find my umbrella.
B: Did you forget?
네가 그에게 네 우산을 빌려줬잖아. (lend)

→ _____

💬 동사 lend 뒤에는 〈~에게 …을〉의 순서나 〈…을 + to + ~에게〉의 순서로 써요.

04

A: Those books are not mine.
B: Right. 그것들은 그녀의 것이야. (be)
She bought them at the bookstore.

→ _____

[05~06] 우리말을 영어로 옮겼을 때, 어법상 **틀린** 부분을 찾아 고쳐 쓰시오.

05 그는 그들의 새로운 선생님이다.

→ He is theirs new teacher, Mr. Johnson.

_____ → _____

06 그가 나에게 그의 가장 좋아하는 가방을 주었다.

→ He gave you he favorite bag.

_____ → _____

[07~08] 우리말과 일치하도록 주어진 말을 활용하여 빈칸에 알맞은 말을 쓰시오.

07 너의 누나는 내 이름을 안다. (sister, name)

→ _____ _____ knows _____
_____.

08 너는 책을 그것의 표지로 판단할 수 없다. (cover)

→ _____ can't judge a book by _____
_____.

[09~10] 다음 밑줄 친 부분을 알맞은 인칭대명사로 바꾸어 쓰시오.

09

<u>The boy</u> met <u>John and Mary</u>.

→ _____

10

<u>My mom and I</u> visited <u>my aunt</u>
yesterday.

→ _____

UNIT 05 재귀대명사, 비인칭 주어 it

빈출 유형 **문장 쓰기**

우리말과 일치하도록 주어진 말을 활용하여 영작하시오.

(단, 필요시 동사의 형태를 바꿀 것)

> Everyone was laughing at him. He wondered why.
> So <u>그는 거울 속 그 자신을 봤다</u>. (in the mirror, look at)

→ So _____ .

 문장력 UP

주어 그는

동사 봤다(과거) → looked at

어순 S + V + O + 나머지 말

필수 문법

│1│ '나 자신, 너 자신'과 같이 '누구누구 자신'이라고 하는 재귀대명사를 알아 두세요.

	주격 인칭대명사	재귀대명사		주격 인칭대명사	재귀대명사
단수	I	myself	복수	we	ourselves
	you	yourself		you	yourselves
	he	himself		they	themselves
	she	herself			
	it	itself			

* 재귀대명사는 〈인칭대명사의 소유격 또는 목적격 + self〉의 형태예요. 복수형은 + selves로 써요.

│2│ 재귀대명사는 주어와 목적어가 같은 대상일 때 사용해요.

<u>She</u> introduced herself. 그녀는 그녀 자신을 소개했다.

<u>She</u> introduced her. 그녀는 그녀를 소개했다.
        └→ 그녀 자신이 아닌, 다른 여자를 소개했다는 의미

│3│ '지금 9시야.'와 같이 시간, 요일, 날씨, 거리 등은 주어가 없으므로 비인칭 주어 it을 써요.

[인칭대명사 it]   I bought a bag. It was expensive. * It(그것) = the bag

[비인칭대명사 it]   I ran to school. It was 9 o'clock. * It(의미 없고, 가리키는 대상 없음) – 시간

                 I have no classes. It is Saturday. * It(의미 없고, 가리키는 대상 없음) – 요일

                 Let's stay home. It is rainy. * It(의미 없고, 가리키는 대상 없음) – 날씨

빈출 유형 해결

해설

☑ 문장의 시제가 과거이며 긍정문이므로 He looked at과 같이 써요.

☑ 봤다(looked at)의 목적어가 그 자신이므로 him이 아닌 himself로 쓰고, 그 뒤에 나머지 말(전치사구)을 써요.

정답 he looked at himself in the mirror

정답과 해설 • 9쪽

[문장 쓰기]

[01~04] 우리말과 일치하도록 주어진 말을 활용하여 영작하시오. (단, 필요시 동사의 형태를 바꿀 것)

01

> This will be the last chance. If she fails again, 그녀는 더 이상 그녀 자신을 믿지 않을 것이다. (anymore, will, trust)

→ _____she willn't trust her anymore_____ (X)

👤 위의 오답에서 **틀린** 부분을 찾아 바르게 고쳐 주세요.

☑ will의 부정	☑ 대명사

→ _____

💬 미래 will의 부정 축약은 won't로 써요. 그리고 '그녀 자신'이라고 했으므로 재귀대명사를 써요.

02

> My brother won a prize in the music contest. 그는 그 자신을 자랑스러워했다. (be proud of)

→ _____

03

> Look at the water! 우리는 물에 비친 우리 자신을 볼 수 있어. (see, in the water)

→ _____

04

> Can you close the window? 바깥이 너무 춥다. (too, cold, outside, be)

→ _____

💬 시간, 날씨, 요일을 나타낼 때는 비인칭 주어 it을 사용해요.

[오류 수정]

[05~06] 어법상 **틀린** 부분을 찾아 고쳐 쓰시오.

05 The girls are looking at sheself in the mirror.

_____ → _____

06 That is September 13 today.

_____ → _____

[빈칸 쓰기]

[07~10] 우리말과 일치하도록 주어진 말을 활용하여 빈칸에 알맞은 말을 쓰시오.

07 12시 정각이다. (o'clock)

→ _____ _____ _____ _____.

08 그 소녀는 그녀 자신을 매우 사랑한다. (girl, love)

→ _____ _____ _____ _____ very much.

09 너 자신을 학급 친구들에게 소개해라. (introduce)

→ _____ _____ to your classmates.

💬 명령문은 주어를 생략하고 동사를 맨 앞에 써요.

10 그는 그 자신에게 화가 났다. (angry, at)

→ _____ _____ _____ _____ _____.

06 one, another, the other '하나', '또 다른 하나', '나머지 하나'

 빈출 유형 **대화 완성**

|보기|에서 알맞은 말을 골라 대화를 완성하시오.

┌ 보기 ┐
| one | another | the other | it |

A: Where are the sandwiches?

B: Oh, I gave one to Jongmin.

A: Then, 나머지 하나는 네가 먹었어? (eat)

→ Then, _____ ?

┌─────────────────────────────────────┐
│ 🄰🄱 **문장력 UP** │
│ │
│ **주어** 네가(you) │
│ │
│ **동사** 먹었니?(과거/의문) │
│ → 조동사 did / eat (원형) │
│ │
│ **어순** 의문문 │
│ → 조동사(Did) + S + V ~? │
└─────────────────────────────────────┘

필수 문법

| 1 | '나도 하나 있다'와 같이 앞서 말한 것과 같은 종류의 것 하나를 말할 때 부정대명사 one을 써요.

A: Do you have a bike?

B: I have one.
└→ 앞서 말한 그 자전거 (X)

A: I bought a bike.

B: I like it.
└→ 앞서 말한 그 자전거 (O)

| 2 | 둘 중의 하나는 one, 나머지 하나 the other로 써요.

one (하나) →   ← the other (나머지 하나)

| 3 | 셋 중의 하나는 one, 또 다른 하나는 another, 나머지 하나는 the other로 써요.

one (하나) →   ← the other (나머지 하나)

another (또 다른 하나) →

┌───┐
│ **빈출 유형 해결** │ **해설** │
│ │ ☑ 문장은 일반동사 과거의 의문문이므로 조동사 〈Did + 주어 + 동사원형〉의 순으로 써요. │
│ │ ☑ 먹었다(동사)의 목적어는 나머지 하나이므로 the other를 써야 해요. │
│ │ **정답** did you eat the other │
└───┘

대화 완성

[01~04] 보기 에서 알맞은 말을 골라 대화를 완성하시오.

보기

> one   ones   another   the other   it

01 A: I brought three oranges.

B: 내가 하나 먹을 수 있을까?

→ _____ I can eat it? _____ (X)

🧑 위의 오답에서 **틀린** 부분을 찾아 바르게 고쳐 주세요.

☑ 어순   ☑ 대명사

→ _____

💬🧑 여러 개 중에 하나를 말할 때는 it(그것)이 아니라, 그 중 하나를 의미하는 one을 써야 해요.

02 A: Do you like the black shoes?

B: No. 나는 흰색(신발)이 좋아. (like, white)

→ _____

💬🧑 신발은 항상 복수로 사용하므로, 부정대명사도 one이 아니라 ones로 써야 해요.

03 A: Would you recommend a good restaurant nearby?

B: Of course. There are two good restaurants nearby. 하나는 한국식이고, 나머지 하나는 이탈리아식 이에요. (Korean, Italian)

→ _____ and

_____ .

04 A: How many bags do you have?

B: I have three bags. One is white. 다른 하나는 빨 간색이다. 그리고 나머지 하나는 초록색이다. (red, green)

→ _____ . And

_____ .

오류 수정

[05~06] 어법상 **틀린** 부분을 찾아 고쳐 쓰시오.

05 I met two boys. One is tall and another is short.

_____ → _____

06 A: I read a book last weekend. It's really interesting.

B: Can you lend one to me?

_____ → _____

빈칸 쓰기

[07~08] 빈칸에 알맞은 말을 보기 에서 골라 쓰시오.

(단, be동사의 형태를 바꿀 것)

보기

> one   another   the other   it   be동사

07 I have two uncles. _____ _____ James

and _____ _____ _____ Jack.

08 There are three animals in the garden.

_____ _____ a cat. _____ is a dog,

and _____ _____ _____ a rabbit.

문장 완성

[09~10] 우리말과 일치하도록 알맞은 대명사를 활용하여 문장 을 완성하시오.

09 두 남자가 문에 있다. 한 명은 나의 오빠다. 다른 한 명 은 나의 아버지다. (father)

→ Two men are at the door. _____

brother. _____

10 나는 우산이 필요해. 내가 하나 빌릴 수 있니?

(borrow, can)

→ I need an umbrella. _____

중간고사·기말고사 실전문제

[01~05] 빈칸에 들어갈 말을 |보기|에서 골라 알맞은 형태로 쓰시오. (단, 한 번씩만 사용할 것)

┌ 보기 ┐
loaf   bowl   slice   sheet   bottle   cup

01 They have a _____ of coffee after lunch.

02 I need a _____ of paper right now.

03 She prepared four _____ of soup and ten _____ of pizza for dinner.

04 He bought two _____ of bread for his friend and himself.

05 My brother already drank two _____ of orange juice.

[06~08] 다음 빈칸에 주어진 대명사를 알맞은 형태로 쓰시오.

06 Call _____ brother! He is a doctor. (she)

07 He is quite right. I agree with _____ on this issue. (he)

08 Don't touch the doll. It's _____. (I)

[09~13] 빈칸에 들어갈 말을 |보기|에서 골라 쓰시오.

┌ 보기 ┐
one   the other   another   it

09 This hat is not my style. Can you show me _____?

10 I forgot my password. I would like to change _____ to a new one.

11 My mom bought two new cups. One is big, and _____ is small.

12 I got three flowers from my boyfriend. _____ was a rose, _____ was a sunflower, _____ was a tulip.

[13~18] 우리말과 일치하도록 주어진 말을 알맞게 배열하시오. (단, 필요시 동사의 형태를 바꿀 것)

13
┌─────────────────────────────────────┐
│ 그녀는 유리에 비친 자기의 모습을 바라봤다.   │
│ (look at / she / in the glass / herself) │
└─────────────────────────────────────┘

→ _____

14

운동장에는 다섯 명의 여자아이들이 있다.
(be / five / there / in the playground / girls)

→ _____

[19~24] 우리말과 일치하도록 주어진 말을 활용하여 문장을 완성하시오.

19

이 멋진 조각 작품들은 그들의 것이다.
(nice, sculptures)

→ These _____ .

15

오늘은 어제처럼 매우 흐리다.
(very / it / cloudy / be)

→ _____
like yesterday.

20

저는 이게 맘에 들지 않아요. 다른 것을 볼 수 있을까요? (can, see)

→ I don't like this. _____ ?

16

지금 내 주머니에는 돈이 많지 않다.
(be / much / not / in / my / there / pocket / money)

→ _____
right now.

21

그 아기는 이가 두 개 있다. (tooth)

→ The baby _____ .

17

내 노트북은 너무 오래됐다. 나는 새 것을 원한다.
(a new / too old / be / laptop / want / my / one / I)

→ _____

22

하늘에 별이 많이 있나요?
(many, there, stars)

→ _____ in the sky?

18

우리는 내일까지 우리 보고서를 끝내야 한다.
(finish / we / our / must / report)

→ _____
by tomorrow.

23

그녀는 매일 아침 커피 한 잔을 산다.
(coffee, of, cup)

→ _____ every morning.

24

> 여기서 파리까지는 세 시간이 걸린다.
> (take, it, three hours, to Paris)

→ _____ from here.

그림 영작

[25~26] 다음 그림을 보고, 주어진 말을 사용하여 |보기|와 같이 문장을 완성하시오.

| 보기 |

There are two dolls on the bed. (doll)

25 _____ on the desk.
(book)

26 _____ on the wall.
(family picture)

그림 영작

[27~28] 다음 그림을 보고, 주어진 말을 사용하여 그림을 잘 설명하는 문장을 완성하시오.

27 _____
in the gym. (there, boy)

28 _____ is running on a treadmill. _____ is jumping rope. _____ is doing push-ups.

오류 수정

[29~32] 어법상 틀린 부분을 찾아 고쳐 쓰시오.

29

> A: Do you have a pen?
> B: Yes. I have it.

_____ → _____

30

> Oh, this kiwi tastes really good. Can I have other?

_____ → _____

31

> The bicycle on the street is not her. It's George's.

_____ → _____

32

> A: What is the date today?
> B: This is August 17th.

_____ → _____

[33~37] 주어진 조건에 맞게 질문에 대한 대답을 완성하시오.

33

> A: There are three shirts.
> B: My mother bought them for me.
> _____ is white, _____ is blue,
> and _____ is purple. (부정대명사 사용)

34

> A: Are there many museums in your
> city?
> B: No, _____. There is
> only one. (there is/are 사용)

35

> A: Which one is my Christmas present?
> B: Hmm, the yellow box is _____
> (you), and the red one is _____
> (I). (소유대명사 사용)

36

> A: It's raining. I need an umbrella.
> B: There is _____ at the door. You
> can take _____. (대명사 사용)

37

> A: Does Jane have cats?
> B: Yes, she has two cats. _____ is
> yellow, and _____ is black. (부정대
> 명사 사용)

[38~39] 다음 표를 보고, Natalie가 점심과 저녁에 먹은 것을
|조건|에 맞게 써서 문장을 완성하시오.

Lunch	샌드위치 2개, 사과 주스 1잔
Dinner	치킨 수프 1그릇, 우유 2잔

조건

- 숫자는 반드시 영어로 쓸 것
- 동사는 과거형으로 쓸 것
- 주어진 말을 사용할 것 (필요시 형태를 바꿀 것)

38 Natalie _____
_____ for lunch.
(sandwich, have, glass, apple juice)

39 Natalie _____
_____ for dinner.
(have, bowl, chicken soup, and, milk, cup)

40 다음 글을 읽고, 주어진 말을 사용하여 상황에 알맞은 문
장을 쓰시오.

> It is Sunday today. It is a very hot day.
> You are so excited today because you
> have a special plan. You and your friend
> Jiyeon are going to go to Mt. Bukhan
> today. Before you go, you see your
> mother in the kitchen. And you think you
> need some water: one bottle for each of
> you. What would you say to her?

→ I'd like to _____.
(have)

CHAPTER

[05]
형용사, 부사, 비교

• 이번 챕터에서 나올 어휘들을 미리 확인해 보세요.

☐	carefully	주의 깊게, 조심해서
☐	cheap	값이 싼
☐	comfortable	편안한, 안락한
☐	daughter	딸
☐	famous	유명한
☐	fantastic	환상적인
☐	forest	숲
☐	friendly	상냥한, 다정한
☐	happen	(일이) 일어나다, 발생하다
☐	help yourself to	~을 맘껏 먹다
☐	history	역사
☐	important	중요한
☐	lazy	게으른
☐	melt	녹이다, 녹다
☐	mistake	실수
☐	passport	여권
☐	polite	예의 바른
☐	price	가격
☐	quick	빠른, 신속한
☐	ready	준비된
☐	second	(시간의) 초
☐	spend	(시간을) 보내다
☐	strange	이상한, 낯선
☐	wrong	틀린, 잘못된
☐	young	어린, 젊은

Spelling 주의

• 쓸 때 철자에 주의해야 하는 단어들을 미리 익혀 두세요.

☐	beautiful	아름다운
☐	dessert	디저트, 후식
☐	difficult	어려운
☐	exciting	신나는, 흥미진진한
☐	fluently	유창하게
☐	refrigerator	냉장고

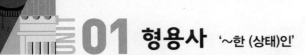

01 형용사 '~한 (상태)인'

우리말과 일치하도록 주어진 말을 알맞게 배열하시오.
(단, 필요시 형태를 바꿀 것)

> 나는 뭔가 달콤한 것을 주문할 예정이에요.
> (be / order / sweet / going / something / to / I)

→ _____

문장력 UP

주어 나는

동사 주문할 예정이다(미래 예정)
→ be going to + 동사원형

어순 S + V + O

 | 1 | 형용사는 〈be동사 + 형용사〉의 형태로 주어가 '어떠어떠하다'라고 쓸 때 사용해요.

They are kind. 그들은 친절해요.
The exam was difficult. 그 시험은 어려웠다.
└→ 그 시험이 어땠는지를 설명하고 있어요.

| 2 | 형용사는 <u>명사 바로 앞</u>에서 명사를 꾸며 주는 역할도 해요.

관사/소유격 + 형용사 + 명사			
a	small	apple	하나의 작은 사과
an	interesting	movie	하나의 재미있는 영화
your	blue	jacket	너의 파란 재킷
the	difficult	books	그 어려운 책들
	two	chairs	두 개의 의자들
	true	love	진정한 사랑

* 형용사가 있을 때, 부정관사는 명사가 아닌 형용사의 첫 소리에 맞추어 a나 an을 사용해요.

| 3 | 하지만, -thing, -body, -one으로 끝나는 명사는 형용사를 뒤에 써야 해요.

~~delicious~~ something delicious 맛있는 무언가, 맛있는 어떤 것
someone[somebody] tall 키가 큰 누군가, 키가 큰 어떤 사람

빈출 유형 해결

해설
☑ 동사는 미래 예정의 긍정문이므로 be going to order로 쓰며, be동사는 주어(I)에 맞춰 am을 써요.
☑ 동사의 목적어인 '뭔가 달콤한 것'은 sweet something이 아닌, something sweet의 순서로 써요.

정답 I am going to order something sweet.

단어 배열

[01~04] 우리말과 일치하도록 주어진 말을 알맞게 배열하시오.
(단, 필요시 형태를 바꿀 것)

01
이상한 누군가가 있어요.
(strange / be / there / someone)

→ ___There strange someone is.___ (X)

👤 위의 오답에서 **틀린** 부분을 찾아 바르게 고쳐 주세요.

☑ There is/are 어순   ☑ 형용사 위치

→ _____

💬👤 '~가 있다'는 There is/are 구문을 쓰며, -one으로 끝나는 명사는 형용사가 명사 뒤에서 수식해요.

02
너는 중요한 사람이다.
(you / important / be / a / person)

→ _____

💬👤 명사 앞에 형용사가 있을 때, 부정관사는 명사가 아닌 형용사의 첫 소리에 맞추어 a, an을 사용해요.

03
나는 그녀를 위해 특별한 어떤 것을 준비했다.
(prepare / special / I / something)

→ _____ for her.

04
그 중국 식당은 유명했다.
(famous / the / restaurant / Chinese / be)

→ _____

오류 수정

[05~06] 어법상 **틀린** 부분을 찾아 고쳐 쓰시오.

05 Baseball is a game exciting.

_____ → _____

06 Is there interesting anything in the paper?

_____ → _____

문장 전환

[07~08] 주어진 말을 알맞은 위치에 넣어 문장을 다시 쓰시오.

07 They want something. (sweet)

→ _____

08 I couldn't find anything. (wrong)

→ _____

문장 완성

[09~10] 우리말과 일치하도록 주어진 말을 활용하여 문장을 완성하시오.

09
나는 그 가게에서 신선한 과일들을 샀다.
(buy, fruits, fresh)

→ _____ at the store.

10
나의 사랑스러운 딸은 키가 크다.
(be, lovely, tall, daughter)

→ _____

02 수량형용사 '많은 ~', '적은 ~', '약간의 ~'

빈출 유형 | 대화 완성

우리말과 일치하도록 주어진 말을 활용하여 대화를 완성하시오.

> A: What did you buy?
> B: <u>나는 빵을 좀 샀어.</u> (some)

→ _____

문장력 UP

주어 나는

동사 샀다(과거) → buy – bought

어순 S + V + O

 |1| 명사의 수와 양을 나타내는 형용사를 수량형용사라고 해요.

의미	수량 형용사	+ 명사	예시	특징
많은	many	+ 셀 수 O	I have many books.	
	much	+ 셀 수 X	I don't have much time.	주로 부정문에서 씀
조금, 적은	a few	+ 셀 수 O	I have a few books.	
	a little	+ 셀 수 X	I have a little time.	
거의 없는	few	+ 셀 수 O	I have few books.	부정적 의미
	little	+ 셀 수 X	I have little time.	

|2| a lot of, lots of(많은)는 명사에 상관없이 쓰며, **many, much**로 바꿀 수 있어요.

There are many books = There are a lot of <u>books</u>.

There isn't much time. = There isn't a lot of <u>time</u>. * 단수 취급

|3| some과 any(조금, 약간)는 셀 수 있는 명사와 셀 수 없는 명사 앞에 모두 올 수 있어요.

There are some <u>books</u>.　　　There is some <u>time</u>.　　　* 주로 긍정문에 some

There aren't any <u>books</u>.　　　There isn't any <u>time</u>.　　　* 부정문/의문문에 any

Are there any <u>books</u>?　　　Is there any <u>time</u>?

빈출 유형 해결

해설

☑ 문장의 시제는 과거이고, 긍정문이므로 주어(I) + 동사(bought)의 순서로 써요.

☑ 동사 뒤에 목적어에 해당하는 '약간의 빵'은 bread를 셀 수 없는 명사로 취급하므로 some bread로 써요.

정답 I bought some bread.

대화 완성

[01~04] 우리말과 일치하도록 주어진 말을 활용하여 대화를 완성하시오.

01

> A: What's in the box?
> B: 몇 개의 지우개가 있어요. (there, few)

→ ___There is few eraser.___ (X)

👤 위의 오답에서 **틀린** 부분을 찾아 바르게 고쳐 주세요.

| ☑ 수량형용사 | ☑ 명사의 수 | ☑ 동사 |

→ _____

💬👤 '몇 개의 지우개'는 복수이므로 There are를 써야 하며, 셀 수 있는 명사(eraser)는 복수형(-s)으로 만들고, 수량형용사는 a few를 써야 해요.

02

> A: What's happening in the playground?
> B: 많은 학생들이 거기서 축구를 하고 있어. (play soccer)

→ _____ there.

💬👤 셀 수 있는 명사가 많을 때는 many를 써요. a lot of와 lots of도 같은 뜻으로 쓸 수 있어요.

03

> A: Are there flowers in the garden?
> B: 정원에는 꽃이 거의 없어. (flower)

→ _____ in the garden.

04

> A: What's on the table?
> B: 식탁 위에 물이 조금 있다. (some)

→ _____ on the table.

오류 수정

[05~06] 어법상 틀린 수량형용사를 찾아 고쳐 쓰시오.

05 Can you see much stars in the sky?

_____ → _____

06 There isn't some food in the refrigerator.

_____ → _____

문장 완성

[07~10] 우리말과 일치하도록 |보기|에서 알맞은 말을 골라 문장을 완성하시오. (단, 필요시 형태를 바꿀 것)

| 보기 |
| little   few   many   much   a lot of |

07 Ben은 친구가 많이 있다. (have, friend)

→ Ben _____.

08 그릇 안에 설탕이 거의 없다. (sugar, there)

→ _____ in the bowl.

09 바구니 안에 쿠키가 좀 있니? (cookie, there)

→ _____ in the basket?

10 그는 그녀와 많은 시간을 보냈니? (spend, time)

→ _____ with her?

03 일반부사와 빈도부사 '~하게', '얼마나 자주'

빈출 유형 문장 완성

우리말과 일치하도록 |보기|의 말을 활용하여 문장을 완성하시오.

┌ 보기 ┐
school / never / late / be / for / will
└────────────────────────────────────┘

나는 절대 학교에 지각하지 않을 것이다.

→ _____

 문장력 UP

주어 나는

동사 *지각하다: be late
~않을 것이다(be/미래/부정)
→ will + not + 원형(be)

어순 S + V + C(형용사) + 나머지 말
빈도부사는 조동사와 일반동사 사이에

|1| 부사는 문장의 끝에서 동사를 수식하거나, 바로 앞에서 형용사나 다른 부사를 수식해요.

Jane finished her homework fast. * 동사 수식 (그냥 끝낸 것이 아니라, 빠르게 끝냈다)
Jane finished her homework very fast. * 다른 부사 수식 (그냥 빠르게가 아니라, 매우 빠르게)
Jane is really smart. * 형용사 수식 (그냥 똑똑한 것이 아니라, 정말 똑똑한)

|2| '얼마나 자주' 하는지를 설명하는 빈도부사를 알아 두세요.

의미	%	빈도부사
항상	100%	always
주로/보통/대개	80~90%	usually
자주/흔히	70%	often
가끔	40%	sometimes
거의 ~않다	10%	seldom/hardly/rarely
전혀[절대] ~않다	0%	never

|3| 빈도부사는 일반동사 앞, be동사나 조동사 뒤에 써요.

I often visit my uncle in Incheon. 나는 인천에 있는 삼촌을 자주 방문한다. * 일반동사 앞
She is hardly angry. 그녀는 거의 화를 내지 않는다. * be동사 뒤
You can sometimes be wrong. 너는 가끔 틀릴 수 있다. * 조동사 뒤 / 일반동사나 be동사 앞

빈출 유형 해결

해설
☑ '지각하다'는 be late의 형태로 써야 하며, 미래 부정이므로 I will not be late과 같이 써야 해요.
☑ 하지만, 이미 부정의 의미를 가진 never(절대)가 있으므로 〈will + never + 동사원형〉의 형태로 써요.
☑ 그리고 나머지 전치사구를 〈전치사 + 명사〉의 순서로 for school로 써요.
정답 I will never be late for school.

실전 유형으로 PRACTICE

문장 완성

[01~04] 우리말과 일치하도록 │보기│의 말을 활용하여 문장을 완성하시오.

01
│보기│
on / hardly / be / free / weekdays

그는 주중에 거의 한가하지 않다.

→ ___He hardly is free on weekdays.___ (X)

👤 위의 오답에서 **틀린** 부분을 찾아 바르게 고쳐 주세요.

☑ 어순

→ _____

💬 빈도부사는 be동사나 조동사 뒤에 써요.

02
│보기│
brush / always / her teeth / after

그녀는 항상 매 식사 후에 양치를 한다.

→ _____ every meal.

03
│보기│
very / solve / the problem / easily

Jenny는 그 문제를 매우 쉽게 풀었다.

→ Jenny _____.

04
│보기│
at / rarely / be / home

나는 낮에 거의 집에 없다.

→ _____ during the day.

오류 수정

[05~06] 어법상 틀린 부분을 찾아 고쳐 쓰시오.

05 My father's bakery is big really.

_____ → _____

06 Frank usually doesn't get up before 6.

_____ → _____

단어 배열

[07~08] 우리말과 일치하도록 주어진 말을 알맞게 배열하시오.
(단, 필요시 형태를 바꿀 것)

07
그는 때때로 수영하러 간다.
(sometimes / swimming / he / go)

→ _____

08
나의 아빠는 매우 주의 깊게 운전하신다.
(carefully / drive / my father / very)

→ _____

도표형

[09~10] 다음 표를 보고, 알맞은 빈도부사를 써서 문장을 완성하시오.

His weekly schedule	Mon	Tue	Wed	Thu	Fri
clean his room	o	o	o	o	o
be late for school	x	x	x	x	x

09 He _____ room.

10 He _____ school.

04 as ~ as 원급 비교 '~만큼 …한[하게]'

다음 표를 보고, 주어진 말을 사용하여 문장을 완성하시오.

	banana	mango	orange
price	$1	$3	$3

→ Mangoes _____
_____ oranges. (expensive)

문장력 UP

주어 망고들(복수)

동사 형용사 expensive(비싼)를 쓸 수 있는 be동사 현재 → are

어순 S + V + as + 형용사 + as + 비교 대상

 | 1 | '~만큼 …한'은 〈as + 형용사 + as〉로 표현해요.

비교 포인트	예문	의미
형용사	She is tall.	그녀는 키가 크다.
as + 형용사 + as	She is as tall as her mom (is).	그녀는 그녀의 엄마만큼 키가 크다.

| 2 | '~만큼 …하게'는 〈as + 부사 + as〉로 표현해요.

비교 포인트	예문	의미
부사	He can run fast.	그는 빠르게 달릴 수 있다.
as + 부사 + as	He can run as fast as his dad (can).	그는 그의 아빠만큼 빠르게 달릴 수 있다.

빈출 유형 해결

해설

☑ 문장에 망고와 오렌지가 주어졌고, 둘의 가격은 같으므로 둘을 비교하여 '망고는 오렌지만큼 비싸다'라는 의미로 써야 해요.

☑ 주어(Mangoes)는 복수이므로 are expensive로 써야 하며, '오렌지만큼 비싸다'로 쓰려면 as expensive as로 써요.

정답 are as expensive as

실전 유형으로 PRACTICE

도표형

01 다음 표를 보고, 주어진 말을 사용하여 문장을 완성하시오.

	Runner 1	Runner 2	Runner 3
speed	15 km/h	30 km/h	15 km/h

→ Runner 3 ___runs slow as___ Runner 1. (X)
(slow)

😊 위의 오답에서 **틀린** 부분을 찾아 바르게 고쳐 주세요.

☑ 원급 비교 표현   ☑ 형용사와 부사

→ Runner 3 _____ Runner 1.

💬 부사나 형용사 앞뒤에 as를 써서 '~만큼 …한[하게]'라는 의미를 만들고, '느리게 달린다'에서는 부사 slowly가 필요해요.

도표형

[02~04] 다음 표를 보고, 주어진 말을 사용하여 문장을 완성하시오.

	Bora	Jihye	Minji
age	14	14	15
height	163 cm	154 cm	163 cm
100 m record	17 seconds	15 seconds	15 seconds

02 (young)

→ Bora _____ Jihye.

03 (tall)

→ Bora _____ Minji.

04 (fast, run)

→ Jihye _____ Minji.

오류 수정

[05~06] 어법상 **틀린** 부분을 찾아 고쳐 쓰시오.

05 This building is as tall the mountain.

_____ → _____

06 The car can travel as quick as the train.

_____ → _____

문장 완성

[07~08] 우리말과 일치하도록 주어진 말을 활용하여 문장을 완성하시오. (단, 필요시 형태를 바꿀 것)

07 이 의자는 내 것만큼 편안하다.

(this chair, comfortable, be)

→ _____ mine.

08 그는 Fred만큼 멋지게 춤을 췄다.

(dance, nice)

→ _____ Fred.

한 문장으로 쓰기

[09~10] 다음 두 문장을 as ~ as를 사용하여 한 문장으로 완성하시오.

09
> • Nick is friendly.
> • His brother is friendly just like Nick.

→ Nick _____ his brother.

10
> • Kate can speak Spanish fluently.
> • Calvin can speak Spanish fluently just like Kate.

→ Kate can _____
Calvin.

05 비교급 '~보다 더 …한[하게]'

다음 표를 보고, 주어진 말을 활용하여 문장을 완성하시오.

	banana	mango	orange
price	$1	$2	$3

→ Bananas _____ mangoes.
　(cheap)

> 🔍 **문장력 UP**
>
> **주어** 바나나들(복수)
>
> **동사** 형용사 cheap(싼)을 쓸 수 있는 be동사 현재 → are
>
> **어순** S + V + C(형용사 비교급) + than + 비교 대상

 | 1 | '~보다 더 …한[하게]'은 〈비교급 + than〉으로 표현해요.

비교 포인트	예문	의미
형용사 → 비교급 + than	She is tall.	그녀는 키가 크다.
	She is taller than her mom.	그녀는 그녀의 엄마보다 더 키가 크다.
부사 → 비교급 + than	He can run fast.	그는 빠르게 달릴 수 있다.
	He can run faster than his dad.	그는 그의 아빠보다 더 빠르게 달릴 수 있다.

* than은 '~보다'라는 말이에요.

| 2 | 형용사나 부사를 비교급으로 만드는 방법을 알아 두세요.

대부분의 형/부	+ -er	smaller, slower, shorter, faster
-e로 끝나는 형/부	+ -r	later, nicer, freer, wider
자음+y로 끝나는 형/부	y 삭제 + -ier	easy-easier, busy-busier, happy-happier
모음1개+자음1개로 끝나는 형/부	마지막 자음 하나 더 + -er	big-bigger, fat-fatter, hot-hotter
3음절 이상의 형/부 (일부 2음절)	more +	more interesting, more beautiful
형용사+ly인 부사	more +	more slowly, more quickly
불규칙 비교급	good/well-better, bad-worse, many/much-more, little-less	

빈출 유형 해결

해설
☑ 문장에 바나나와 망고가 주어졌고, 바나나는 1달러, 망고는 2달러이므로 '바나나는 망고보다 더 싸다'라는 의미로 써야 해요.
☑ 주어(Bananas)는 복수이므로 are cheap로 써야 하며, '~보다 더 싸다'로 쓰려면 cheaper than으로 써요.

정답 are cheaper than

실전 유형으로 PRACTICE

01 다음 표를 보고, 주어진 말을 활용하여 문장을 완성하시오.

	Bike A	Bike B	Bike C
speed(속도)	70 km/h	90 km/h	70 km/h

→ Bike B _____goes fast then_____ Bike C. (X)
   (go, fast)

 위의 오답에서 **틀린** 부분을 찾아 바르게 고쳐 주세요.

☑ 비교 표현   ☑ 전치사/접속사

→ Bike B _____ Bike C.

'빠르게'가 아닌 '더 빠르게'인 fast의 비교급을 써야 해요.
'~보다'라는 말은 than이에요.

도표형

02 다음 표를 보고, 주어진 말을 활용하여 문장을 완성하시오.

	a pineapple	a peach
weight	400 g	150 g

→ A pineapple _____ a peach.
   (heavy)

자음+y로 끝나는 형용사/부사의 비교급은 y를 삭제하고 -ier을 붙여서 만들어요.

도표형

[03~04] 다음 표를 보고, 주어진 말을 활용하여 문장을 완성하시오.

Last exam	Kate	Tom
Math score	90	100
English score	90	80

03 Kate _____ Tom on the math exam. (do, good 또는 bad)

04 Kate _____ Tom on the English exam. (do, good 또는 bad)

오류 수정

[05~06] 어법상 **틀린** 부분을 찾아 고쳐 쓰시오.

05 This summer is hoter than last summer.

_____ → _____

06 Sumi walked slowlier than her mother.

_____ → _____

단어 배열

[07~08] 우리말과 일치하도록 주어진 말을 알맞게 배열하시오.
   (단, 필요시 형태를 바꿀 것)

07 건강은 돈보다 더 중요하다.
   (be / important / money / health / than)

   → _____

08 내 전화가 너의 것보다 작다.
   (my / small / be / than / yours / phone)

   → _____

'나의 전화기'와 '너의 전화기[너의 것]'를 비교해야 한다는 데에 유의하세요.

한 문장으로 쓰기

[09~10] 다음 두 문장을 주어진 말을 활용하여 비교급 문장으로 다시 쓰시오.

보기
· Sandy is 16 years old.
· Danny is 18 years old.
→ Danny is older than Sandy. (old)

09
· Amy arrived at 4.
· Her sister arrived at 2.

   → _____
   (late)

10
· My bag is 40 dollars.
· Jack's bag is 60.

→ Jack's bag _____ .
   (expensive)

06 최상급 '가장 ~한[하게]'

다음 표를 보고, 주어진 말을 활용하여 문장을 완성하시오.

	banana	mango	orange
price	$1	$2	$3

→ Bananas _____ all.
(cheap)

> **A=◯ 문장력 UP**
>
> **주어** 바나나들(복수)
>
> **동사** 형용사 cheap(싼)을 쓸 수 있는 be동사 현재 → are
>
> **어순** S + V + 형용사의 최상급 + of/in ~

 필수 문법

| 1 | '가장 ~한[하게]'은 〈the + 최상급〉으로 표현해요.

비교 포인트	예문	의미
형용사 → the + 최상급	She is tall.	그녀는 키가 크다.
	She is the tallest.	그녀는 가장 키가 크다.
부사 → the + 최상급	He can run fast.	그는 빠르게 달릴 수 있다.
	He can run the fastest.	그는 가장 빠르게 달릴 수 있다.

* 최상급 앞에는 the를 써야 한다는 것을 잊지 마세요.

| 2 | 형용사나 부사를 비교급으로 만드는 방법을 알아 두세요.

대부분의 형/부	+ -est	smallest, slowest, shortest, fastest
-e로 끝나는 형/부	+ -st	latest, nicest, freest, widest
자음+y로 끝나는 형/부	y 삭제 + -iest	easy–easiest, busy–busiest, happy–happiest
모음1개+자음1개로 끝나는 형/부	마지막 자음 하나 더 + -est	big–biggest, fat–fattest, hot–hottest
3음절 이상의 형/부(일부 2음절)	most +	most interesting, most beautiful
형용사+ly인 부사	most +	most slowly, most quickly
불규칙 비교급	good/well–best, bad–worst, many/much–most, little–least	

| 3 | 최상급은 주로 '~ 중에서'에서 최고라고 표현을 해요.

[in + 하나의 그룹] She is the tallest in her class. 〈in + 단수 명사〉

[of + 그룹 속 단위들] She is the tallest of the 10 students. 〈of + 복수 명사〉

빈출 유형 해결

해설
☑ 문장에 바나나와 all(모두)이 주어졌으므로, '모두 중에서 바나나가 가장 싸다'라고 영작해야 해요.
☑ 주어(Bananas)는 복수이며 최상급으로 표현하면 are the cheapest로 써야 하며, 뒤에 〈전치사 of + all〉의 순서로 써요.

정답 are the cheapest of

실전 유형으로 PRACTICE

도표형

01 다음 표를 보고, 주어진 말을 활용하여 문장을 완성하시오.

	Bike A	Bike B	Bike C
speed(속도)	70 km/h	90 km/h	70 km/h

→ Bike B __goes fast than__ all three. **(X)**
(go, fast)

 위의 오답에서 틀린 부분을 찾아 바르게 고쳐 주세요.

☑ 최상급 표현   ☑ 전치사

→ Bike B _____ all three.

최상급에는 앞에 the가 붙어요. '~ 중에'라는 표현을 할 때 〈in + 하나의 그룹(단수 명사)〉 또는 〈of + 그룹 속 단위들(복수 명사)〉로 써요.

도표형

[02~03] 다음 표를 보고, 주어진 말을 활용하여 문장을 완성하시오.

	James	Ron	David
기상 시간	7:00	6:30	7:30

02 Ron _____ all three.
(get up, early)

03 David _____ all three.
(get up, late)

부사의 최상급 앞에도 관용적으로 the를 붙인다고 알아 두세요.

도표형

[04~05] 다음 표를 보고, 주어진 말을 활용하여 문장을 완성하시오.

종류	egg salad	tuna salad	beef salad
price	$6	$8	$10
taste	★☆☆	★★★	★★☆

04 The price of beef salad _____
_____ at the shop. (expensive)

05 The taste of tuna salad _____
all three. (good)

문장완성

[06~08] 우리말과 일치하도록 주어진 말을 활용하여 문장을 완성하시오. (단, 알맞은 전치사를 사용할 것)

06 John은 나의 반에서 가장 게으르다.
(lazy)

→ _____ in my class.

07 축구는 한국에서 가장 인기 있는 스포츠이다.
(soccer, popular, sport)

→ _____ Korea.

08 William은 그 학생들 중에서 가장 열심히 공부한다.
(study, hard)

→ William _____
the students.

보기 영작

[09~10] 다음 |보기|와 같이 최상급과 전치사를 사용한 문장으로 바꾸어 쓰시오.

|보기|
Peter is a tall boy.
→ Peter is the tallest boy in our class.

09 Judy is a pretty woman.

→ Judy is _____ all
our members.

10 It was a bad mistake.

→ It was _____ in my life.

중간고사·기말고사 실전문제

[01~05] 빈칸에 들어갈 말을 |보기|에서 골라 알맞은 형태로 쓰시오. (단, 한 번씩만 사용할 것)

┌ 보기 ┐

a little	a few	many
few	much	little

01 나는 서점에서 많은 책을 샀다. (book)

→ I bought _____ at the bookstore.

02 그녀는 많은 돈이 필요하지 않다. (money)

→ She doesn't need _____.

03 거리에 사람들이 거의 없다. (people)

→ There are _____ on the street.

04 먼저, 나는 약간의 버터를 팬에 녹였다. (butter)

→ First, I melted _____ in the pan.

05 나는 오늘 아침 학교 가는 길에 몇 명의 친구들을 만났다. (friend)

→ I met _____ on my way to school this morning.

[06~10] 주어진 말을 알맞은 위치에 넣어 문장을 다시 쓰시오.

06
Jinhee plays computer games with her brother. (often)

→ _____

07
Andrea found something in the forest. (strange)

→ _____

08
Susan makes fruit juice every day. (fresh)

→ _____

09
Hyunji made a scarf for her mother. (nice, very)

→ _____

10
He is late for school. (never)

→ _____

단어 배열

[11~16] 우리말과 일치하도록 주어진 말을 알맞게 배열하시오.
(단, 필요시 형태를 바꿀 것)

11

> 민수와 나는 자주 영화를 같이 보러 간다.
> (Minsu and I / go / movies / often / the / to)

→ _____ together.

12

> 이 호두파이는 저것만큼 크다.
> (this / as / walnut pie / big / be / as)

→ _____ that one.

13

> 맛있는 음식이 준비되어 있어요. 피자와 스파게티를 맛있게 드세요!
> (be / the / food / ready / delicious)

→ _____ Help yourself to the pizza and spaghetti!

14

> 나는 언니보다 그림을 더 잘 그릴 수 있다.
> (can / draw / good / I / my sister / than)

→ _____

15

> 오늘은 올해 중 가장 추운 날이었다.
> (was / cold / today / of this year / day)

→ _____

16

> 지미는 어머니를 위해 꽃 몇 송이를 살 것이다.
> (will / Jimmy / flower / a few / buy)

→ _____ for his mother.

문장 쓰기

[17~22] 우리말과 일치하도록 주어진 말을 활용하여 문장을 쓰시오.

17

> 진호는 반에서 키가 가장 큰 학생이다.
> (Jinho, tall, student, the class)

→ _____

18

> 나의 여행 가방에는 남은 공간이 별로 없다.
> (space, there, suitcase)

→ _____

19

> James는 피아노를 아름답게 연주했다.
> (the piano, beautiful, James, play)

→ _____

20

> 우리는 우리의 긴 역사를 자랑스러워한다.
> (long, be proud of, history)

→ _____

21

> Larry는 그의 남동생보다 더 수다스럽다.
> (talkative, his, brother, Larry)

→ _____

22

수미는 너만큼 예의 바르다.
(as, Sumi, polite)

→ _____

그림 영작
[23~24] 다음 그림을 보고, 주어진 단어를 사용하여 문장을 완성하시오.

Euna   Minsu   Juyoung

23 Juyeong is _____ Euna and Minsu. (tall)

24 Juyeong is _____ of the three. (tall)

그림 영작
[25~26] 다음 그림을 보고, 주어진 단어를 사용하여 문장을 완성하시오.

Yena

Hyewon

Jeongwon

25 Yena is _____ Jeongwon. (fast)

26 Hyewon is _____ of the three. (fast)

그림 영작
[27~28] 다음 그림을 보고, 주어진 단어를 사용하여 문장을 완성하시오.

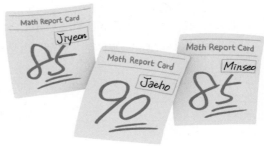

27 Minseo's score is _____ as Jiyeon's. (high)

28 Jaeho got _____ score. (high)

오류 수정
[29~33] 어법상 틀린 부분을 찾아 바르게 고쳐 쓰시오.

29 Sad, I lost my passport during my trip.

_____ → _____

30 Is there wrong something with your phone?

_____ → _____

31 There are a lot of coconut tree in their hometown.

_____ → _____

32 My mother gets up early than my father every day.

_____ → _____

33 My parents always will love me.

_____ → _____

[34~35] 다음 표를 보고, 주어진 말을 사용하여 |보기|와 같이 문장을 완성하시오.

	Burj Khalifa	Shanghai Tower	Lotte World Tower
Where	Dubai	Shanghai	Seoul
When	2010	2015	2016
Height	828 m	632 m	554.5 m

보기

The Shanghai Tower is taller than the Lotte World Tower. (tall, than)

34 The Shanghai Tower is _____
_____. (old, than)

35 The Burj Khalifa is _____
_____. (tall, the three)

[36~37] 다음 대화를 읽고, 밑줄 친 부분 중 어법상 틀린 것을 두 군데 찾아 고쳐 쓰시오.

A: Did you enjoy your meal?
B: Yes, I did. It was fantastic. Can I have a cup of ⓐ hot coffee, please?
A: Sure. Would you like sugar with that?
B: Yes, ⓑ a few sugar, please.
A: Is there ⓒ anything else you need?
B: Yes. I want ⓓ sweet something.
A: For dessert, we have mango rice pudding and cherry cheesecake.
B: I'll have the cheesecake, please. And can I have ⓔ a few napkins, too?
A: Sure. Here you are.

36 _____ → _____

37 _____ → _____

[38~40] 다음 지원이의 생활 습관을 나타낸 표를 보고, |보기|와 같이 문장을 완성하시오.

	always	often	sometimes	never
clean her room	○			
38 read books		○		
39 go camping				○
40 do yoga			○	

보기

Jiwon always cleans her room.

38 Jiwon _____.

39 Jiwon _____.

40 Jiwon _____.

[06]

문장의 종류

• 이번 챕터에서 나올 어휘들을 미리 확인해 보세요.

☐ brave 용감한

☐ careless 부주의한

☐ clothes 옷

☐ diligent 근면한, 성실한

☐ excellent 훌륭한, 탁월한

☐ exit 출구

☐ far 먼

☐ firefighter 소방관

☐ holiday 휴일, 휴가

☐ kind 종류; 친절한

☐ laptop 휴대용 컴퓨터

☐ large 큰, 넓은, 대형의

☐ loudly 큰 소리로, 시끄럽게

☐ make a mistake 실수하다

☐ office 사무실

☐ once a week 일주일에 한 번

☐ package 소포

☐ park 주차하다; 공원

☐ pay attention to ~에 주의를 기울이다

☐ sparkling 반짝이는

☐ stay at ~에 머물다

☐ suit 양복

☐ take off ~을 벗다

☐ trash 쓰레기

☐ truth 사실, 진실

Spelling 주의

• 쓸 때 철자에 주의해야 하는 단어들을 미리 익혀 두세요.

☐	calm down	진정하다, 침착하다
☐	children	아이들 (child의 복수형)
☐	handsome	잘생긴
☐	mountain climbing	등산
☐	neighbour	이웃
☐	straight	똑바로, 곧장

01 명령문 '~해', '~하지 마'

빈출 유형 조건 영작

주어진 문장을 |조건|에 맞게 바꾸어 쓰시오.

┌ 조건 ┐
• 명령문으로 쓸 것
• don't를 쓸 것

You are late for school.

→ _____

 문장력 UP

주어 주어 없음(명령문)

동사 명령문 be의 부정 → Don't be

어순 V + C(형용사) + 나머지 말

| 1 | '~하세요'와 같이 상대방에게 명령하는 문장은 <u>주어 없이 동사원형으로 시작해요.</u>

[일반동사 명령문] ~~You~~ Wait here. 여기서 기다려.
└→ 명령문은 주어 없이 동사원형으로 시작해요.

[be동사 명령문] ~~Are~~ Be careful. 조심해.
└→ be동사 현재형을 쓰지 않고, 원형인 Be를 써요.

| 2 | '~하지 마세요'와 같은 부정 명령문은 〈Don't[Do not] + 동사원형〉으로 시작해요.

[일반동사 부정 명령문] Don't wait here. 여기서 기다리지 마.
[be동사 부정 명령문] Don't be lazy. 게으름 피지 마.

| 3 | 좀 더 부드럽게 명령할 때는 앞 또는 뒤에 please를 붙이면 돼요.

<u>Don't open</u> the windows, please. (제발) 창문을 열지 말아 주세요.
Please <u>don't be</u> angry with me. (제발) 저에게 화내지 마세요.

┌─────────┐
│ 빈출 │ 해설
│ 유형 │ ☑ don't로 시작하는 명령문으로 쓰는 것이 조건이므로 〈Don't + 동사원형(be)〉를 사용하여 문장을 써요.
│ 해결 │ ☑ be동사 뒤에는 제시된 문장의 어순 그대로 〈be동사 + 형용사 + 전치사 + 명사〉의 순서로 써요.
│   │ 정답 Don't be late for school.
└─────────┘

실전 유형으로 PRACTICE

01 주어진 문장을 | 조건 | 에 맞게 바꾸어 쓰시오.

┌ 조건 ┐
• 명령문으로 쓸 것
• take off를 사용하여 5단어로 쓸 것

You can't wear your shoes here.

→ _You don't take off your shoes here._ (X)

👤 **위의 오답에서 틀린 부분을 찾아 바르게 고쳐 주세요.**

☑ 명령문의 형태   ☑ 의미

→ _____

💬👤 명령문은 주어를 생략하여 써야 하며, take off는 '(옷, 신발 등을) 벗다'라는 의미예요.

[02~04] 주어진 문장을 | 조건 | 에 맞게 바꾸어 쓰시오.

┌ 조건 ┐
• 명령문으로 쓸 것
• 4단어로 쓸 것

02 You can't talk loudly here.

→ _____

03 You are not paying attention to him.

→ _____

04 You must not be noisy here.

→ _____

[05~07] 우리말을 영어로 옮겼을 때, 어법상 틀린 부분을 찾아 고쳐 쓰시오.

05 이 거리에 주차하지 마세요.
→ Not parks in this street.

_____ → _____

06 너의 가족들에게 친절하게 대해라.
→ Kind to your family.

_____ → _____

💬👤 명령문의 be동사는 생략할 수 없어요.

07 식사 전에 너의 손을 씻어라.
→ Washing your hands before meals.

_____ → _____

[08~10] 우리말과 일치하도록 주어진 말을 활용하여 문장을 완성하시오.

08
┌─────────────────────────────┐
│ 수업 중에 너의 전화기를 쓰지 마라. │
│ (use, mobile phone)   │
└─────────────────────────────┘

→ _____

during the class.

09
┌─────────────────────────────┐
│ 당신의 이름을 맨 아래에 써 주세요. │
│ (write, name, please)   │
└─────────────────────────────┘

→ _____

at the bottom.

10
┌─────────────────────────────┐
│ 철자에 부주의하지 않게 하세요.   │
│ (careless, spelling, be, about) │
└─────────────────────────────┘

→ _____

UNIT 02 감탄문 '정말 ~구나!', '얼마나 ~한가!'

다음 | 조건 | 에 맞게 대화를 완성하시오.

┌ 조건 ┐
• 감탄문으로 쓸 것
• how를 쓸 것
└─────────┘

A: Jisuk gets up early. At 6!
B: At 6?! 얼마나 그가 일찍 일어나는가!

→ _____

 문장력 UP

주어 Jisuk(he)

동사 3인칭 단수 주어에 맞는 현재형
→ gets up (일어난다)

어순 how 감탄문
→ How + 형용사/부사 + S + V!

 필수 문법

| 1 | How를 이용한 감탄문은 〈How + 형용사/부사 + 주어 + 동사!〉의 어순으로 써요.

[부사가 있는 문장]　　　He runs fast.
[How + 부사 감탄문]　　How fast he runs! 그는 얼마나 빨리 달리는가!
　　　　　　　　　　　↳ 〈How + 형/부〉를 하나의 표현으로 취급해요. 그리고 그 뒤는 〈주어 + 동사〉의 어순이에요.
[형용사가 있는 문장]　　He is strong.
[How + 형용사 감탄문]　How strong he is! 그는 얼마나 강한가!

| 2 | What을 이용한 감탄문은 〈What + 명사 + 주어 + 동사!〉의 어순으로 써요.

[명사가 있는 문장]　　　It is a great story.
[What + 명사 감탄문]　　What a great story it is! (그것은) 정말 훌륭한 이야기구나!
　　　　　　　　　　　↳ 셀 수 없는 명사일 때는 관사를 붙이지 않아요. 형용사 없이 명사만 써도 돼요.

| 3 | 감탄문의 〈주어 + 동사〉는 생략할 수 있어요.

How fast!
How strong!
What a (great) story!

빈출 유형 해결

해설
☑ How로 시작하는 감탄문은 〈How + 형용사/부사〉를 먼저 쓰고, 그 뒤에 〈주어 + 동사〉의 순서로 써요.
☑ early(일찍)가 부사이므로 How early를 하나의 표현으로 쓰고, 뒤에 he gets up을 쓰고 감탄사를 넣으면 돼요.
정답 How early he gets up!

조건 영작

01 다음 |조건|에 맞게 대화를 완성하시오.

┌ 조건 ┐
- 감탄문으로 쓸 것
- what을 쓸 것
└─────┘

A: It is an old painting.

B: Right! 그것은 정말 오래된 그림이구나!

→ ___What old is it an painting!___ (X)

 위의 오답에서 틀린 부분을 찾아 바르게 고쳐 주세요.

☑ 감탄사　　☑ 어순

→ _____

명사를 강조하는 감탄문은 What을 이용해요. What을 이용한 감탄문은 〈What + 명사 + 주어 + 동사〉의 어순으로 쓰고, 명사가 셀 수 있는 단수이고 앞에 형용사가 있으면 앞의 형용사에 따라 a 또는 an을 써요.

조건 영작

[02~04] 다음 |조건|에 맞게 대화를 완성하시오.

┌ 조건 ┐
- 감탄문으로 쓸 것
- 주어진 말을 사용할 것
└─────┘

02 A: Isn't my room clean?

B: Wow! 너의 방은 정말 깨끗하구나! (how)

→ _____

03 A: Isn't the boy fast?

B: Right. 그는 정말 빠른 소년이구나! (what)

→ _____

04 A: It is an interesting movie!

B: Yes! 그것은 참 재미있는 영화구나! (what)

→ _____

오류 수정

[05~06] 어법상 틀린 부분을 찾아 고쳐 쓰시오.

05 그 장갑들이 정말 예쁘구나!

→ What a pretty glove they are!

_____ → _____

gloves(장갑)는 한 켤레이므로 항상 복수로 써요. 복수로 쓸 때, 부정관사는 쓰지 않아요.

06 그 소녀는 정말 영어를 유창하게 말하는구나!

→ How fluent the girl speaks English!

_____ → _____

단어 배열

[07~08] 우리말과 일치하도록 주어진 말을 알맞게 배열하시오.
(단, 필요시 동사의 형태를 바꿀 것)

07 너의 여동생은 정말 부지런하구나!

(sister / be / diligent / your / how)

→ _____

08 그것은 정말 맛있는 빵이구나!

(bread / is / delicious / it / what)

→ _____

셀 수 없는 명사 앞에는 부정관사를 쓰지 않아요.

문장 전환

[09~10] 다음 |보기|와 같이 지시에 따라 문장을 바꾸어 쓰시오.

┌ 보기 ┐
This quiz was easy. (how 감탄문으로)
→ How easy this quiz was!
└─────┘

09 She has a beautiful ring. (what 감탄문으로)

→ _____

10 This building is tall. (how 감탄문으로)

→ _____

03 청유문, 제안문 '(같이) ~하자', '(네가) ~하는 게 어때?'

빈출 유형 | 대화 완성

주어진 말을 활용하여 대화를 완성하시오.

> A: Oh, no. It started to rain!
> B: Then, 공원에 가지 말자.
>   (go, the park, to)

→ _____

문장력 UP

주어 주어 없음(청유문) → Let's

동사 go

어순 부정 청유문
→ Let's + not + V

 | 1 | 어떤 것을 같이 하자고 요청할 때는 〈Let's + 동사원형〉으로 써요.

[긍정 청유문] Let's watch the game now.

[부정 청유문] Let's not watch the game now.
                         ↳ Let's don't watch로 쓰지 않아요.

| 2 | 〈Let's + 동사원형〉은 〈Why don't we + 동사원형 ~?〉으로 바꾸어 쓸 수 있어요.

Let's watch the game now.

= Why don't we watch the game now? (우리) 지금 그 경기를 보는 게 어때?
       ↳ '우리가 왜 ~하지 않지?'라는 의미지만, 제안하는 상황에서는 청유(같이 하자)의 의미가 돼요.

| 3 | Why don't you ~?로 쓰면, '(네가) ~하는 게 어때?, ~하지 그러니?'라는 제안/충고의 의미가 돼요.

A: I feel so cold.

B: Why don't you wear a jacket? 재킷을 입는 게 어때?
       ↳ 원래는 '네가 왜 ~하지 않지?'라는 의미로, 상대방에게 '~하라'고 제안/충고할 때 써요.
         Why don't we ~?와 혼동하지 마세요.

빈출 유형 해결

해설
☑ '~하지 말자'는 부정 청유(같이 하지 말자)의 의미로 〈Let's + not + 동사원형〉의 어순으로 써요.
☑ 그 뒤에 〈전치사 + 명사〉 순서로 써요.

정답 let's not go to the park

대화 완성

[01~04] 주어진 말을 활용하여 대화를 완성하시오.

01
> A: I'm free this afternoon.
> B: Great! 같이 축구하는 건 어때?
> (why, soccer, play)

→ ___Why don't you play a soccer___ together? (X)

 위의 오답에서 틀린 부분을 찾아 바르게 고쳐 주세요.

☑ 의미(주어)   ☑ 관사

→ _____ together?

같이 하자고 제안할 때는 Why don't we ~?를 쓰며, 운동 경기 (soccer) 앞에는 관사를 쓰지 않아요.

02
> A: Dad will take us to a movie when we finish our homework.
> B: Really? 지금 당장 숙제를 하자.
> (do, let, right, our, now)

→ _____

03
> A: 그에게 사실을 말하지 그러니?
> (tell, why, him)
> B: He won't trust me.

→ _____ the truth?

'~하지 그러니?'라는 제안·충고의 표현은 Why don't you ~? 를 이용해요.

04
> A: It is very cold outside.
> B: 오늘 바깥에 나가지 말자.
> (today, let, go out)

→ _____

오류 수정

[05~06] 우리말을 영어로 옮겼을 때, 어법상 틀린 부분을 찾아 고쳐 쓰시오.

05 이번 주말에 낚시하러 가지 말자.
→ Let's don't go fishing this weekend.

_____ → _____

06 우리 내일 James를 방문하는 건 어때?
→ Why don't you visiting James tomorrow?

_____ → _____

단어 배열

[07~08] 우리말과 일치하도록 주어진 말을 알맞게 배열하시오.

07 다음 토요일에 파티를 열자.
(throw / next / let's / a party / Saturday)

→ _____

08 동네를 돌아보는 게 어때?
(look around / why / we / the town / don't)

→ _____

문장 쓰기

[09~10] 우리말과 일치하도록 주어진 말을 활용하여 문장을 쓰시오.

09 의사에게 가 보지 그러니?
(go to, why, a doctor)

→ _____

10 오늘 저녁 식사를 거르지 말자.
(dinner, let, skip, today)

→ _____

04 의문사 의문문 '언제', '어디서', '누가', '무엇', '어느 것', '어떻게', '왜'

빈출 유형 | 보기 영작

|보기|와 같이 대답에서 밑줄 친 부분을 묻는 질문을 쓰시오.

┌ 보기 ┐
A: When is your birthday?
B: My birthday is December 12.
└─────────────────────┘

A: _____

B: I found it in the kitchen.

┌─ 문장력 UP ─────────────────────┐
│ 주어 | 대답의 I로 볼 때 → You
│
│ 동사 | 발견했니(found)? (과거/의문)
│   → 조동사 did + 원형(find)
│
│ 어순 | 의문사 의문문
│   → 의문사 + 조동사 + S + V + O?
└──────────────────────────────┘

 | 1 | '언제'. '어디서', '누가'와 같이 구체적인 정보를 얻기 위해 사용하는 말이 의문사예요.

언제	when	어느 것	which
어디서	where	어떻게	how
누가	who	왜	why
무엇	what		

| 2 | 의문사 의문문은 〈의문사 + 의문문 어순〉의 순서로 써요.

비교 포인트	예문	어순
be동사 의문문 → 의문사 의문문	Is she your sister?	Be동사 + 주어 ~?
	Who is she?	의문사 + be동사 + 주어 ~?
일반동사 의문문 → 의문사 의문문	Does she have a car?	조동사 + 주어 + 동사원형 ~?
	What does she have?	의문사 + 조동사 + 주어 + 동사원형 ~?

| 3 | 의문사가 일반동사의 주어인 경우, 〈의문사 + 일반동사〉의 순서로 써요.

누가 창문을 깼어?　　　→ Who broke the window?

무엇이 소음을 만들고 있니? → What is making the noise?

┌──────┬──┐
│   │ 해설   │
│ 빈출 │ ☑ '나는 그것을 부엌에서 발견했다'라는 대답을 봤을 때, 질문은 '너는 그것을 어디서 발견했니?'가 되어야 해요. │
│ 유형 │ ☑ 의문사는 Where를 쓰고, 그 뒤에는 〈과거 조동사 did + 주어 + 동사원형〉으로 써요.   │
│ 해결 │   │
│   │ 정답 Where did you find it?   │
└──────┴──┘

실전 유형으로 PRACTICE

[01~04] 보기 와 같이 대답에서 밑줄 친 부분을 묻는 질문을 쓰시오.

> 보기
>
> A: Where is Jack from?
> B: Jack is from Canada.

01 A: _____ What you left early? _____ (X)

B: I left early because I was sick.

👤 위의 오답에서 틀린 부분을 찾아 바르게 고쳐 주세요.

☑ 의문사   ☑ 어순   ☑ 동사

→ _____

💬👤 일반동사(leave-left)의 의문문은 〈조동사 + 주어 + 동사원형 ~?〉의 순서로 써요. 대답에 because(~ 때문에)가 나왔으므로, 이유를 묻는 의문사를 써요.

02 A: _____

B: My favorite sport is volleyball.

03 A: _____

B: My father baked this bread.

04 A: _____

B: She goes to work by subway.

💬👤 '지하철로 출근한다'는 대답으로 보아, 질문은 어떤 방법으로 가는지를 묻는 내용이 돼야 해요

[05~06] 어법상 틀린 부분을 찾아 고쳐 쓰시오.

05 너는 점심으로 무엇을 먹었니?

→ When you eat for lunch?

_____ → _____

06 그녀는 왜 회의에 늦었니?

→ How she was late for the meeting?

_____ → _____

[07~08] 우리말과 일치하도록 주어진 말을 알맞게 배열하시오.

07
> 그는 어젯밤에 무엇을 했니?
> (do / last night / did / he / what)

→ _____

08
> 너는 어느 것이 더 좋니, 이것 또는 저것?
> (like / you / which / do / better)

→ _____,

this or that?

[09~10] 대화를 읽고, 의문사를 활용하여 밑줄 친 질문을 영작하시오.

> A: Do you sometimes hear from Cathy?
> B: Yes. She often writes to me.
> A: Cathy가 언제 한국을 떠났지?
> B: She left Korea last year.
> A: 그녀는 언제 돌아올 예정이니?
> B: She is going to come back next year.

09 → _____

10 → _____

05 <how + 형용사/부사> + 의문문 '얼마나 ~한[하게]'

빈출 유형 **보기 영작**

|보기|와 같이 how를 이용한 질문을 쓰시오.

┌─ |보기| ───────────────────────┐
│ A: How old is your brother?   │
│ B: He's 17 years old.   │
└───────────────────────────────┘

A: _____

B: I visit her every weekends.

┌─ **문장력 UP** ─────────────────────┐
│ **주어** 대답의 I로 볼 때 → You   │
│   │
│ **동사** 방문하니? (현재/의문)   │
│   → 조동사 do/does + 원형(visit)   │
│   │
│ **어순** 의문사 의문문   │
│   → 의문사 + 조동사 + S + V + O?   │
│   * 의문사: How + 부사   │
└───────────────────────────────┘

필수 문법

| 1 | how 뒤에 다양한 형용사를 붙여서 '얼마나 ~한'이라는 의문사를 만들 수 있어요.

의미	how 형용사	+ be동사 + 주어	
얼마나 늙은/오래된	How old	is your dog?	네 개는 몇 살이니?
얼마(얼마나 많은)	How much	is the bag?	그 가방 얼마니?
얼마나 많은	How many	are there?	얼마나 많이 있니?
얼마나 먼	How far	was the store?	그 가게는 얼마나 멀었니?

| 2 | how 뒤에 다양한 부사를 붙여서 '얼마나 ~하게'라는 의문사를 만들 수 있어요.

의미	how 형용사	+ 조동사 + 주어 + 동사원형	
얼마나 자주	How often	do you see her?	얼마나 자주 그녀를 보니?
얼마나 일찍	How early	can you come?	얼마나 일찍 올 수 있니?
얼마나 빨리	How fast	did you run?	얼마나 빨리 달렸니?
얼마나 오래	How long	will you stay?	얼마나 오래 있을 거니?

| 3 | 〈how many/much + 명사〉의 형태로 '얼마나 많은 ~'이라는 의문사를 만들 수 있어요.

How much time do we have? 얼마나 많은 시간이 우리에게 있니? 〈how much + 셀 수 없는 명사〉
How many eggs do we have? 얼마나 많은 달걀이 우리에게 있니? 〈how many + 셀 수 있는 명사〉

┌─ **빈출 유형 해결** ──┐
│ **해설**   │
│ ☑ '그녀를 주말마다 방문한다'라는 대답을 봤을 때, 질문은 '얼마나 자주 그녀를 방문하니?'가 되어야 해요. │
│ ☑ 의문사는 How often을 쓰고, 그 뒤에는 〈조동사 do + 주어 + 동사원형〉으로 써요. │
│ **정답** How often do you visit her?   │
└──┘

실전 유형으로 PRACTICE

보기 영작

[01~04] 보기 와 같이 how를 이용한 질문을 쓰시오.

보기
A: How old is your uncle?
B: My uncle is 40 years old.

01 A: ___How many the ticket was?___ (X)
B: The ticket was 7 dollars.

👤 위의 오답에서 **틀린** 부분을 찾아 바르게 고쳐 주세요.

☑ 의문사　　☑ 어순

→ _____

💬 가격을 물을 때는 How much ~?를 써요. 그리고 그 뒤에는 의문문 어순으로 써요.

02 A: _____
B: My brother is 170 cm tall.

03 A: _____
B: I call my grandma once a week.

04 A: _____
B: The river is about 27 kilometers long.

오류 수정

[05~06] 우리말을 영어로 옮겼을 때, 어법상 **틀린** 부분을 찾아 문장을 고쳐 쓰시오.

05 여기서 그 은행까지 얼마나 머니?
→ How long the bank is from here?
_____ → _____

06 그는 얼마나 빨리 타자를 칠 수 있니?
→ How far can he types?

_____ → _____
_____ → _____

단어 배열

[07~08] 우리말과 일치하도록 주어진 말을 알맞게 배열하시오.
(단, 필요시 동사의 형태를 바꿀 것)

07
어제 얼마나 추웠니?
(cold / how / be / yesterday / it)

→ _____

💬 날씨를 나타낼 때는 가주어 it을 사용해야 해요.

08
Greg는 얼마나 자주 수영하러 가니?
(go swimming / Greg / often / do / how)

→ _____

대화 완성

[09~10] 주어진 말을 활용하여 대화를 완성하시오.

09
A: 그들은 얼마나 그 호텔에 머무를 거니?
(stay at)
B: They'll stay at the hotel for two days.

→ _____

10
A: 우리는 회의에 얼마나 늦었나요?
(for the meeting)
B: We're about twenty minutes late.

→ _____

빈출 유형 보기 영작

|보기|와 같이, 대답에 알맞은 〈의문사 + 명사〉의 질문을 쓰시오.

┌ 보기 ┐
A: Whose laptop is it?
B: It is Jane's laptop.

A: _____

B: It is my brother's room.

문장력 UP

주어 it(그것)

동사 is

어순 의문사 의문문
→ 의문사 + 명사 + be동사 + S?

 필수 문법

| 1 | 〈What + 명사〉는 '무슨 ~'라는 의문사가 돼요.

의미	What + 명사	+ 의문문 어순	
무슨 영화	What movie	will you watch?	무슨 영화를 볼래?
무슨 종류의 ~	What kind of food	do you like?	무슨 종류의 음식을 좋아해?
몇 시	What time	is it?	몇 시니?

| 2 | 몇 가지 중에서 골라야 할 때는 〈Which + 명사〉 '어느 ~'라는 의문사를 써요.

의미	Which + 명사	+ 의문문 어순	
어느 것	Which one	is yours?	어느 것이 네 것이니?
어느 쪽(방향)	Which way	should I go?	어느 쪽으로 가야 하죠?
어느 과목	Which subject	do you like?	어느 과목을 좋아해?

| 3 | 〈Whose + 명사〉는 '누구의 ~'라는 의문사예요.

의미	Whose + 명사	+ 의문문 어순	
누구의 가방	Whose bag	is this?	이거 누구 가방이야?
누구의 잘못	Whose fault	was it?	그건 누구의 잘못이었니?
누구의 자전거	Whose bike	did you borrow?	누구의 자전거를 빌렸니?

빈출 유형 해결

해설

☑ '그것은 나의 형의 방이다.'라는 대답을 봤을 때, 질문은 "그것은 누구의 방이니?"가 되어야 해요.

☑ 의문사는 Whose room으로 쓰고, 그 뒤에는 〈be동사 + 주어〉로 써요.

정답 Whose room is it?

📖 실전 유형으로 PRACTICE

보기 영작

[01~04] 보기 와 같이, 대답에 알맞은 〈의문사 + 명사〉의 질문을 쓰시오.

> **보기**
>
> A: What day is it today?
> B: It is Monday today.

01 A: <u>What one she likes?</u> (X)

B: She liked the red one.

👤 위의 오답에서 틀린 부분을 찾아 바르게 고쳐 주세요.

> ☑ 의문사   ☑ 동사   ☑ 어순

→ _____

💬👤 '어느 것'은 의문사 which를 쓰고, 대답이 과거(liked)이므로 의문문도 과거의 형태로 써요.

02 A: _____

B: It is 10 o'clock now.

03 A: _____

B: It is Jenny's T-shirt.

04 A: _____

among these classes?

B: I like science class the most.

💬👤 이 수업들 중에서 '어느 수업'을 좋아하냐고 묻는 질문이 되어야 해요.

오류 수정

[05~06] 우리말을 영어로 옮겼을 때, 어법상 틀린 부분을 찾아 고쳐 쓰시오.

05 그들은 누구의 부모님이니?

→ Which parents is they?

_____ → _____

06 무슨 종류의 음악을 그녀는 연주했니?

→ Whose kind music did she play?

_____ → _____

단어 배열

[07~08] 우리말과 일치하도록 주어진 말을 알맞게 배열하시오.
(단, 필요시 동사의 형태를 바꿀 것)

07
> 어느 소년이 더 부지런하니?
> (be / boy / more / which / diligent)

→ _____

08
> 너는 무슨 종류의 음식을 요리할 수 있니?
> (cook / can / kind / what / you / food / of)

→ _____

대화 완성

[09~10] 밑줄 친 우리말과 일치하도록 대화를 완성하시오.

09
> A: <u>너의 여동생은 무슨 치수를 입니?</u>
> B: My sister wears large size.

→ _____

10
> A: <u>제가 어느 라인[몇 호선]을 타야 하나요?</u>
> B: You should take the orange line at the subway station.

→ _____

07 부가의문문 '그렇지 않니?', '그렇지?'

빈출 유형 단어 배열

우리말과 일치하도록 주어진 말을 알맞게 배열하시오.

> Jenny는 그 음식을 즐겼어, 안 그래?
> (Jenny / she / the food / enjoyed / didn't)

→ _____

 문장력 UP

주어 Jenny

동사 즐겼다(과거) → enjoyed

어순 부가의문문(~다, 안 그래?)
→ 긍정문,
　+ 부정 조동사 + 인칭대명사 주어?

 필수 문법

| 1 | 평서문(긍정) 뒤에 〈부정 동사 + 주어?〉를 붙여서 의문문으로 만들 수 있어요.

의미			부가의문문
평서문(긍정)	You liked him.	⇨	You liked him, didn't you?
의문문(부정)	Didn't you like him?		너는 그를 좋아했지, 그렇지 않니?

* 의문문이 긍정이든, 부정이든, 부가의문문이든 대답은 항상 긍정이면 긍정, 부정이면 부정으로 해요.
　대답은 긍정이면 Yes, I did. 부정이면 No, I didn't.

| 2 | 평서문(부정) 뒤에 〈긍정 동사 + 주어?〉를 붙여서 의문문으로 만들 수 있어요.

의미			부가의문문
평서문(부정)	He isn't a doctor.	⇨	He isn't a doctor, is he?
의문문(긍정)	Is he a doctor?		그는 의사가 아니야, 그렇지?

* 대답은 긍정이면 Yes, he is. 부정이면 No, he isn't.

| 3 | 평서문에 조동사가 있다면, 그 조동사를 반대로 사용하여 써요.

의미			부가의문문
평서문(긍정)	She can sing well.	⇨	She can sing well, can't she?
의문문(부정)	Can't she sing well?		그녀는 노래를 잘할 수 있어, 안 그래?

* 대답은 긍정이면 Yes, she can. 부정이면 No, she can't.

빈출 유형 해결

해설

☑ '즐겼다 + 안 그래?'의 구조이므로, 〈긍정 평서문, + 부정 조동사 + 주어?〉 어순으로 써요.

☑ 동사가 enjoyed(과거)이므로, 부가의문문은 과거 부정인 didn't를 써야 해요.

정답 Jenny enjoyed the food, didn't she?

실전 유형으로 PRACTICE

단어 배열

[01~04] 우리말과 일치하도록 주어진 말을 알맞게 배열하시오.

01
> Paul은 올 수 없어, 그렇지?
> (Paul / come / can / can't / he)

→ _____Paul can come, he can't?_____ (X)

👤 위의 오답에서 **틀린** 부분을 찾아 바르게 고쳐 주세요.

> ☑ 조동사 부정   ☑ 부가의문문 어순

→ _____

💬 '그렇지?'라는 부가의문문으로 표현하므로 〈평서문, + 반대 의문문〉의 형태로 써요.

02
> Mike는 그 편지를 쓰지 않았어, 그렇지?
> (he / the letter / didn't / write / did / Mike)

→ _____

03
> 그들은 오늘 매우 피곤해, 그렇지 않니?
> (are / aren't / they / they / today / tired / very)

→ _____

04
> 지선이는 야구를 잘할 수 있어, 안 그래?
> (Jisun / baseball / can / she / play / can't / well)

→ _____

오류 수정

[05~06] 어법상 **틀린** 부분을 찾아 고쳐 쓰시오.

05 Peter는 지난주에 캠핑 갔었어, 안 그래?
→ Peter went camping last week, did he?

_____ → _____

06 너는 아침 식사 전에 우유를 마셔, 그렇지 않니?
→ You drink milk before breakfast, we can't?

_____ → _____

빈칸 쓰기

[07~08] 우리말과 일치하도록 주어진 말을 활용하여 빈칸에 알맞은 말을 쓰시오.

07 네 여동생은 그때 음악을 듣지 않았어, 그렇지?
(listen, do)
→ Your sister _____ _____ to music then, _____ _____?

08 너는 배고프지 않아, 그렇지? (be)
→ You _____ hungry, _____ _____?

대화 완성

[09~10] 다음 대화가 자연스럽도록 빈칸에 알맞은 말을 쓰시오.

09
> A: Your new neighbours are very kind, _____ _____?
> B: Yes, _____ _____. They are nice.

10
> A: Your aunt works at the hospital, _____ _____?
> B: No, _____ _____. She's a lawyer.

💬 긍정이면 Yes, ~. 부정이면 No, ~.로 대답해요.

중간고사·기말고사 실전문제

[01~06] 우리말과 일치하도록 빈칸에 알맞은 말을 |보기|에서 골라 쓰시오. (단, 한 번씩만 사용할 것)

| 보기 |
| what | where | when | which |
| how | whose | why | |

01 Genie는 지금 어디서 살고 있니?

→ _____ does Genie live now?

02 그녀는 정말 훌륭한 스케이터이구나!

→ _____ a great skater she is!

03 너는 왜 다이어트를 하니? 너는 이미 건강하고 괜찮은데.

→ _____ are you on a diet? You are already healthy and fit.

04 너는 바지로 어느 색이 더 좋니, 파란색 아니면 흰색?

→ _____ color do you like better for pants, blue or white?

05 이것은 누구의 핸드폰이니? 벤치 아래에서 그것을 찾았어.

→ _____ cellphone is this? I found it under the bench.

06 그녀가 언제 출장에서 돌아올까?

→ _____ will she return from the business trip?

[07~12] 우리말과 일치하도록 주어진 말을 알맞게 배열하시오.

07
길을 건널 때 조심해라.
(careful / when / cross / you / the / street / be)

→ _____

08
그의 생일을 위해 초콜릿 케이크를 만드는 게 어떨까?
(make / why / we / don't / a chocolate cake)

→ _____

for his birthday?

09
이 반지는 얼마나 반짝이는지!
(sparkling / this / is / ring / how)

→ _____

10
진정하고 나에게 모든 것을 말해 주세요.
(tell / and / calm down / me / everything)

→ _____

11
거기까지 버스로 가는 데 얼마나 걸리나요?
(long / it / does / how / to / get / take / there)

→ _____

by bus?

12

> 너는 졸리는구나, 그렇지?
> (you / you / sleepy / are / aren't)

→ _____, _____?

문장 완성

[13~18] 우리말과 일치하도록 주어진 말을 활용하여 문장을 완성하시오.

13 나는 무슨 종류의 옷을 입어야 할까?

(kind, clothes, of, what, should, wear)

→ _____

14 너는 오늘 아침 왜 그렇게 일찍 일어났니?

(so, wake up, early)

→ _____

this morning?

15 저것은 얼마나 훌륭한 그림인가!

(that, excellent, what, painting)

→ _____

16 출구는 어느 쪽인가요?

(which, is, way, the exit)

→ _____

17 똑같은 실수를 다시 하지 맙시다.

(mistake, make, the same, let's)

→ _____

again.

18 너는 누구랑 여름휴가를 갔니?

(who, your summer holiday, go on)

→ _____

with?

오류 수정

[19~23] 다음 밑줄 친 부분을 어법상 바르게 고쳐 쓰시오.

19

> The weather is so nice today. Why <u>do we</u> go for a drive?

→ _____

20

> A: <u>What</u> did he call you last night?
> B: He wanted to ask me something.

→ _____

21

> Andrew got a new suit, <u>did he</u>?

→ _____

22

> <u>What</u> far is your office from your home?

→ _____

23

> <u>Not let's leave</u> trash after hiking.

→ _____

[24~26] 조건에 맞게 그림과 일치하는 규칙을 완성하시오.

조건
- 주어진 말을 사용하고, 필요시 단어를 추가할 것
- 긍정 명령문 또는 부정 명령문을 사용할 것

24

→ _____

(straight, go, and, left, turn)

25

→ _____

(your, turn off, phone)

26

→ _____

(here, talk, loudly)

[27~29] 보기와 같이 감탄문으로 바꾸어 쓰시오.

보기
He was a very brave firefighter.
→ What <u>a brave firefighter he was</u>!

27 The boy is kind and handsome.

→ How _____!

28 She is a very friendly teacher.

→ What _____!

29 The baby is so cute.

→ How _____!

[30~33] 우리말과 일치하도록 주어진 말을 활용하여 부가의문문이 있는 문장을 완성하시오.

30

그 아이들은 너무 시끄러워, 그렇지 않니?
(so, noisy, they)

→ The children _____ _____ _____,
_____ _____?

31

Angela가 우리에게 소포를 보낼 거야, 그렇지 않니?
(a, package, send, she, will)

→ Angela _____ _____ _____
_____ to us, _____ _____?

32

재혁이는 짠 음식을 좋아하지 않아, 그렇지?
(like, he)

→ Jaehyeok _____ _____ salty food,
_____ _____?

33

> 너는 저녁을 먹지 않았지, 그렇지? (have)

→ _____ _____ _____,

_____ _____?

[34~37] 다음 대화의 흐름이 자연스럽도록 밑줄 친 우리말을 |조건|에 맞는 의문문으로 쓰시오.

┤조건├
- 각 단어 수에 맞게 쓸 것
- 의문사 who, how, why, where를 각각 한 번씩 쓸 것
- 주어진 말을 이용할 것

A: What do you do in your free time?
B: I like mountain climbing!
A: **34** 산에 얼마나 자주 가니? (8단어)
B: Every weekend!
A: **35** 넌 등산하는 것을 왜 좋아해? (6단어)
B: I love the view from the mountain top.
A: Oh, I see. **36** 지난 주말에는 어디 갔어? (6단어)
B: I visited Mt. Seorak.
A: Really? **37** 누구랑 함께 거기에 갔어? (5단어)
B: I went there with my family.

34 _____

(go to the mountains)

35 _____

(like, mountain climbing)

36 _____

(go, last weekend)

37 _____ with?

(go, there)

[38~39] 다음 글을 읽고, 밑줄 친 부분 중 어법상 틀린 것을 두 군데 찾아 고쳐 쓰시오.

> Finally, our teacher told us about a school trip today. We are going on a school trip next week. ⓐ How great news! We got very noisy and our teacher said "ⓑ Be quiet, please." Chuck asked him a question. "ⓒ Where will we go?" He answered, "We'll go to Jeju. It will take 2 hours by plane to Jeju. We'll visit many nice places in Jeju, ⓓ will we?" I'm already so excited.

38 _____ → _____

39 _____ → _____

40 다음 표를 보고, |조건|에 맞게 두 사람의 대화를 완성하시오.

Ted's Violin Lesson Schedule

MON	TUE	WED	THU	FRI	SAT	SUN
2 p.m.	4 p.m.	2 p.m.	4 p.m.	2 p.m.	10 a.m.	✕

┤조건├
- 주어진 말을 사용하고, 필요시 단어를 추가할 것
- 7단어로 쓸 것

A: I'm looking at Ted's violin lesson schedule. Wow, he practices the violin very hard these days for the contest.
B: _____?
(violin, often, he, have, lessons)
A: Almost every day.

[07]

문장의 형식

• 이번 챕터에서 나올 어휘들을 미리 확인해 보세요.

☐ advice 충고, 조언

☐ amazing 놀라운

☐ be full of ~으로 가득하다

☐ be good at ~을 잘하다, ~에 능숙하다

☐ be made of ~으로 만들어지다

☐ boring 지루한, 지루하게 하는

☐ cheer ~ up ~을 응원하다, ~에게 힘을 북돋우다

☐ enter ~에 들어가다

☐ fancy 화려한, 고급의

☐ hear 듣다 (hear – heard)

☐ hug 포옹, 껴안기

☐ husband 남편

☐ lecture 강의

☐ lie 거짓말; 거짓말하다 (lie – lied)

☐ lively 활기찬

☐ nurse 간호사

☐ people 사람들

☐ poem (한 편의) 시

☐ question 질문

☐ result 결과

☐ scream 소리[비명]를 지르다

☐ teach 가르치다, 가르쳐 주다 (teach – taught)

☐ technology 기술

☐ useful 유용한, 쓸모 있는

☐ win a prize 상을 타다

Spelling 주의

• 쓸 때 철자에 주의해야 하는 단어들을 미리 익혀 두세요.

☐	bright	환한
☐	competition	대회, 경쟁
☐	convenient	편리한
☐	disappointed	실망한
☐	information	정보
☐	modern	현대의

01 감각동사 + 형용사

우리말과 일치하도록 대화를 완성하시오.

> A: I heard it's made of soft cotton.
> Feel it. Isn't it soft?
> A: Yes, it is. <u>이것은 부드럽게 느껴져.</u>

문장력 UP

주어 이것(this) → 3인칭 단수

동사 ~하게 느껴지다(현재) → feels

어순 주어 + 감각동사 + 형용사

→ _____

 | 1 | 문장은 동사 뒤에 어떤 말을 쓰는가에 따라 1, 2, 3형식으로 구분해요.

[1형식] She was walking (in the park). * 목적어 X

[3형식] She closed <u>the door</u> (slowly). * 목적어(~을) O

[2형식] She was <u>happy</u>. * 형용사 보어 O   The friend was <u>her classmate</u>. 명사 보어 O
└→ be동사 뒤에는 '~을'에 해당하는 목적어가 아닌 보어를 써요.

| 2 | be동사 이외에 <u>보어가 필요한(2형식)</u> 일반동사를 반드시 알아 두세요.

become + 형용사/명사	She became a nurse.		~가 되다	* become은 명사와 형용사 둘 다 보어로 쓸 수 있어요.
	She became tired.		~해지다	
get + 형용사	They got tired.		~해지다	
turn + 형용사	They turned brown.		~해지다, ~로 변하다	
감각동사 + 형용사	It	looks		좋아 보인다	* 감각동사 뒤에 '좋 게'와 같은 형용사는 마치 부사처럼 해석되 지만, 반드시 보어로 형용사를 써야 해요.
		tastes		좋은 맛이 난다	
		smells	good.	좋은 냄새가 난다	
		sounds		좋게 들린다	
		feels		좋게 느껴진다	

* 감각동사 뒤에 명사를 쓸 때는 〈감각동사 + <u>전치사 like</u> + 명사〉와 같이 써요.

It looks <u>like a car</u>. 그것은 자동차처럼 보인다.

빈출 유형 해결

해설
☑ '~하게 느껴지다'는 감각동사 feel을 이용하여 영작해요.
☑ 〈주어(This) + 감각동사(feels) + 보어(형용사)〉의 순서로 써요.
☑ '부드럽게'라고 해서 부사를 쓰면 안 되고, 형용사(soft)를 써야 해요.

정답 This feels soft.

실전 유형으로 PRACTICE

01 우리말과 일치하도록 대화를 완성하시오.

> A: What's wrong with you? Are you tired?
> B: 내가 피곤하게 보여?

→ _____ Am I look tiredly? _____ (X)

위의 오답에서 **틀린** 부분을 찾아 바르게 고쳐 주세요.

☑ 조동사   ☑ 보어 자리에 쓰는 말

→ _____

감각동사 look은 일반동사로 의문문은 〈Do/Does + 주어 + look ~?〉과 같이 써요. look 뒤에는 의미상 '피곤해 보여', '피곤하게 보여'와 같이 뒤에 부사를 쓸 것 같지만 반드시 보어로 형용사를 써야 해요.

[02~04] 우리말과 일치하도록 주어진 말을 활용하여 대화를 완성하시오.

02
> A: He is lying.
> B: How do you know?
> A: Look. 그의 얼굴이 빨갛게 됐어.
>   (turn, face, red)

→ _____

〈turn + 형용사〉는 '~로 변하다, ~해지다'라는 의미예요.

03
> A: How does it taste?
> B: 이 케이크는 맛이 훌륭해. (great, cake)

→ _____

04
> A: I have to finish this work today.
> B: Why don't you hurry?
>   어두워지고 있어. (get, dark)

→ _____

[05~06] 우리말을 영어로 옮겼을 때, 어법상 **틀린** 부분을 바르게 고쳐 쓰시오.

05 Kate는 그녀의 언니인 Julie처럼 보인다.
→ Kate look her sister, Julie.

_____ → _____

06 그녀의 목소리가 이상하게 들렸다.
→ Her voice sound strangely.

_____ → _____

[07~08] 우리말과 일치하도록 주어진 말을 활용하여 문장을 쓰시오.

07
> 날씨가 추워졌다.
> (get, the weather, cold)

→ _____

08
> Tom이 우리 팀의 주장이 될 것이다.
> (of our team, the captain, become)

→ _____

[09~10] 우리말과 일치하도록 | 보기 |와 주어진 말 중 알맞은 것을 골라 문장을 완성하시오.

| 보기 |
| look   feel   taste   smell |

09 나는 어제 행복하게 느꼈다. (happy / happily)

→ I _____ yesterday.

10 이 치킨 수프는 냄새가 좋다. (well / good)

→ This chicken soup _____ .

02 4형식 문장

우리말과 일치하도록 주어진 말을 알맞게 배열하시오.

(단, 필요시 동사의 형태를 바꿀 것)

> 그녀의 아빠는 그녀에게 작은 인형을 만들어 주었다.
>
> (her / dad / her / make / a small doll)

→ _____

┌─────────────────────────────────┐
│ 📝 문장력 UP   │
│   │
│ 주어 그녀의 아빠는   │
│   │
│ 동사 만들어 줬다(과거) → made   │
│   │
│ 어순 4형식 (~에게 …을 만들어 줬다) │
│   → S + V + O(~에게) + O(…을)   │
└─────────────────────────────────┘

| 1 | 동사 뒤에 간접목적어(~에게)와 직접목적어(…을/를)를 모두 쓰면 4형식 문장이에요.

[4형식] She sent me a card. 그녀는 나에게 카드를 보냈다.
      '~에게'↵   └→ '…을/를'

* 간접목적어(~에게)와 직접목적어(…을)의 순서를 바꾸어 쓸 수 없어요.

She sent a card me. → 그녀는 카드에게 나를 보냈다. (X)

| 2 | 간접목적어(~에게)와 직접목적어(…을) 둘 다 취할 수 있는 동사를 알아 두세요.

give	~에게 …을 주다	lend	~에게 …을 빌려주다
send	~에게 …을 보내 주다	buy	~에게 …을 사 주다
write	~에게 …을 써 주다	get	~에게 …을 얻어 주다
show	~에게 …을 보여 주다	make	~에게 …을 만들어 주다
teach	~에게 …을 가르쳐 주다	cook	~에게 …을 요리해 주다
tell	~에게 …을 말해 주다	keep	~에게 …을 남겨 두다
bring	~에게 …을 가져다주다	ask	~에게 …을 물어보다

* 4형식을 만드는 동사들은 주로 '~해 주다'라는 의미로 쓰여요.

빈출 유형 해결

해설
☑ '~에게 …을 만들어 줬다'는 4형식, 즉 〈동사 + ~에게 + …을〉의 어순으로 써야 해요.
☑ 먼저, 〈주어 + 동사〉를 Her dad made로 쓰고, 그 뒤에 '~에게(her)'와 '…을(a small doll)'의 차례로 써요.
정답 Her dad made her a small doll.

📖 실전 유형으로 PRACTICE

[01~04] 우리말과 일치하도록 주어진 말을 알맞게 배열하시오.
(단, 필요시 동사의 형태를 바꿀 것)

01

> 그녀는 그들에게 그녀의 방을 보여 주지 않았다.
> (her room / show / she / them / don't)

→ <u>She didn't showed her room them.</u> (X)

👤 위의 오답에서 **틀린** 부분을 찾아 바르게 고쳐 주세요.

> ☑ 동사   ☑ 목적어의 어순

→ _____

💬👤 과거 부정은 〈didn't + 동사원형〉으로 써요. show(4형식 동사) 뒤에는 간접목적어(them), 직접목적어(her room) 순서로 써야 해요.

02

> Anna는 그에게 생일 선물을 줄 것이다.
> (give / a birthday gift / Anna / him / will)

→ _____

03

> 나의 이모가 나에게 쿠키를 만들어 주셨다.
> (make / cookies / delicious / me / my aunt)

→ _____

04

> 그는 가끔 그의 할머니께 편지를 쓴다.
> (write / sometimes / he / his grandma / a letter)

→ _____

💬👤 빈도부사는 일반동사 앞에 써요.

[05~06] 어법상 <u>틀린</u> 부분을 찾아 고쳐 쓰시오.

05 Lisa sent some flowers Mike.

_____ → _____

06 Does he teaches history his students?

_____ → _____

[07~08] 우리말과 일치하도록 주어진 말을 활용하여 빈칸에 알맞은 말을 쓰시오.

07

> 그는 그녀에게 전화기를 사 주지 않았다.
> (not, buy, a, phone)

→ He _____ _____ _____ _____
_____.

08

> 나에게 우산 하나 빌려줄 수 있니?
> (lend, umbrella, an)

→ Can you _____ _____ _____
_____?

[09~10] 우리말을 |조건|에 맞게 영작하시오.

09

> |조건|
> • 4형식 문장으로 쓸 것
> • bring, glass, milk를 사용할 것

나는 그에게 우유 한 잔을 가져다주었다.

→ _____

10

> |조건|
> • 4형식 문장으로 쓸 것
> • can, ask, a question을 사용할 것

내가 너에게 질문 하나 해도 될까?

→ _____

03 3형식 vs. 4형식

빈출 유형 **문장 전환**

다음 문장을 3형식 문장으로 바꾸어 쓰시오.

> Did she buy you the shirt?

→ _____

 문장력 UP

주어 she

동사 사 주었니? (과거/의문)
→ 조동사 did + 주어 + 원형(buy)

어순 3형식/의문문
→ 조동사 + S + V + O(~을) + 전치사구?

| 1 | 4형식 문장은 <u>3형식 문장</u>으로 쓸 수 있어요.

[4형식] She sent <u>me a card</u>. 그녀는 나에게 카드를 보냈다.

[3형식] She sent <u>a card</u> (to me). 〈주어 + 동사 + 목적어 + (전치사 + 사람)〉

| 2 | 4형식에서 3형식으로 바꾸어 쓸 때, 전치사는 동사에 따라 조금 달라요.

give, send, write, show, teach, tell, bring, lend			to + 명사
buy, get, make, cook, keep	+	목적어(~을) +	for + 명사
ask			of + 명사

* '만들어 주다, 사 주다' 등은 '~를 위해서' 해 주는 의미로 전치사 for를 써요.

빈출 유형 해결

해설

☑ 4형식 〈주어 + 동사 + 간접목적어(~에게) + 직접목적어(…을)〉은 3형식 〈주어 + 동사 + ~을 + 전치사구〉로 바꿀 수 있어요.

☑ 과거 의문문이므로 Did she buy를 쓴 후, 직접목적어(the shirt)를 쓰고, 그 뒤에 〈전치사 + 누구〉를 써요.

☑ 동사가 buy이므로 전치사는 for(~을 위해서)를 사용해야 해요.

정답 Did she buy the shirt for you?

실전 유형으로 PRACTICE

문장 전환
[01~04] 다음 문장을 3형식 문장으로 바꾸어 쓰시오.

01

> He made his dog a nice house.

→ He made his dog to a nice house. (X)

👤 위의 오답에서 **틀린** 부분을 찾아 바르게 고쳐 주세요.

☑ 목적어   ☑ 전치사

→ _____

💬👤 4형식 문장을 3형식으로 전환할 때, 동사 make 뒤에는 〈직접목적어(…을) + for + 간접목적어(~에게)〉의 형태가 와요.

02

> Can you get me a bottle of water?

→ _____

💬👤 4형식에서 3형식으로 전환할 때, get, buy, make, cook 등은 전치사 for를 써요.

03

> Steve showed her his album.

→ _____

04

> James asked us many questions.

→ _____

오류 수정
[05~06] 어법상 **틀린** 부분을 찾아 고쳐 쓰시오.

05 I didn't tell the truth of him.
_____ → _____

06 My uncle cooked a special dinner to me.

_____ → _____

단어 배열
[07~08] 우리말과 일치하도록 주어진 말을 알맞게 배열하시오.
(단, 필요시 동사의 형태를 바꿀 것)

07 나는 그에게 거짓말을 할 수 없어.
(can't / to / tell / I / a lie / him)

→ _____

08 나의 아버지는 나에게 가방 하나를 사 주셨다.
(for / a bag / me / my father / buy)

→ _____

조건 영작
[09~10] 우리말을 │조건│에 맞게 영작하시오.
(단, 필요시 동사의 형태를 바꿀 것)

09
┌ 조건 ┐
• 3형식 문장으로 쓸 것
• 7단어로 쓸 것
• bring, some snacks를 포함할 것

그가 우리에게 약간의 간식을 가져다줄 것이다.

→ _____

10
┌ 조건 ┐
• 전치사를 포함할 것
• 7단어로 쓸 것
• send, the package를 포함할 것

그가 우리에게 그 소포를 보냈니?

→ _____

04 5형식 문장

우리말과 일치하도록 주어진 말을 알맞게 배열하시오.
(단, 필요시 동사의 형태를 바꿀 것)

> 그의 시는 항상 사람들을 슬프게 만든다.
> (always / sad / make / people / his poem)

→ _____

문장력 UP

주어 그의 시 → 3인칭 단수

동사 만든다(현재) → makes

어순 5형식(~을 …하게 만든다)
→ S + V + O + OC

 필수 문법

| 1 | 동사 뒤에 <u>목적어</u>와 그 목적어를 설명하는 <u>목적격보어</u>가 있으면 5형식 문장이에요.

4형식	5형식
주어 + 동사 + 간접목적어 + 직접목적어	주어 + 동사 + 목적어 + 목적격보어
She made <u>him</u> <u>a cake</u>.	She made <u>him</u> <u>a doctor</u>.
him ≠ a cake	him = a doctor

* '목적어는 목적격보어이다' 또는 '목적어가 목적격보어하다'의 관계

| 2 | 목적어와 목적격보어를 취하는 동사를 알아 두세요.

동사	동사 + 목적어	목적격보어	의미	목적어/목적격보어 관계
call	call <u>him</u>	Doc	그를 Doc이라고 부르다	him = Doc
name	name <u>him</u>	Doc	그를 Doc이라고 이름 짓다	him = Doc
keep	keep <u>the room</u>	clean	그 방을 깨끗하게 유지하다	the room = clean
leave	leave <u>the door</u>	open	그 문을 열린 상태로 두다	the door = open
find	find <u>the book</u>	exciting	그 책이 흥미진진하다고 여기다	the book = exciting
think	think <u>him</u>	funny	그가 웃긴다고 생각하다	him = funny
make	make <u>him</u>	angry	그를 화나게 만들다	him = angry
	make <u>him</u>	a doctor	그를 의사로 만들다	him = a doctor

* '목적어를 ~하게 만들다'라고 해서 목적격보어를 부사로 쓰지 않아요. <u>목적격보어는 명사나 형용사만</u> 쓸 수 있어요.

빈출 유형 해결

해설
- ☑ '사람들을 슬프게 만든다'는 목적어(사람들)가 목적격보어(슬픈)인 상태의 5형식 문장으로 써야 해요.
- ☑ 주어(그의 시)는 3인칭 단수이므로 His poem makes로 쓰고, 목적어(people)와 목적격보어(sad)의 순서로 써요.
- ☑ 빈도부사 항상(always)은 일반동사 앞에 쓰면 돼요.

정답 His poem always makes people sad.

📖 실전 유형으로 PRACTICE

단어 배열

[01~04] 우리말과 일치하도록 주어진 말을 알맞게 배열하시오.
(단, 필요시 동사의 형태를 바꿀 것)

01

> 그녀는 그 문제가 매우 어렵다고 여겼다.
> (the problem / find / she / difficult / very)

→ <u>She finded very difficult the problem.</u>　(X)

👤 위의 오답에서 **틀린 부분**을 찾아 바르게 고쳐 주세요.

☑ 동사	☑ 어순

→ _____

💬 목적어(문제) = 목적격보어(매우 어렵다)의 관계가 성립하는 5형식으로 목적어 뒤에 목적격보어를 써야 해요.

02

> 나는 그 창문을 열어 두었다.
> (leave / open / I / door / the)

→ _____

03

> 이 영화는 그를 유명한 배우로 만들 것이다.
> (actor / him / will / make / famous / a / this movie)

→ _____

04

> 그는 그 강의가 지루하다고 여겼다.
> (boring / lecture / find / the / he)

→ _____

오류 수정

[05~06] 어법상 <u>틀린</u> 부분을 찾아 고쳐 쓰시오.

05 Please keep your child quietly.

_____ → _____

06 His song always makes happily me.

_____ → _____

문장 쓰기

[07~10] 우리말과 일치하도록 |보기|와 주어진 말을 활용하여 영작하시오. (단, 필요시 동사의 형태를 바꿀 것)

보기
make　think　keep　name　call

07 그는 그녀가 훌륭한 소설가라고 생각한다.
(great, novelist)

→ _____

💬 목적격보어가 명사이고, 그 명사가 셀 수 있는 명사라면 관사에 유의해야 해요.

08 우리는 우리 강아지를 Max라고 이름 지었다.
(puppy, Max)

→ _____

09 너는 너의 손을 깨끗하게 유지하는 게 좋다.
(should, hands, clean)

→ _____

10 사람들은 그를 '인간 새'라고 부른다.
(the "Human Bird")

→ _____

중간고사·기말고사 실전문제

문장 완성

[01~05] 우리말과 일치하도록 주어진 말과 |보기|에서 알맞은 말을 골라 문장을 완성하시오. (단, 한 번씩만 사용할 것)

보기

| sound | find | make | taste | look |

01

> There are many people in the subway. 그들은 매우 바빠 보인다.

→ _____

(busy, very)

02

> Modern technology is amazing. 그것이 우리의 삶을 더 편리하게 해 준다.

→ _____

(convenient, our living, more)

03

> We had dinner in a fancy restaurant yesterday. 음식은 매우 맛있었다.

→ _____

(the food, so good)

04

> Lucy couldn't sleep well last night. 그녀의 목소리가 졸리게 들렸다.

→ _____

(her voice, sleepy)

05

> My hometown is all green and full of life. 나는 내 고향이 아름다움을 알았다.

→ _____

(my hometown, beautiful)

단어 배열

[06~11] 우리말과 일치하도록 주어진 말을 알맞게 배열하시오. (단, 필요시 동사의 형태를 바꿀 것)

06 태민이는 역까지 걸어갔다.
(walk / the station / Taemin / to)

→ _____

07 나의 선생님은 내게 약간의 충고를 해 주었다.
(teacher / give / some / my / advice / me)

→ _____

08 이 팬케이크는 꿀과 곁들여 먹으면 달콤한 맛이 난다.
(this / taste / pancake / sweet / with honey)

→ _____

09 우리 어머니는 클래식 음악을 좋아하신다.
(my / love / classical music / mother)

→ _____

10 모두가 내 동생을 슈퍼맨이라고 부른다.

(call / everyone / my / Superman / brother)

→ _____

11 그녀의 남편은 그녀에게 꽃을 좀 보냈다.

(her / her / some / send / flowers / husband)

→ _____

문장 쓰기
[12~17] 우리말과 일치하도록 주어진 말을 활용하여 문장을 쓰시오.

12

Sophia는 나에게 몇 가지 질문을 했다.
(questions, ask, a few)

→ _____

13

내 여동생은 한밤중에 소리를 질렀다.
(scream, at midnight)

→ _____

14

Noah가 내게 이메일을 보냈다.
(an email, to, send, me)

→ _____

15

그 학생들은 행복하고 활기 넘쳐 보였다.
(happy, look, the students, lively)

→ _____

16

그의 환한 미소가 나를 행복하게 한다.
(make, smile, happy, bright)

→ _____

17

이 요거트는 상한 냄새가 난다.
(smell, this, bad, yogurt)

→ _____

문장 전환
[18~23] 다음 4형식 문장을 3형식 문장으로 바꿔 쓰시오.

18

I made Liam delicious cookies.

→ _____

19

Can you get me a glass of water?

→ _____

20

Emma showed James her cat.

→ _____

21

My teacher asked me a difficult question.

→ _____

22

Books give us useful information.

→ _____

23

Jacob teaches his son English.

→ _____

대화완성

[24~28] 주어진 말을 활용하여 대화를 완성하시오.

24

A: This macaron is very delicious!

B: Do you know who made it?

_____

(my, dad, it, for, make, me)

25

A: I bought this new notebook yesterday.

B: Wow! _____

(feel, silk, this, paper, like)

26

A: Should I close the windows?

B: No. It's a little hot in here.

_____

(the, open, leave, windows)

27

A: What's this, Oliver?

B: It's my album. _____

_____

(I'll, pictures, show, my, childhood, you)

28

A: How does that pie taste?

B: _____

(this, like, mint chocolate, taste)

오류수정

[29~33] 어법상 틀린 부분을 찾아 고쳐 쓰시오.

29 She always keeps her room cleanly.

_____ → _____

30 Gabrielle lent her notebook for me.

_____ → _____

31 He was angrily with himself.

_____ → _____

32 My parents call me like sweety.

_____ → _____

33 My dad cooked tomato pasta to us.

_____ → _____

독해형

[34~36] 다음 글을 읽고, 밑줄 친 부분 중 어법상 틀린 것을 세 군데 찾아 고쳐 쓰시오.

William entered a piano competition yesterday. He was good at piano, so everyone called him ⓐ as little Chopin. But yesterday, he made some mistakes. William didn't win a prize this time. He felt so ⓑ disappointed because he prepared for the contest for a long time. The result made him ⓒ sadly. When he told the result ⓓ of his mom later, his mom cheered him up. His mom gave ⓔ him a hug.

34 _____ → _____

35 _____ → _____

36 _____ → _____

도표형

[37~40] 다음 표를 보고, Evelyn에게 해 줄 수 있는 도움의 말을 |조건|에 맞게 쓰시오.

Evelyn의 고민	
37 컴퓨터를 빌리는 것	**39** 동생의 장난감을 망가뜨린 것
38 수학 문제를 질문하는 것	**40** 친구에게 아직 생일 선물을 보내지 않은 것

조건
- |보기|에서 알맞은 동사를 골라 한 번씩만 쓸 것
- 주어진 말을 사용할 것
- 전치사를 사용하지 말 것

보기

lend   ask   buy   send

37 I can _____.
(my, computer)

38 Don't worry, you can _____
_____.
(the questions, math teacher, your)

39 You need to _____.
(a new toy, him)

40 It's okay. You can _____
_____ now.
(her, your present)

[08]

to부정사

• 이번 챕터에서 나올 어휘들을 미리 확인해 보세요.

☐	abroad	해외에
☐	air conditioner	에어컨
☐	airport	공항
☐	botanical	식물의
☐	bother	신경 쓰이게 하다, 귀찮게 하다
☐	clearly	분명하게, 명확하게
☐	countryside	시골 지역, 전원
☐	decide	결정하다
☐	decorate	장식하다
☐	explain	설명하다
☐	go on a picnic	소풍을 가다
☐	hard	어려운, 힘든; 열심히
☐	learn	배우다
☐	look for	~을 찾다
☐	nature	자연
☐	on time	시간에 맞게
☐	perfect	완벽한
☐	promise	약속; 약속하다
☐	stay up (late)	자지 않고 (늦게까지) 깨어 있다
☐	stop by	~에 잠깐 들르다
☐	the elderly	노인들
☐	tidy	깔끔한, 정돈된
☐	travel	여행하다
☐	turn on	~을 켜다
☐	understand	이해하다

Spelling 주의

• 쓸 때 철자에 주의해야 하는 단어들을 미리 익혀 두세요.

☐	foreign	외국의
☐	kindergarten	유치원
☐	language	언어
☐	lose weight	몸무게를 줄이다, 살을 빼다
☐	performance	공연, 연기
☐	regularly	정기적으로

01 명사적 쓰임 1 - 주어, 보어 '~하기'

빈출 유형 **문장 쓰기**

우리말과 일치하도록 to부정사와 주어진 말을 활용하여 문장을 쓰시오.

> 나의 꿈은 유명한 가수가 되는 것이다.
> (singer, famous, become, dream)

→ _____

📝 문장력 UP

주어 나의 꿈(my dream)

동사 ~이다(be/현재) → is

어순 긍정문(2형식)
→ S + be동사 + C(to부정사)

 필수 문법

| 1 | to부정사는 <u>동사원형 앞에 to를 붙여서</u> <u>동사 이외의 용도로 쓸 수 있게 만든 말</u>이에요.

[동사] read(읽다) → [to부정사] to read * '읽기, 읽기 위해, 읽을' 등 여러 품사로 쓰임

| 2 | to부정사의 동사는 일반동사와 같이 목적어, 전치사구, 부사를 취할 수 있어요.

[to부정사]   to read
[to부정사 + 목적어]   to read <u>a book</u>
[to부정사 + 목적어 + 부사 + 전치사구]   to read <u>a book</u> (quietly) (in the room)
* to부정사가 취하는 목적어, 부사, 전치사구까지가 하나의 의미 단위가 돼요. (to부정사구)

| 3 | to부정사는 명사의 역할을 하여 <u>주어나 보어 자리</u>에 쓸 수 있어요.

주어 자리	보어 자리
To read a book every day is important.	My plan is to read a book every day.
매일 책을 읽는 것은 중요하다.	나의 계획은 매일 책을 읽는 것이다.

* to부정사 주어는 3인칭 단수 취급하여, be동사는 is/was를 쓰고, 일반동사 현재형은 -s를 붙여요.

빈출 유형 해결

해설

☑ 주어는 3인칭 단수 my dream이고, 동사는 '되다(become)'가 아닌 '~이다'이므로 is를 써요.

☑ be동사 is 뒤에 '유명한 가수가 되는 것'을 하나의 보어로 써야 하며, '되는 것'은 become을 to부정사로 만들어야 해요.

☑ '가수'는 셀 수 있는 명사이므로 부정관사(a)가 필요하고 형용사는 명사 바로 앞에 써야 하므로 a famous singer의 형태로 써요.

정답 My dream is to become a famous singer.

문장 쓰기

[01~04] 우리말과 일치하도록 to부정사와 주어진 말을 활용하여 문장을 쓰시오.

01
> 아침에 일찍 일어나는 것은 어렵다.
> (in the morning, early, hard, get up)

→ _Get up early are hard in the morning._ (X)

😊 위의 오답에서 **틀린** 부분을 찾아 바르게 고쳐 주세요.

| ☑ 주어 | ☑ to부정사구 | ☑ 동사 |

→ _____

💬 '아침에 일찍 일어나는 것'까지를 하나의 to부정사구로 써야 하며, to부정사가 주어로 쓰일 때는 3인칭 단수 취급해요.

02
> 겨울에 스키 타러 가는 것은 신난다.
> (go skiing, exciting, in winter)

→ _____

03
> 그녀의 목표는 소방관이 되는 것이다.
> (a firefighter, goal, become)

→ _____

04
> 블루베리를 먹는 것은 너의 눈에 좋다.
> (good, eat, for, blueberries, your eyes)

→ _____

오류 수정

[05~06] 어법상 <u>틀린</u> 부분을 찾아 고쳐 쓰시오.

05 Climb the mountain were not easy.

_____ → _____

06 His plan is travel around the world.

_____ → _____

단어 배열

[07~08] 우리말과 일치하도록 주어진 말을 알맞게 배열하시오.
(단, 필요시 동사의 형태를 바꿀 것)

07
> 규칙적으로 운동하는 것이 우리를 건강하게 만든다.
> (healthy / exercise / make / to / regularly / us)

→ _____

💬 to부정사 주어는 3인칭 단수 취급하므로 일반동사 현재형에는 -s를 붙여요.

08
> 약속을 지키는 것이 중요하다.
> (keep / be / to / important / a promise)

→ _____

보기 영작

[09~10] 다음 |보기|와 같이 주어진 말을 활용하여 문장을 쓰시오.

| 보기 |
> her job / take care of / the elderly
> → Her job is to take care of the elderly.

09 My goal / speak / English fluently

→ _____

10 Her wish / be / a great pianist

→ _____

02 명사적 쓰임 2 - 목적어 '~하기'

다음 표를 보고, want를 활용하여 문장을 완성하시오.

	☺	☹
John		go shopping
Sara	go shopping	

→ Sara _____

But John _____ .

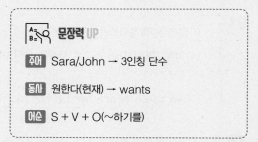

문장력 UP

주어 Sara/John → 3인칭 단수

동사 원한다(현재) → wants

어순 S + V + O(~하기를)

| 1 | 명사 역할을 하는 to부정사는 주어, 보어 자리 이외에도 <u>목적어 자리</u>에 쓸 수 있어요.

[주어 자리] <u>To get up early</u> is hard.

[보어 자리] The first step is <u>to get up early</u>.

[목적어 자리] She wants <u>to get up early</u>. * want의 목적어: 일찍 일어나기를 원한다

| 2 | 모든 동사가 목적어로 to부정사를 쓰지는 않으므로, 목적어로 to부정사를 쓰는 동사들을 알아 두세요.

동사	+ to부정사 목적어	동사	+ to부정사 목적어
want	~하기 원하다	promise	~하기로 약속하다
need	~하는 것이 필요하다	learn	~하기를 배우다
hope	~하기 희망하다	plan	~하기로 계획하다
wish	~하기 기원하다	like	~하기를 좋아하다
decide	~하기로 결정하다	love	~하기를 매우 좋아하다

빈출 유형 해결

해설

☑ 'Sara는 쇼핑하러 가기를 원하고, John은 원하지 않는다'라고 영작해야 해요.

☑ 주어가 3인칭 단수이므로 Sara wants / John doesn't want로 써야 해요.

☑ 목적어로는 '쇼핑하러 가기를'을 to부정사로 표현하여 목적어 자리에 써요.

정답 wants to go shopping / doesn't want to go shopping

도표형
01 다음 표를 보고, hope를 활용하여 문장을 완성하시오.

	☺	☹
John	play baseball	
Sara		play baseball

→ John ___hopes play baseball___ . (X)

But Sara ___don't hopes playing baseball___ . (X)

👶 위의 오답에서 틀린 부분을 찾아 바르게 고쳐 주세요.

☑ 동사   ☑ to부정사

→ John _____.

But Sara _____.

💬👤 현재형 동사는 주어에 맞춰서 원형 또는 -s를 붙이고, 부정의 경우, 주어에 맞춰 don't나 doesn't를 써요.

도표형
[02~04] 다음 표를 보고, 주어진 말과 to부정사를 활용하여 문장을 완성하시오.

	☺	☹
Minji	go on a picnic	read books
Lina	play computer games	clean her room
Hojin	study math	watch the program

02 (want)

Minji _____.

But she _____.

03 (like)

Lina _____.

But she _____.

04 (plan)

Hojin _____.

But he _____.

오류 수정
[05~06] 어법상 틀린 부분을 찾아 고쳐 쓰시오.

05 Jim promised taking care of the baby.

_____ → _____

06 My parents wishes visit Canada in winter.

_____ → _____

단어 배열
[07~08] 우리말과 일치하도록 주어진 말을 알맞게 배열하시오.
(단, 필요시 동사의 형태를 바꿀 것)

07
> Fred는 드럼을 연주하는 것을 배웠다.
> (play / learn / Fred / to / the drums)

→ _____

08
> 그들은 새 에어컨을 사기로 결정했다.
> (buy / decide / they / to / new / a / air conditioner)

→ _____

문장 쓰기
[09~10] 다음 |보기|의 동사와 주어진 말을 활용하여 문장을 쓰시오.

| 보기 |
| want   need   promise   plan |

09 너는 너의 숙제를 끝낼 필요가 있어. (finish)

→ _____

10 나는 내일 Kate를 방문할 계획이다. (visit)

→ _____

03 부사적 쓰임 – 목적, 감정의 원인 '~하기 위해', '~하게 되어'

다음 대화를 읽고, 질문에 알맞은 대답을 to부정사를 이용하여 쓰시오.

> Sue: Paul, you came so early!
> Paul: I need to find my book.

Q: Why did Paul come early?

A: Paul _____ .

 문장력 UP

주어 Paul

동사 왔다(과거) → came

어순 S + V + 부사(~하기 위해)

| 1 | to부정사는 '~하기 위해'라는 의미로 문장 앞이나 뒤에서 **부사의 역할**을 할 수 있어요.

[명사 역할] She wants <u>to get up early</u>. 일찍 일어나기를 원한다.

[부사 역할] She came <u>to say goodbye</u>. 그녀는 작별 인사를 하기 위해 왔다.
  └→ 동사의 목적어(~을/를)가 아닌 부사적 쓰임

[부사 역할] <u>To say goodbye</u>, she came here. 작별 인사를 하기 위해, 그녀는 여기 왔다.

| 2 | '~하기 위해'라는 목적을 강조하기 위해, in order to나 so as to로도 쓸 수 있어요.

He opened the windows <u>to</u> get some fresh air. 그는 상쾌한 공기를 마시기 위해 창문을 열었다.
= <u>in order to</u> get some fresh air
= <u>so as to</u> get some fresh air

| 3 | to부정사는 <u>감정을 나타내는 형용사 뒤</u>에서 '~하게 되어'라는 의미로 쓸 수도 있어요.

감정 형용사	주어 + 동사 + 형용사	to부정사	의미
happy	I am happy	to see you	너를 보게 되어 행복하다
glad	I am glad	to meet you	너를 만나게 되어 기쁘다
sad	I am sad	to leave you	너를 떠나게 되어 슬프다
sorry	I am sorry	to hear that	그런 말을 듣게 되어 안타깝다

* sorry는 '미안한'이란 의미 외에도 '안타까운, 애석한'이라는 의미도 있어요.

빈출 유형 해결

해설

☑ 시제에 맞춰 Paul came으로 써야 하며, 나머지 말 중에서 부사 early(일찍)를 먼저 써요.

☑ 대화의 내용으로 볼 때, Paul은 '그의 책을 찾기 위해서' 일찍 온 것이므로, to부정사를 써서 to find his book이라고 써야 해요.

정답 came early to find his book

정답과 해설 · 18쪽

문장 전환

[01~04] 다음 대화를 읽고, 질문에 알맞은 대답을 to부정사를 이용하여 쓰시오.

01

> Ms. Park: I heard that you called me.
> Jinsu: Yes. I wanted to talk about the trip.

Q: Why did Jinsu call Ms. Park?

A: Jinsu <u>call her to wanted to talk about</u> <u>the trip</u> . (X)

🧑 위의 오답에서 **틀린** 부분을 찾아 바르게 고쳐 주세요.

☑ 시제   ☑ to부정사

→ Jinsu _____ .

💬🧑 전화한 시점이 과거이므로 동사를 과거형으로 쓰며, '이야기하기 위해서'는 to talk로 써요.

02

> Peter: I stopped by the market.
> Laura: Why?
> Peter: I had to buy some snacks.

Q: Why did Peter stop by the market?

A: He _____

03

> A: Sally stayed up all night.
> B: Do you know why?
> A: She had to finish her work.

Q: Why did Sally stay up all night?

A: She _____ .

04

> A: Mr. Smith went to the airport.
> B: Why did he go there?
> A: He had to pick up his son.

Q: Why did Mr. Smith go to the airport?

A: He _____ .

단어 배열

[05~06] 우리말과 일치하도록 주어진 말을 알맞게 배열하시오. (단, 필요시 동사의 형태를 바꿀 것)

05 그녀는 그 시험에 합격하기 위해 열심히 공부한다.

(in / pass / order / to / exam / the)

→ She studies hard _____

_____ .

06 나는 그 좋은 소식을 듣게 되어 기쁘다.

(be / hear / to / glad / news / I / good / the)

→ _____

문장 쓰기

[07~08] 우리말과 일치하도록 주어진 말과 to부정사를 이용하여 문장을 쓰시오. (단, 필요시 동사의 형태를 바꿀 것)

07 그는 그 영화를 보기 위해 그 TV를 켰다.

(turn on, the TV, watch, the movie)

→ _____

💬🧑 목적을 나타내는 to는 in order to나 so as to로 바꾸어 쓸 수 있어요.

08 당신을 또 귀찮게 해서 죄송합니다.

(be, sorry, bother, again)

→ _____

보기 영작

[09~10] 다음 |보기|와 같이 주어진 말을 이용하여 문장을 쓰시오.

> | 보기 |
> glad / meet you
> → I am glad to meet you.

09 really sad / say goodbye

→ _____

10 very happy / win this contest

→ _____

04 형용사적 쓰임 '~할, ~해야 할, ~하는'

우리말과 일치하도록 주어진 말을 알맞게 배열하시오.

> 그녀는 끝내야 할 일이 좀 있었다.
> (to / some / finish / she / work / had)

→ _____

 문장력 UP

주어 그녀는(she) → She

동사 (가지고) 있었다 → had

어순 S + V + O + to부정사(~해야 할)

필수 문법 ▶ **| 1 |** to부정사는 '~하는', '~해야 할'이라는 의미로 명사를 수식(형용사 역할)할 수 있어요.

I have five <u>books</u> to read. 나는 읽어야 할 다섯 권의 책이 있다.
　　　　　└→ 명사 books를 뒤에서 수식해요. '읽어야 할 책'

There are two <u>ways</u> to get there. 거기에 도착하는 두 가지 방법[길]이 있다.
　　　　　　　└→ 명사 way를 뒤에서 수식해요. '도착하는 방법'

| 2 | 형용사 역할을 하는 to부정사는 -thing, -one[body]로 끝나는 명사와 자주 써요.

I want <u>something</u> to drink. 나는 뭔가 마실 것을 원해.
There is <u>nothing</u> to watch. 볼 것이 하나도 없다.
I need <u>someone</u> to teach me. 나는 나를 가르쳐 줄 누군가가 필요해.
Is there <u>anyone</u> to help me? 나를 도와줄 누군가가 있나요?

| 3 | -thing, -one[body]로 끝나는 명사를 쓸 때는 수식하는 말들의 순서에 주의하세요.

I need <u>sweet</u> something. (X)
I need <u>something</u> sweet. (O) * -thing, -one[body]는 형용사가 뒤에서 수식해요.

I need <u>something</u> to drink <u>sweet</u>. (X)
I need <u>something</u> sweet to drink. (O) * 〈-thing, -one[body] + 형용사 + to부정사〉의 순서로 써요.

빈출 유형 해결

해설
☑ 과거시제의 평서문으로 주어와 동사를 She had로 쓰고, 목적어인 '약간의 일(some work)'을 써요.
☑ '일'을 수식하는 '끝내야 할'은 to부정사로 표현하며 명사 뒤에서 '일(목적어)'을 수식해요.
정답 She had some work to finish.

실전 유형으로 PRACTICE

단어 배열

[01~04] 우리말과 일치하도록 주어진 말을 알맞게 배열하시오.
(단, 필요시 동사의 형태를 바꿀 것)

01

> 그는 그를 도와줄 누구도 필요하지 않았다.
> (help / he / him / need / didn't / anyone / to)

→ ___He didn't need him to help anyone.___ (X)

👤 위의 오답에서 **틀린** 부분을 찾아 바르게 고쳐 주세요.

☑ 목적어　　☑ to부정사　　☑ 어순

→ _____

💬 need의 목적어는 anyone이에요. 그리고 그 '누군가'를 수식하는 to부정사를 쓴 후, to부정사(to help)의 목적어(him)를 써요.

02

> 그는 읽어야 할 많은 보고서가 있다.
> (have / reports / read / a lot / to / of)

→ He _____.

03

> 나는 시원한 마실 것이 필요해.
> (cold / something / drink / need / to)

→ I _____.

💬 〈-thing, -one[body] + 형용사 + to부정사〉의 순서로 써요.

04

> Lena는 파티에서 입을 드레스를 원했다.
> (wear / want / at / a dress / the party / to)

→ Lena _____.

오류 수정

[05~06] 어법상 <u>틀린</u> 부분을 찾아 고쳐 쓰시오.

05 There's interesting nothing watch on TV these days.

_____ → _____

06 Do you have anything ask to?

_____ → _____

문장 완성

[07~08] 우리말과 일치하도록 주어진 말을 활용하여 문장을 완성하시오. (단, 필요시 동사의 형태를 바꿀 것)

07

> 우리는 휴식을 취할 시간이 없다.
> (time, take a rest, have)

→ We _____.

08

> 그녀는 그녀를 도와줄 누군가를 찾고 있어.
> (help, look for, her, someone)

→ She is _____.

한 문장으로 쓰기

[09~10] 다음 |보기|와 같이 to부정사를 이용하여 두 문장을 한 문장으로 쓰시오.

|보기|
Jane has a pen. + She writes with a pen.
→ <u>Jane has a pen to write with.</u>

💬 a pen은 with의 목적어로 '가지고 쓸 펜'이라는 의미예요.

09 Kate needs a fork. + She eats with a fork.

→ _____

10 I found somebody. + I talk with somebody.

→ _____

중간고사·기말고사 실전문제

단어 배열

[01~06] 우리말과 일치하도록 주어진 말을 알맞게 배열하시오.
(단, 필요시 동사의 형태를 바꿀 것)

01
이제는 잠자리에 들 시간이야.
(is / to / time / now / go / it / to bed)

→ _____

02
외국에 살기는 쉽지 않다.
(easy / live / not / be / to / abroad)

→ _____

03
나의 여동생은 시험에 통과하기 위해 더 열심히 공부했다.
(study / the exam / pass / to / sister / my / harder)

→ _____

04
내 할머니는 사물들을 명확히 보길 원하신다.
(my / grandmother / things / wish / see / to / clearly)

→ _____

05
그는 새 집을 사기로 결정했다.
(he / buy / a / house / to / decide / new)

→ _____

06
그녀의 아빠는 Jessica를 태우기 위해 차를 세웠다.
(Jessica / stop / her dad / the car / in order to / pick up)

→ _____

문장 완성

[07~12] 우리말과 일치하도록 주어진 말을 활용하여 문장을 완성하시오. (필요시 동사의 형태를 바꾸거나 단어를 추가할 것)

07 그의 새해 목표는 살을 빼는 것이다.
(to, new year's goal, lose)

→ _____ weight.

08 수진이는 그녀를 도와줄 친구들이 많다.
(many, her, have, help, to)

→ Sujin _____.

09 외국어를 배우는 것은 시간이 걸린다.
(learn, a foreign language, to, take)

→ _____ time.

10 나의 남동생은 요리하는 것을 좋아한다.
(cook, younger, to)

→ My _____.

11 우리는 미래를 대비하기 위해 돈을 모아야 한다.

(save, prepare, so as to, should)

→ _____

_____ for the future.

12 나는 나를 이해해 줄 사람이 아무도 없다.

(have, one, to, understand, me, no)

→ I _____ .

[13~14] 주어진 문장과 같은 의미가 되도록 in order to 또는 so as to를 사용하여 문장을 바꿔 쓰시오.

13
| Richard went to Korea to visit his friend. |

→ _____

14
| I got up early to get to the airport on time. |

→ _____

[15~19] 주어진 말을 활용하여 대화의 대답을 완성하시오.

15

A: Minsu, why did you go to the play-ground yesterday afternoon?

B: _____

(go, there, play, with my friends, to, baseball)

16

A: Why are you late, Leslie?

B: I stopped by the bookstore on my way.

A: Why?

B: _____

(for, buy, to, needed, homework, a book)

17

A: Excuse me, how can I get to the post office?

B: The easiest way _____ .

(to, be, take, subway, the)

18

A: Who was the man you were talking to?

B: Mr. Lee. _____

(I, glad, so, was, to, meet, him)

19

A: Where did you go after school, Kelly?

B: _____

(go to, I, the hospital, see, to, my uncle)

[20~24] 어법상 틀린 부분을 찾아 고쳐 쓰시오.

20 To play computer games are very fun.

_____ → _____

21 She was so happy seeing her old friend again.

_____ → _____

22 Isabella promised helps me with my French.

_____ → _____

23 His dream is become a kindergarten teacher.

_____ → _____

24 My grandfather got a computer use the Internet.

_____ → _____

그림 영작
[25~28] 다음은 지훈이의 토요일 시간표이다. 주어진 말을 활용하여 지훈이를 묘사하는 문장을 완성하시오.

25

| 지훈이는 점심을 먹기 위해 식당으로 갑니다. |
| (the cafeteria, go, lunch, have) |

〈12 p.m.〉 Jihoon _____

_____ .

26

| 지훈이는 여름 동안 받아야 할 수영 수업이 있습니다. |
| (a swimming class, during, take, the summer) |

〈2 p.m.〉 Jihoon has _____

_____ .

27

| 휴식을 취해야 하는 시간입니다. |
| (take, time, a break) |

〈4 p.m.〉 It is _____

_____ .

28

| 지훈이는 책을 많이 읽기를 원합니다. |
| (want, many books) |

〈8 p.m.〉 Jihoon _____

_____ .

독해형
[29~32] 다음 Chloe가 여행 후 쓴 일기를 읽고, 조건 에 맞게 문장을 완성하시오.

I went to Singapore with my family last winter. We went to the airport early in the morning and took an airplane. I was so excited because it was the first time for me to travel abroad. We visited a lot of botanical gardens and zoos. The guides explained many things. Because my English is not good, I couldn't understand them well. But Singapore was so clean and tidy with beautiful nature. I really want to visit there again.

조건
- to부정사를 이용할 것
- 다음 주어진 표현을 한 번씩 사용할 것

| travel abroad for the first time | visit |
| take an airplane | hope |

29 _____ , we went to the airport early in the morning.

30 I was so excited _____ .

31 There are a lot of botanical gardens and zoos _____ in Singapore.

32 I _____ visit Singapore again.

[33~34] 다음 글을 읽고, 어법상 틀린 것을 두 군데 찾아 고쳐 쓰시오.

> ⓐ Anna loves parties. ⓑ She planned prepare her grandmother's 60th birthday party next week. ⓒ She chose to have the party in a little cafe in the countryside. ⓓ She decided to decorate the place with many flowers. ⓔ Anna is very excited see her grandmother's smile soon.

33 _____ → _____

34 _____ → _____

35 다음 글을 읽고, 조건 에 맞게 우리말을 영작하시오.

> I like figure skating. I usually practice skating after school. My favorite figure skater is Yuna Kim. Her performance is perfect. 나의 꿈은 그녀 같은 피겨 스케이터가 되는 것이다.

조건
- to부정사를 이용할 것
- 10단어로 쓸 것
- 주어진 말을 사용할 것

→ _____

(dream, become, like, her)

[36~38] 다음은 학생들이 도서관에 간 목적을 나타낸 표이다. 표의 내용과 일치하도록 알맞은 말을 보기 에서 골라 문장을 완성하시오.

학생	도서관에 간 목적
Tina	시험공부를 하기 위해
Liam	책을 한 권 빌리기 위해
Anna	친구를 만나기 위해

보기
study	meet	borrow
for the exam	a book	her friend

36 Tina went to the library _____

_____.

37 Liam went to the library _____

_____.

38 Anna went to the library _____

_____.

[39~40] 다음 대화를 읽고, 보기 의 말을 활용하여 대화를 완성하시오.

보기
get	go to
a BTS concert	a new computer

Dad:	Christmas is just around the corner. What do you want to do, girls?
A-yeong:	**39** I love BTS. I wish _____.
Dad:	How about you, A-hyun?
A-hyun:	**40** Well, my computer is too old and slow. I hope _____.
Dad:	Okay. I see. Let's have a nice Christmas together.

39 _____

40 _____

[09]

동명사

• 이번 챕터에서 나올 어휘들을 미리 확인해 보세요.

☐	avoid	피하다, 모면하다
☐	be interested in	~에 관심이 있다
☐	chat	수다를 떨다, 이야기를 나누다
☐	creative	창의적인
☐	deny	부인하다, 부정하다
☐	disease	질병
☐	do one's best	최선을 다하다
☐	duty	의무
☐	fall in love with	~와 사랑에 빠지다
☐	grow up	자라다, 성장하다
☐	handicap	장애
☐	mind	신경 쓰다, 마음에 꺼리다
☐	notice	공고문, 알아챔
☐	overcome	극복하다
☐	persuade	설득하다
☐	propose	제안하다, 제시하다
☐	quit	그만두다, 관두다
☐	relaxing	편한, 마음을 느긋하게 하는
☐	remember	기억하다
☐	sight	광경, 모습, 보기
☐	suddenly	갑자기
☐	suggest	제안하다
☐	universe	우주
☐	waste	낭비하다
☐	without	~ 없이

Spelling 주의

• 쓸 때 철자에 주의해야 하는 단어들을 미리 익혀 두세요.

☐	astronaut	우주비행사
☐	design	디자인하다, 설계하다
☐	honest	정직한
☐	necessary	필요한, 불가피한
☐	physicist	물리학자
☐	theory	이론

01 주어와 보어 역할 '~하기'

빈출 유형 | **조건 영작**

우리말을 | 조건 |에 맞게 영작하시오.

┌─ 조건 ─────────────────────────────┐
 • place, learn, new, about, fun, so를 활용할 것
 • 동명사를 사용하여 7단어로 쓸 것
└────────────────────────────────────┘

새로운 장소들에 대해서 배우는 것은 너무 재미있어.

→ _____

┌─ 문장력 UP ─────────────────────┐
 주어 새로운 장소들에 대해서 배우는 것 → 단수

 동사 ~다(be/현재) → is

 어순 S + V + C(형용사)
└───────────────────────────────┘

 필수 문법

| 1 | 동명사는 동사를 명사처럼 사용하기 위해 동사 + -ing 형태로 만든 말이에요.

[동사] read(읽다) → [동명사] reading * '읽기, 독서'와 같은 명사의 의미가 돼요.

| 2 | 동사로 만든 동명사는 동사와 같이 목적어, 전치사구, 부사를 취할 수 있어요.

[동명사]	reading
[동명사 + 목적어]	reading a book
[동명사 + 목적어 + 부사 + 전치사구]	reading a book (quietly) (in the room)

| 3 | 동명사는 명사처럼 주어나 보어 자리에 쓸 수 있어요.

주어 자리	보어 자리
Reading a book every day is important.	My plan is reading a book every day.
매일 책을 읽는 것은 중요하다.	나의 계획은 매일 책을 읽는 것이다.

* 동명사 주어는 3인칭 단수 취급하여, be동사는 is/was를 쓰고, 일반동사 현재형은 -s를 붙여요.

* 동명사의 부정은 동명사 앞에 not을 붙여요. → Not skipping breakfast is important.

┌─ **해설** ─────────────────────────────────────┐
 빈출 유형 해결

 ☑ 주어 자리에는 명사를 쓰므로, 동사 '배우다(learn)'를 동명사(learning)로 만들어요.

 ☑ 동명사(learning) 뒤에 전치사구(about) + 명사(new places)를 써요. 명사는 '장소들'이므로 place의 복수형을 쓰는 것에 주의해요.

 ☑ 동명사 주어는 3인칭 단수 취급하므로 be동사는 is를 쓰고, 그 뒤에 보어인 so fun을 써요.

 정답 Learning about new places is so fun.
└──┘

조건 영작

01 우리말을 |조건|에 맞게 영작하시오.

┌ 조건 ┐
- many, visit, dream, country를 활용할 것
- 동명사를 활용하여 6단어로 쓸 것

여러 나라를 가 보는 것이 너의 꿈이니?

→ ___Visit many countries are your dream?___ (X)

🔊 위의 오답에서 틀린 부분을 찾아 바르게 고쳐 주세요.

☑ 어순   ☑ 동명사   ☑ 동사

→ _____

💬 be동사 의문문은 〈Be동사 + 주어〉의 어순으로 쓰며, 동사를 주어로 쓸 수 없으므로 동명사로 써요.

조건 영작

[02~04] 우리말을 |조건|에 맞게 영작하시오.

┌ 조건 ┐
- 동명사를 활용하여 5단어로 쓸 것
- 주어진 말을 활용할 것

02
┌─────────────────────────────┐
│ 영어를 배우는 것은 쉽지 않다.   │
│ (learn, easy, English)   │
└─────────────────────────────┘

→ _____

03
┌─────────────────────────────┐
│ 그의 직업은 건물을 설계하는 것이다.   │
│ (design, job, buildings)   │
└─────────────────────────────┘

→ _____

04
┌─────────────────────────────┐
│ Tom과 이야기하는 것은 흥미진진했다.   │
│ (talk, exciting, with)   │
└─────────────────────────────┘

→ _____

💬 동명사 주어는 단수 취급하므로 과거일 때는 be동사 was로 써요.

빈칸 쓰기

[05~06] 우리말과 일치하도록 주어진 말을 활용하여 빈칸에 알맞은 말을 쓰시오.

05 나의 의무는 그 개들을 매일 산책시키는 것이다.
(dogs, walk, duty, the)

→ _____ _____ _____ _____
_____ _____ every day.

06 헬멧 없이 자전거를 타는 것은 안전하지 않다.
(ride, safe, a, bike)

→ _____ _____ _____ without a
helmet _____ _____ _____.

단어 배열

[07~10] 우리말과 일치하도록 주어진 말을 알맞게 배열하시오.
(단, be동사의 형태를 바꿀 것)

07 그녀의 계획은 다음 토요일에 해변에 가는 것이다.
(plan / the beach / going / to / be / her)

→ _____
next Saturday.

08 그를 위해 파이를 요리하는 것은 Sara의 생각이었다.
(pies / be / him / cooking / for)

→ _____
Sara's idea.

09 규칙적으로 운동하는 것은 너에게 좋다.
(regularly / good / exercising / for / be)

→ _____ you.

10 저녁 식사 후에 TV를 보는 것은 편안했다.
(relaxing / dinner / after / TV / watching / be)

→ _____

02 목적어 역할 '~하기'

그림을 보고, 주어진 말을 활용하여 이 친구에게 해 줄 말을 완성하시오.

(junk food, stop, should, eat)

 문장력 UP

| **주어** | You(너는) |

동사 멈춰야 한다(조동사/긍정)
→ 조동사 + 동사원형(stop)

어순 S + 조동사 + V + O(~하기를)

→ You _____ .

 필수 문법

| 1 | 명사 역할을 하는 동명사는 주어, 보어 자리 이외에도 <u>목적어 자리</u>에 쓸 수 있어요.

[주어 자리] <u>Learning Chinese</u> is hard.
[보어 자리] Her goal is <u>learning Chinese</u>. * is learning은 진행형이 아님에 주의
[목적어 자리] She enjoys <u>learning Chinese</u>. * enjoy의 목적어: 배우는 것을 즐긴다

| 2 | 모든 동사가 목적어로 동명사를 쓰는 것은 아니므로, 목적어로 동명사를 쓰는 동사들을 알아 두세요.

동사	+ 동명사 목적어	동사	+ 동명사 목적어
enjoy	~하기를 즐기다	give up	~하기를 포기하다
finish	~하는 것을 끝내다	quit	~하기를 관두다
keep	~하기를 계속하다	mind	~하기를 꺼리다, 신경 쓰다
avoid	~하기를 피하다	practice	~하기를 연습하다
stop	~하기를 멈추다	suggest	~하기를 제안하다
consider	~할 것을 고려하다	deny	~가 아니라고 말하다, 부정하다, 부인하다

해설
☑ 먼저 주어(너는)와 동사(멈추는 게 좋겠어)를 You should stop으로 써요.
☑ 동사 stop의 목적어인 '먹는 것을'을 동사 eat(먹다)을 동명사(eating)로 만든 후, 그 뒤에 eating의 목적어인 정크 푸드를 써요.
정답 should stop eating junk food

실전 유형으로 PRACTICE

[01~04] 그림을 보고, 주어진 말을 활용하여 이 친구에게 해 줄 말을 완성하시오.

01

(quit, games, have to, play)

→ You ___have to play quit games___ . (X)

 위의 오답에서 **틀린** 부분을 찾아 바르게 고쳐 주세요.

☑ 동사	☑ 동명사

→ You _____.

'관둬야 한다'가 동사이므로 have to quit으로 써야 하며, quit의 목적어로 동명사(playing)를 써요.

02

(finish, write, must, the report)

→ You _____
by ten.

03

(eat, should, avoid, too much chocolate)

→ You _____.

04

(talk, should, on the phone, stop)

→ You _____.

[05~06] 어법상 **틀린** 부분을 <u>모두</u> 찾아 고쳐 쓰시오.

05 Do you mind to wait for a moment?

_____ → _____

06 Yena enjoyed to chat with her friend and play video games.

_____ → _____

_____ → _____

[07~08] 우리말과 일치하도록 주어진 말을 알맞게 배열하시오.
(단, 필요시 동사의 형태를 바꿀 것)

07

> 나의 아버지는 10년 전에 담배를 끊으셨다.
> (quit / smoke / 10 years / ago)

→ My father _____.

동사 quit의 과거형에 주의하세요.

08

> Mike는 매일 노래 연습을 한다.
> (sing / every day / practice)

→ Mike _____.

[09~10] 우리말과 일치하도록 |보기|의 동사와 주어진 말을 활용하여 빈칸에 알맞은 말을 쓰시오.

보기			
enjoy	keep	suggest	avoid

09 계속해서 너의 최선을 다하라.
(do your best)

→ _____ _____ _____ _____.

10 Bob이 오늘 밤 외식하자고 제안했다.
(eat out, tonight)

→ Bob _____ _____ _____ _____.

03 동명사 목적어 vs. to부정사 목적어

빈출 유형 | **대화 완성**

주어진 말을 이용하여 대화를 완성하시오.

> A: This carpet is so soft.
> B: Oh, it looks nice.
> A: 한번 만져 봐. (try, touch, it)

→ _____

 문장력 UP

주어 주어 없음(명령문)

동사 try(한번 해 보다)

어순 긍정 명령문 → V + O(-ing)

 |1| 목적어로 to부정사와 동명사 둘 다 쓸 수 있는 동사들도 있어요.

I like/love/hate <u>to sing</u>. ~하기를 좋아하다/정말 좋아하다/싫어하다
               = singing

He started/began <u>to sing</u>. ~하기(를) 시작하다
                = singing

|2| 목적어로 to부정사와 동명사를 둘 다 쓰지만, 그 의미가 달라지는 동사에 주의하세요.

동사	+ 목적어	해석	의미
forget	<u>to lock</u> the door	<u>문을 잠글 것을</u> 잊다	잊고 안 잠갔다
	<u>locking</u> the door	<u>문을 잠갔다는 것을</u> 잊었다	잠갔는데, 그 사실을 잊다
remember	<u>to lock</u> the door	<u>문을 잠글 것을</u> 기억한다	잠가야 한다는 걸 기억한다
	<u>locking</u> the door	<u>문을 잠갔다는 것을</u> 기억한다	잠갔고, 그 사실을 기억한다
try	<u>to lock</u> the door	<u>문을 잠그려고</u> 노력하다	~하려고 노력하다[애쓰다]
	<u>locking</u> the door	<u>문을 한번 잠가</u> 보았다	시도해 보다

빈출 유형 해결

해설

☑ 긍정 명령문이므로 동사로 문장을 시작하여 Try를 먼저 써요.

☑ '한번 해 보다'를 표현하기 위해 동사 try의 목적어로 동명사(touching)로 써야 하며, touching의 목적어 it을 마지막에 써요.

☑ Try to touch it이라고 하면 '만지려고 노력해 봐'라는 의미가 되므로 주의해야 해요.

정답 Try touching it.

대화 완성

[01~04] 주어진 말을 이용하여 대화를 완성하시오.

01

> A: I have to call Minsu.
> B: You called him an hour ago!
> A: Oh, I did? 내가 그에게 전화했다는 걸 잊었네.
> (call, forget, him)

→ _____ I forget to call him. _____ (X)

👤 **위의 오답에서 틀린 부분을 찾아 바르게 고쳐 주세요.**

> ☑ 시제 　　☑ 목적어의 형태

→ _____

💬👤 '과거에 ~했다는 것을 잊다'는 〈forget + 동명사〉로 써요.

02

> A: The exam is tomorrow.
> B: 너의 신분증을 가져오는 걸 잊지 마.
> (bring, forget, your ID)

→ _____

💬👤 미래에 '~할 것을 잊다'는 〈forget + to부정사〉로 써요.

03

> A: 너는 작년에 낚시하러 간 거 기억해?
> (go fishing, remember)
> B: Yeah. We had a lot of fun.

→ _____ last year?

04

> A: I feel tired so often.
> B: 너의 몸무게를 줄이려고 노력해라.
> (lose, try, weight)

→ _____

오류 수정

[05~06] 우리말을 영어로 옮겼을 때, 어법상 틀린 부분을 찾아 고쳐 쓰시오.

05 Emily는 그녀의 우산을 가져오는 걸 잊어버렸다.

→ Emily forgot to bringing her umbrella.

_____ → _____

06 그는 짧은 소설을 한번 써 보았다.

→ He tried to write a short novel.

_____ → _____

단어 배열

[07~08] 우리말과 일치하도록 주어진 말을 알맞게 배열하시오.

(단, 필요시 동사의 형태를 바꿀 것)

07

> Becky는 사람들 앞에서 노래하는 것을 싫어한다.
> (hate / in front of / people / sing)

→ Becky _____.

08

> James는 그의 계획을 설명하기 시작했다.
> (explain / begin / plan / his)

→ James _____.

문장 완성

[09~10] 주어진 말을 활용하여 문장을 완성하시오.

09 아침에 그 약을 먹을 것을 기억하세요.

(take, the medicine)

→ _____ in the morning.

10 우리는 에너지를 절약하려고 노력해야 한다.

(save, should, energy)

→ We _____.

04 전치사의 목적어, 동명사 관용 표현

우리말과 일치하도록 주어진 말을 활용하여 문장을 완성하시오.

> 그녀는 온종일 집을 청소하느라 바빴니?
> (the house, clean, busy)

→ _____ all day long?

 문장력 UP

주어 그녀(she)

동사 ~였니?(be동사 과거) → was

어순 Be동사 + S + C?

| 1 | 전치사 뒤에 명사나 대명사 외에도 동명사를 쓸 수 있어요. 단, to부정사는 쓸 수 없어요.

We talked <u>about</u> Mr. Kim. (O)
We talked <u>about</u> meeting Mr. Kim. (O)
We talked <u>about</u> <u>to meet</u> Mr. Kim. (X)

| 2 | 동명사를 사용하는 주요 표현을 알아 두세요.

동명사 표현	의미	동명사 표현	의미
go V-ing	~하러 가다	by V-ing	~함으로써
be busy V-ing	~하느라 바쁘다	feel like V-ing	~하고 싶다
be worth V-ing	~할 가치가 있다	be good at V-ing	~을 잘하다, ~에 능숙하다
can't help V-ing	~하지 않을 수 없다	be interested in V-ing	~에 관심 있다
spend 시간/돈 V-ing	~하는 데 시간/돈을 쓰다	look forward to V-ing	~하기를 고대하다

빈출 유형 해결

해설
☑ 과거 의문문이고, be동사를 쓰는 문장(2형식)이므로 주어 she에 맞춰, Was she busy로 써야 해요.
☑ '~하느라 바쁘다'는 be busy -ing의 형태로 쓰므로, busy 뒤에 '집을 청소하느라(cleaning the house)'를 써요.

정답 Was she busy cleaning the house

문장 완성

[01~04] 우리말과 일치하도록 주어진 말을 활용하여 문장을 완성하시오.

01

> 너는 그 박물관을 방문하는 데 관심 있니?
> (in, the museum, visit, interested)

→ <u>You are interested in visit</u> the museum? **(X)**

👤 위의 오답에서 **틀린** 부분을 찾아 바르게 고쳐 주세요.

> ☑ 어순   ☑ 전치사의 목적어 형태

→ _____ the museum?

💬 be동사의 의문문은 맨 앞에 be동사를 써요. be interested in 뒤에는 동명사가 와요.

02

> 나는 아무것도 먹고 싶지 않아.
> (eat, not, feel like)

→ _____

anything.

💬 feel like(~하고 싶다)의 부정은 don't feel like로 쓰고, 뒤에 -ing를 써요.

03

> 너는 사진을 잘 찍니? (take, good at)

→ _____

pictures?

04

> 그는 새 컴퓨터를 사는 데 많은 돈을 썼다.
> (buy, spend, lots of)

→ _____

a new computer.

빈칸 쓰기

[05~06] 우리말과 일치하도록 주어진 말을 활용하여 빈칸에 알맞은 말을 쓰시오.

05 Peter는 작별 인사 없이 떠났다.
(leave, say, without)

→ _____ _____ _____ _____

goodbye.

06 너는 산책함으로써 휴식을 취할 수 있다.
(take, relax, by, can)

→ _____ _____ _____ _____

_____ a walk.

오류 수정

[07~08] 어법상 **틀린** 부분을 찾아 고쳐 쓰시오.

07 Kate and I went skate last winter.

_____ → _____

08 I'm looking forward to watch his new movie.

_____ → _____

단어 배열

[09~10] 우리말과 일치하도록 주어진 말을 알맞게 배열하시오.
(단, 필요시 형태를 바꿀 것)

09

> 나는 그녀와 사랑에 빠지지 않을 수 없다.
> (help / fall / I / can't)

→ _____

in love with her.

10

> 그 미술관은 방문할 가치가 있다.
> (visit / worth / be / museum)

→ The art _____

중간고사·기말고사 실전문제

단어 배열

[01~06] 우리말과 일치하도록 주어진 말을 알맞게 배열하시오.
(단, 필요시 동사의 형태를 바꿀 것)

01

의상을 디자인하는 것이 그녀의 직업이다.
(her / clothes / designing / be / job)

→ _____

02

Jenny는 가족을 위해 요리하는 것을 즐긴다.
(enjoy / Jenny / her / cook / for / family)

→ _____

03

나는 배드민턴을 치는 것을 사랑한다.
(I / play / love / badminton)

→ _____

04

우리 가족은 이번 주말에 캠핑을 갈 것이다.
(will / this weekend / my / go / family / camp)

→ _____

05

그는 도서 전시회를 준비하느라 바빴다.
(was / he / for / the book fair / prepare / busy)

→ _____

06

Ted는 한 시간 전에 달리기를 시작했다.
(start / an hour / run / Ted / ago)

→ _____

빈칸 쓰기

[07~12] 우리말과 일치하도록 주어진 말을 활용하여 빈칸에 알맞은 말을 쓰시오.

07

내 취미는 사진을 찍는 것이다.
(take, photos)

→ My hobby _____ _____ _____.

08

수미는 오늘 그 숙제를 가져오는 것을 잊어버렸다. (forget, bring)

→ Sumi _____ _____ _____ the homework today.

09

샤워하는 것은 당신의 몸을 상쾌하게 할 것이다.
(take, refresh, a, shower, will)

→ _____ _____ _____ _____ _____ your body.

10

창문을 좀 열어도 괜찮을까요?
(you, open, do, mind)

→ _____ _____ _____ _____ the window?

11

내 여동생은 춤을 잘 춘다.
(good, be, dance, at)

→ My sister _____ _____ _____

_____ .

12

정직한 것은 언제나 중요하다.
(honest, important, is, being, always)

→ _____ _____ _____ _____

_____ .

문장 완성

[13~17] 우리말과 일치하도록 주어진 말을 활용하여 문장을 완성하시오.

13 나는 수학을 공부하는 것이 싫다.

(hate, study, mathematics)

→ I _____ .

14 Sue는 갑자기 말하는 것을 멈추었다.

(stop, talk)

→ Sue suddenly _____ .

15 제시간에 오는 것이 필요하다.

(on time, necessary, being, be)

→ _____

16 우리 엄마는 지난 수요일에 그곳에 갔던 것을 기억하신다. (remember, go, there, last Wednesday)

→ My mom _____ .

17 그는 게임을 한 것을 부인했다.

(deny, play, computer games)

→ He _____ .

대화 완성

[18~22] 주어진 말을 활용하여 대화를 완성하시오.

18

A: What do you want to do when you grow up?

B: _____ dream.

(astronaut, be, my, be, an)

19

A: Why did you make so much noise?

B: _____ at the funny sight. (laugh, I, help, cannot)

20

A: K-pop idols are so hot these days.

B: True. More people _____

_____ to K-pop music. (be, in, listen, will, interested)

21

A: _____ ?

(mind, the music, you, do, turn down)

B: Not at all.

22

A: What do you usually do in your free time?

B: _____ .

(I, time, watch, spend, much, movies)

오류 수정

[23~29] 어법상 **틀린** 부분을 찾아 고쳐 쓰시오.

23 Danny kept to ask questions about the universe.

_____ → _____

24 Serena was busy talk on the phone.

_____ → _____

25 Miranda is interested in to study law at university.

_____ → _____

26 You should avoid to eat too much junk food for your health.

_____ → _____

27 The children really wanted making a Christmas tree.

_____ → _____

28 He doesn't feel like to go for a walk now.

_____ → _____

29 I'm really sorry for to waste your time.

_____ → _____

대화형

[30~31] 다음 대화를 읽고, 어법상 **틀린** 부분을 두 군데 찾아 고쳐 쓰시오.

A: Watch out! This river is very deep. You'd better not swim here.

B: Oh! Then how about to put a notice here?

A: That's a great idea. Let's make it together.

B: Remember writing it in red.

A: Oh, I see. I'll do that.

30 _____ → _____

31 _____ → _____

독해형

[32~33] 다음 글을 읽고, 어법상 **틀린** 부분을 두 군데 찾아 고쳐 쓰시오.

Dr. Steven Hawking was a great physicist. He could not move his body freely because of his disease. But he tried overcoming his handicap. He kept to propose new theories about the universe such as the Big Bang Theory.

32 _____ → _____

33 _____ → _____

[34~35] 다음 글을 읽고, 조건에 맞게 우리말을 영작하시오.

> I have a close friend from middle school. Her name is Charlotte. **34** <u>그녀는 글을 쓰는 데 흥미가 있다.</u> Her short stories are interesting and creative. Her writings are easy to read. She can also write nice poems. People say to her, **35** <u>"너는 글쓰기를 참 잘하는구나."</u>

조건
- 윗글에서 나온 단어를 사용할 것
- interested, very good을 사용할 것

34 _____

35 _____

[36~37] 다음 표를 보고, 조건에 맞게 두 사람의 대화를 완성하시오.

	Mom	Dad	Brother
bake bread	○		
jump rope			○
watch movies		○	

조건
- 주어는 대명사로 시작할 것
- 질문에 있는 동사를 사용할 것

> A: What does your mom enjoy doing in her free time?
> B: **36** _____
> A: What does your brother practice?
> B: **37** _____

36 _____

37 _____

[38~40] 다음은 Willow가 자신의 친구에게 보내는 편지이다. 동명사를 활용하여 편지를 완성하시오.

> Dear Leslie,
>
>   Hello, Leslie. Long time no talk since you moved to New York! How is your new school? Are you making a lot of new friends? These days, **38** <u>나는 여름 방학 때 뉴욕으로 너를 보러 가는 것을 고려하고 있어.</u> I really wanted to have a trip alone. My parents didn't like my idea. But, **39** <u>나는 그분들을 설득하는 것을 계속했어.</u> And they finally said yes! **40** <u>나는 너를 곧 만날 것을 고대하고 있어.</u>
>
> Take care,
> Willow

38 _____

_____ in the summer vacation.

(consider, go to New York, to see you)

39 _____

(persuade, keep)

40 _____

(look forward to, be, meet, soon)

10

전치사와 접속사

• 이번 챕터에서 나올 어휘들을 미리 확인해 보세요.

☐	answer	대답; 대답하다
☐	American	미국인; 미국의
☐	at birth	태어날 때
☐	be born	태어나다
☐	because of	~ 때문에 (뒤에는 명사가 옴)
☐	cancel	취소하다
☐	certain	확실한
☐	drawer	서랍
☐	during	~ 동안에
☐	floor	바닥
☐	go jogging	조깅하러 가다
☐	go on a vacation	휴가를 가다
☐	graduate	졸업하다
☐	have a fever	열이 있다
☐	in the evening	저녁에
☐	leave work	퇴근하다
☐	marry	결혼하다
☐	pill	알약
☐	several	몇몇의
☐	slippers	슬리퍼 (항상 복수형)
☐	southeast Asia	동남아시아
☐	stand	일어서다, 서 있다
☐	steal	훔치다, 도둑질하다 (steal – stole)
☐	Thailand	태국
☐	wallet	지갑

Spelling 주의

• 쓸 때 철자에 주의해야 하는 단어들을 미리 익혀 두세요.

☐	believe	믿다
☐	forecaster	예측하는 사람
☐	knock	노크하다, 두드리다
☐	neighborhood	이웃, 근처
☐	nervous	긴장한, 불안해하는
☐	pray	기도하다

01 전치사 1 – 장소, 위치

빈출 유형 | 그림 영작

그림을 보고, 전치사를 사용하여 대화를 완성하시오.

Q: Where is my bag? (the desk)

A: _____

A=? 문장력 UP

주어 너의 가방 또는 그것은 → 3인칭 단수

동사 있다(be/현재) → is

어순 S + V + 장소 전치사구

 필수 문법

| 1 | 구체적인 장소를 표현하기 위해서 장소 전치사를 사용해요.

in	at	on
~ 안에 (넓은 장소나 내부)	~에 (좁거나 공간이 없는 곳)	~ 위에 (표면에 접촉한 상태)
in the classroom	at the bus stop	on the table

| 2 | 위치를 표현하기 위해서는 다음과 같은 위치 전치사를 사용해요.

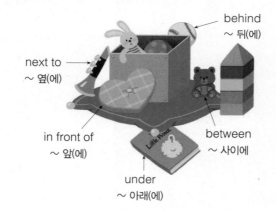

behind
~ 뒤(에)

next to
~ 옆(에)

in front of
~ 앞(에)

between
~ 사이에

under
~ 아래(에)

* 기타 유용한 전치사

near	around	by
near here 여기 근처에	around us 우리 주위에	by the door 문 옆에

빈출 유형 해결

해설

☑ 주어는 '너의 가방(Your bag)' 또는 '그것은(It)'으로 하고, '있다'를 의미하는 be동사(is)를 써요.

☑ be동사 뒤에 장소 전치사구가 오면 be동사는 '있다'라는 의미가 돼요.

☑ 가방은 책상 옆에 있으므로 next to나 by를 쓸 수 있고, 서로 알고 있는 그 책상이므로 the desk로 써요.

정답 It[Your bag] is by[next to] the desk.

실전 유형으로 PRACTICE

[01~04] 그림을 보고, 전치사를 사용하여 대화를 완성하시오.

01

Q: Where is the painting? (the wall)

A: ___A painting is at the wall.___ (X)

🧑 위의 오답에서 **틀린** 부분을 찾아 바르게 고쳐 주세요.

☑ 관사   ☑ 전치사

→ _____

💬🧑 벽, 천장, 바닥 등의 표면 위에 있는 것은 전치사 on을 써요.

02

Q: Where is the boy standing? (the bus stop)

A: He _____.

💬🧑 버스 정류장은 좁거나 공간이 없는 한 지점을 가리키므로 전치사 at을 써요.

03

Q: Where is the cat sleeping? (behind)

A: It _____ the door.

04

Q: Where is Jake? (between)

A: He _____.

[05~06] 우리말을 영어로 옮겼을 때, 어법상 **틀린** 부분을 찾아 고쳐 쓰시오.

05 Audrey와 나는 그 공원 주위를 걸었다.

→ Audrey and I walked near the park.

_____ → _____

06 그는 그녀를 극장 앞에서 만날 것이다.

→ He will meet her in the theater.

_____ → _____

[07~10] 우리말과 일치하도록 ｜보기｜의 전치사와 주어진 말을 활용하여 문장을 완성하시오. (단, 필요시 동사의 형태를 바꿀 것)

┤보기├

| in | on | under | by | near | behind |

07 네가 이 슬리퍼들을 그 탁자 아래에 두었니?

(put, these slippers, table)

→ Did you _____?

08 그는 그 서랍 안에서 그 열쇠를 발견했다.

(drawer, key, find)

→ He _____.

09 그의 집은 그 호수 근처에 있다.

(lake, house)

→ His house _____.

10 그 회의에서 Anna가 내 옆에 앉을 것이다.

(sit, me, Anna)

→ _____ at the meeting.

02 전치사 2 - 시간

빈출 유형 | **문장 완성**

우리말과 일치하도록 주어진 말을 활용하여 문장을 완성하시오.

> 그는 휴가 동안 우리를 방문했다.
> (us, visit, the vacation)

→ He _____.

┌─────────────────────────────────┐
│ **문장력 UP**   │
│ **주어** 그는   │
│ **동사** 방문했다(과거) → visited   │
│ **어순** S + V + O + 전치사 + 명사 │
└─────────────────────────────────┘

|1| **구체적인 시간을 표현하기 위해서 시간 전치사를 사용해요.**

in	at	on
~에 (기간이 있는 명사)	~에 (구체적 시각/때)	~에 (요일, 날짜, 날)
in the morning 아침에 in July 6월에 in winter 겨울에	at noon 정오(12시)에 at night 밤에	on my birthday 내 생일에

* 아침/오후/저녁은 그 안에 기간이 있으므로 전치사 in을 쓰지만, night(밤)은 전치사 at을 쓴다는 것에 주의하세요.

|2| **그 밖에 시간을 나타내는 전치사들을 알아 두세요.**

before	~ 전에	before Friday 금요일 전에, before 7 7시 전에
after	~ 후에	after school 방과 후, after the exam 시험 후에
for	~ 동안 (숫자를 포함한 기간)	for two weeks 2주 동안, for 5 hours 5시간 동안
during	~ 동안 (특정한 때)	during class 수업 동안, during the game 경기 동안

* '~ 동안'을 나타내는 for와 during은 뒤에 숫자가 있는 기간인지, 특정한 일이나 때를 나타내는 명사인지에 따라 구분해요.

빈출 유형 해결

해설
☑ 시제가 과거이므로 He visited로 쓰고, 목적어인 us를 써요.
☑ 나머지 말 '휴가 동안에'는 숫자가 포함된 기간이 아닌 특정한 때(휴가)를 나타내므로, for 또는 during 중에서 during을 써요.
정답 visited us during the vacation

문장 완성

[01~04] 우리말과 일치하도록 주어진 말을 활용하여 문장을 완성하시오.

01

> 그녀는 정오에 도착했니?
> (noon, arrive)

→ _____Does she arrive in noon?_____ (X)

👤 위의 오답에서 틀린 부분을 찾아 바르게 고쳐 주세요.

> ☑ 시제   ☑ 전치사

→ _____

💬 과거시제이므로 Did를 쓰고, 정오(noon)는 낮 12시 정각을 나타내는 말로 전치사 at과 써요.

02

> 우리는 2주 동안 휴가를 갈 것이다.
> (go on a vacation, two weeks, will)

→ We _____ .

💬 for(~ 동안)는 시간을 포함하는 기간 앞에, during(~ 동안)은 특정한 때 앞에 써요.

03

> 그 콘서트 전에 저녁을 먹자.
> (have, concert, dinner, the)

→ Let's _____

04

> 나의 고모는 2019년에 시애틀로 이사 갔다.
> (move, Seattle, to)

→ My aunt _____

오류 수정

[05~06] 어법상 **틀린** 부분을 찾아 고쳐 쓰시오.

05 I like to watch movies in night.

_____ → _____

06 Jimmy has dinner at seven on the evening.

_____ → _____

대화 완성

[07~08] 우리말과 일치하도록 대화를 완성하시오.

07

> A: When does he usually take a walk?
> B: 그는 주로 점심 식사 후에 산책한다.

→ _____

08

> A: When do they plan to go camping?
> B: 그들은 일요일에 캠핑을 갈 계획이다.

→ _____

빈칸 쓰기

[09~10] 우리말과 일치하도록 주어진 말을 활용하여 빈칸에 알맞은 말을 쓰시오.

09 Donna는 그 휴일 동안 그녀의 사촌을 만났다.

(meet, cousin, the holidays)

→ Donna _____ _____ _____

_____ _____ _____ .

10 너는 저녁 7시에 무엇을 했니?

(do, evening)

→ What did you _____ _____ _____

_____ _____ _____ ?

03 등위 접속사 '그리고', '그러나', '또는', '그래서'

빈출 유형 | 문장 완성

우리말과 일치하도록 주어진 말을 활용하여 문장을 완성하시오.
(단, 필요시 형태를 바꿀 것)

> 그는 아파서, 자고 있어요.
> (sick, sleep)

→ _____, _____.

📖 문장력 UP

주어 그는

동사 (아프)다/ 자고 있다(현재진행)
→ is / is sleeping

어순 긍정문 so 긍정문
→ S + be + C, so + S + V

 | 1 | 같은 종류의 말(단어와 단어, 구와 구, 절과 절)을 '그리고'로 연결할 때 and를 써요.

Tom and Chris are my friends.
I called Ms. Park and asked a question. * 같은 종류의 동사구와 동사구를 연결해요.
He knocked on the door and a lady answered.

| 2 | 같은 종류의 말(단어와 단어, 구와 구, 절과 절)을 '그러나'로 연결할 때 but을 써요.

Chris is short but strong.
She knows him but doesn't talk to him. * 주어가 3인칭 단수(she)이므로 동사의 시제를 일치시켜요.
He knocked on the door but nobody answered.

| 3 | 같은 종류의 말(단어와 단어, 구와 구, 절과 절)을 '또는'으로 연결할 때 or를 써요.

You can have this or that.
You can wait here or come back later.
I can go there or you can come here.

| 4 | 같은 종류의 말(절과 절)을 '그래서'로 연결할 때 so을 써요.

She didn't want to cook, so she ordered some pizza.
└→ so는 절과 절만 연결하기 때문에 주어를 생략하지 않아요.

빈출 유형 해결

해설
☑ '아파서'는 '아프다 그래서'라는 의미로 접속사 so로 연결할 수 있어요.
☑ 먼저 '그는 아프다'를 He is sick으로 쓰고, '그는 자고 있다'를 he is sleeping(진행형)으로 써서, 접속사 so로 연결해요.
정답 He is sick / so he is sleeping

실전 유형으로 PRACTICE

[01~04] 우리말과 일치하도록 주어진 말을 활용하여 문장을 완성하시오.

01

> 나는 피곤했지만, 거기에 갔어요.
> (tired, go, there)

→ ___I was tired and go there.___ (X)

👤 위의 오답에서 **틀린** 부분을 찾아 바르게 고쳐 주세요.

> ☑ 접속사   ☑ 시제

→ _____

💬👤 동사와 동사를 '그러나'로 연결하는 접속사 but을 써야 하며, 시제는 과거로 써야 해요.

02

> 이 차는 좋지만 비싸다.
> (nice, expensive)

→ This car _____.

03

> 그녀는 일찍 일어나서 조깅하러 간다.
> (go, get up, jogging, early)

→ She _____.

💬👤 우리말로는 '일어나서'이지만, 이 문장은 '일어났기 때문에 조깅하러 가는 것'은 아님에 주의하세요.

04

> 나는 버스를 놓쳐서, 학교에 늦었다.
> (miss the bus, be late)

→ I _____,
_____ for school.

[05~06] 우리말을 영어로 옮겼을 때, 어법상 **틀린** 부분을 찾아 고쳐 쓰시오.

05 너는 여기에 머무르고 싶니, 지금 떠나고 싶니?
→ Do you want to stay here and leave now?

_____ → _____

06 John은 열이 있어서, 휴식을 취했다.
→ John had a fever, and he takes a rest.

_____ → _____

[07~10] 보기 에서 알맞은 접속사를 골라 두 문장을 연결하시오. (단, 각 접속사를 한 번씩만 쓸 것)

> ┤ 보기 ├
> and   but   or   so

07

> • Peter can speak English.
> • He can speak French.

→ Peter can _____.

08

> • He studied hard.
> • He failed the exam.

→ He _____.

09

> • They may be at home.
> • They may be in the library.

→ They may _____.

10

> • It was cold.
> • I closed the window.

→ It _____, _____
the window.

04 부사절 접속사

빈출 유형 **문장 완성**

우리말과 일치하도록 주어진 말을 활용하여 문장을 완성시오.
(단, 필요시 형태를 바꿀 것)

> I was sick yesterday, so Jenny came to take care of me. <u>그녀가 나를 도와줬기 때문에 난 나아졌다.</u> (get better, help)

→ _____

문장력 UP

주어 그녀(she) / 나(I)

동사 도왔다(과거) / (나아)졌다(과거)
　　　 → helped / got

어순 긍정문 because 긍정문
　　　 → S + get + C / because S + V

| 1 | 부사절이란 문장에서 <u>부사의 역할</u>을 하는 절을 말해요.

[부사]	She'll come (soon).	(곧) 그녀가 올 것이다.
[전치사구의 부사 역할]	She'll come (to the party).	(그 파티에) 그녀가 올 것이다.
[절의 부사 역할]	She'll come (if Tom comes).	(Tom이 오면,) 그녀가 올 것이다.

= (If Tom comes,) she'll come.

↳ 부사절은 문장 앞뒤에 쓸 수 있고, 앞에 쓸 때는 부사절 끝에 쉼표(,)를 넣어요.

| 2 | 절 앞에 다음 접속사들을 붙이면 부사절이 돼요. 각각의 의미를 잘 기억하세요.

when	～ 때		while	～ 동안
after	～ 후		because	～ 때문에
before	～ 전		if	(만약) ～라면

* because는 접속사로 뒤에 절을 쓰지만, because of는 전치사로 뒤에 명사를 써요. → because of me (나 때문에)

| 3 | 시간/조건 부사절의 의미가 미래(will)라도 현재시제로 써요.

She will come if Tom <u>comes</u>. * Tom이 오는 것은 미래에 일어날 일이지만, 현재형 comes로 써요.

He will call when he <u>leaves</u> the house.

빈출 유형 해결

해설

☑ '나는 나아졌다'와 '그녀가 나를 도와줬다'라는 두 문장을 because로 연결해야 해요.

☑ 시제는 모두 과거이므로 I got better와 she helped me로 쓰고, '그녀가 나를 도와주었다' 앞에 because를 써요.

☑ because 뒤에 절을 써야 하므로, because of로 쓰지 않도록 유의해요.

정답 | I got better because she helped me. 또는 Because she helped me, I got better.

문장 완성
[01~04] 우리말과 일치하도록 주어진 말을 활용하여 문장을 완성하시오. (단, 필요시 형태를 바꿀 것)

01

> It is my birthday today. I invited my friends to my house. 그들이 오기 전에, 나는 그들을 위해 요리를 할 것이다. (cook for)

→ When they will come, I will cook for they. (X)

👤 위의 오답에서 틀린 부분을 찾아 바르게 고쳐 주세요.

| ☑ 부사절의 시제 | ☑ 접속사 | ☑ 전치사의 목적어 |

→ _____

💬👤 시간/조건의 부사절은 의미가 미래여도 현재형 동사를 쓰며, 전치사 뒤에는 목적격 대명사(them)를 써요.

02

> Ron is going to move near my house next week. 나는 우리가 학교에 같이 다닐 수 있어서 너무 행복하다. (go, can, to school)

→ I am so happy _____
together.

03

> My brother and I were sad because we couldn't go camping because of the weather. But 이번 주말에 날이 화창하면, 우리는 캠핑을 갈 것이다. (sunny, it, will)

→ But _____ this weekend,
_____

04

> Bob is very diligent. He gets up early and eats breakfast. 그는 학교에 가기 전에 항상 그의 침대를 정리한다. (make his bed)

→ He always _____
to school.

오류 수정
[05~06] 우리말을 영어로 옮겼을 때, 어법상 **틀린** 부분을 찾아 고쳐 쓰시오.

05 나는 늦게까지 깨어 있어서 졸리다.

→ I am sleepy because of I stayed up late.

_____ → _____

06 그는 졸업한 후에 요리사가 되기 원한다.

→ Before he will graduate, he wants to be a chef.

_____ → _____

빈칸 쓰기
[07~08] 우리말과 일치하도록 주어진 말을 활용하여 빈칸에 알맞은 말을 쓰시오.

07 내가 밖에 있는 동안 Ron이 나를 찾아왔니?
(be out, visit)

→ Did Ron _____ _____ _____
_____ _____ _____ ?

08 도움이 필요하면 내게 말해도 돼.
(need, help, can, tell)

→ _____ _____ _____ _____ ,
_____ _____ _____ me.

한 문장으로 쓰기
[09~10] 다음 두 문장을 알맞은 접속사나 전치사를 사용하여 한 문장으로 쓰시오.

09 • You drive a car.
• You must wear a seatbelt.

→ _____
a seatbelt.

10 • The old man walked slowly.
• He had a bad leg.

→ The old man _____
_____

💬👤 because 뒤에는 〈주어 + 동사〉, because of 뒤에는 명사를 써야 해요.

UNIT 05 명사절 접속사 that

우리말과 일치하도록 주어진 말을 알맞게 배열하시오.

나는 그녀가 제시간에 올 것을 믿는다.
(on time / she / I / come / that / will / believe)

→ _____

 문장력 UP

주어 나는

동사 믿는다(현재) → believe

어순 S + V + O(~라는 것을: 명사절)

| 1 | 명사절이란 문장에서 명사의 역할을 하는 절을 말해요.

[명사/대명사]	He likes movies.	그는 영화를 좋아한다.
[to부정사의 명사 역할]	To watch movies is fun.	영화를 보는 것은 재미있다.
[동명사의 명사 역할]	He enjoys watching movies.	그는 영화 보는 것을 즐긴다.
[절의 명사 역할]	We know that he likes movies.	우리는 그가 영화를 좋아한다는 것을 안다.

 ↳ 하나의 절 자체가 하나의 명사(목적어) 역할을 해요.

| 2 | 명사절은 하나의 절 앞에 접속사 that을 붙여서 만들어요.

[하나의 절로 된 문장] He likes movies. 그는 영화를 좋아한다.
 ⇩
[하나의 명사절] that he likes movies 그가 영화를 좋아한다는 것
 ⇩
[두 개의 절로 된 문장] We know that he likes movies . 우리는 그가 영화를 좋아한다는 것을 안다.

| 3 | 명사절은 명사와 같이 주어, 보어, 목적어 자리에 쓸 수 있어요.

[주어 자리]	That he likes movies is true.	그가 영화를 좋아한다는 것은 사실이다.
[보어 자리]	The problem is that he likes movies.	문제는 그가 영화를 좋아한다는 것이다.
[목적어 자리]	We know that he likes movies.	우리는 그가 영화를 좋아한다는 것을 안다.

빈출 유형 해결

해설

☑ 주어와 동사는 I believe이고, 목적어로 '그녀가 제시간에 올 것'이라는 명사절을 써야 해요.

☑ 목적어에 쓰는 절은 명사절로 '그녀가 제시간에 올 것이다'라는 절 앞에 접속사 that을 붙여서 that she will come on time을 써요.

정답 I believe that she will come on time.

단어 배열

[01~04] 우리말과 일치하도록 주어진 말을 알맞게 배열하시오.
(단, 필요시 형태를 바꿀 것)

01

> 진실은 그가 우리에게 거짓말을 했다는 것이다.
> (the truth / lied / is / he / us / to / that)

→ ___The truth to us is that he lied.___ (X)

👤 위의 오답에서 틀린 부분을 찾아 바르게 고쳐 주세요.

☑ 문장의 동사   ☑ 명사절

→ _____

💬👤 '그가 우리에게 거짓말을 했다'까지가 하나의 명사절이에요.

02

> 나는 그가 내 지갑을 훔쳤다는 걸 믿을 수 없었다.
> (I / steal / believe / couldn't / he / that)

→ _____ my wallet.

03

> 문제는 내가 그 답을 모른다는 것이다.
> (that / I / know / be / the problem / don't)

→ _____ the answer.

04

> 내가 너를 사랑한다는 것은 확실하다.
> (love / I / be / you / certain / that)

→ _____

빈칸 쓰기

[05~06] 우리말과 일치하도록 주어진 말을 활용하여 빈칸에 알맞은 말을 쓰시오.

05 나는 그가 곧 더 나아지기를 희망한다.

(hope, get, better, will)

→ I _____ _____ _____
_____ _____ soon.

06 사실은 우리가 시간이 없다는 것이다.

(fact, have, not)

→ The _____ _____ _____
_____ _____ time.

문장 완성

[07~08] 우리말과 일치하도록 주어진 말을 활용하여 문장을 완성하시오. (단, 접속사 that을 쓸 것)

07 그가 너에게 거짓말을 했던 것은 불확실하다.

(lie to, be)

→ _____ uncertain.

💬👤 명사절이 주어일 때, 동사는 3인칭 단수 동사를 써야 해요.

08 그들은 Emily가 좋은 선생님인 것을 알고 있다.

(know, be)

→ _____

a good teacher.

대화 완성

[09~10] 우리말과 일치하도록 주어진 말을 활용하여 대화를 완성하시오.

09

> A: What do you think of the book?
> B: 나는 그것이 흥미진진하다고 생각해. (exciting)

→ _____

10

> A: Did I make her angry?
> B: Yes, you did.
> 네가 늦게 왔다는 것이 그녀를 화나게 했어.
> (made, angry, come late)

→ _____

중간고사·기말고사 실전문제

[01~07] 우리말과 일치하도록 빈칸에 알맞은 말을 |보기|에서 골라 쓰시오. (단, 각 접속사를 한 번씩만 쓸 것)

┌─ 보기 ┐

in	at	on
for	during	if	because

01 My parents married _____ May.

02 My brother and I watched several movies _____ five hours today.

03 Collin will go skiing five times _____ the winter vacation.

04 He won't come home early tonight _____ he has a very important meeting tomorrow.

05 Monica was waiting for me _____ the bus stop after school.

06 _____ it rains on Sunday, we will cancel our garden party.

07 I found Jessi's wallet _____ the floor. I should call her soon.

[08~12] 우리말과 일치하도록 주어진 말을 알맞게 배열하시오.

08

나는 도서관에 가서 시험공부를 했다.
(went / I / for / studied / a library / the exam / and / to)

→ _____

09

마카롱이 맛있어서 그 카페는 인기 있다.
(the cafe / good / because / the macarons / taste / is)

→ _____,

_____ popular.

10

지혜에게 쌍둥이 오빠가 있다는 것은 흥미롭다.
(Jihye / is / has / that / a twin brother)

→ _____

interesting.

11

너는 피자와 치킨 중 무엇을 더 좋아하니?
(do / like / pizza / better / chicken / or / you)

→ Which _____,

_____ ?

12

그 신발이 비싸지 않다면, 나는 그것들을 살 것이다.
(if / are / buy / the shoes / not / expensive / I'll)

→ _____ ,

_____ them.

문장쓰기
[13~18] 우리말과 일치하도록 주어진 말을 활용하여 문장을 완성하시오. (단, 필요시 동사의 형태를 바꿀 것)

13

우리 집 근처에 산이 있다.
(there, a mountain)

→ _____

14

오늘 비가 올 것이다, 그래서 나는 내 우산을 가져왔다. (it, rain, umbrella, today, bring)

→ _____ , _____

_____ .

15

식후에 알약 두 알을 복용하세요.
(take, meals, pills)

→ _____

16

Joshua는 아파서 파티에 오지 못했다.
(the, couldn't, come, the party, he)

→ Joshua _____

_____ sick.

17

나의 부모님들은 내가 채소를 좋아한다고 생각한다.
(think, vegetables, that, parents)

→ _____

18

그 뮤지컬은 11시 30분에 끝났다.
(the musical, end)

→ _____

오류수정
[19~23] 어법상 틀린 부분을 찾아 고쳐 쓰시오.

19 She will be angry if you will make the same mistake again.

_____ → _____

20 My family will have lots of fun at Christmas day.

_____ → _____

21 I like my friend Elly because of she is kind and polite.

_____ → _____

22 Reading books and dance are my favorite things.

_____ → _____

23 We believe if our history teacher is the best.

_____ → _____

그림 영작
[24~26] 알맞은 전치사와 주어진 말을 사용하여 그림에 맞는 문장을 완성하시오.

24 The yellow boat is _____
_____. (the two red boats)

25 The green boat is _____
_____. (the yellow boat)

26 The blue boat is _____
_____. (the yellow boat)

그림 영작
[27~29] 알맞은 전치사와 주어진 말을 사용하여 그림에 맞는 문장을 완성하시오.

27

There are _____
_____. (beautiful flowers, vase, the)

28

My sister _____
_____. (standing, the, is, door)

29

He met _____
_____. (his, the bus stop, friend)

문장 완성
[30~35] 우리말과 일치하도록 |보기 A|와 |보기 B|에서 각각 알맞은 말을 골라 문장을 완성하시오. (단, 중복 사용 가능)

| 보기 A |
| when   because   before   while   if |

| 보기 B |
| leave work   eat food |
| get up late   be nervous |
| pasta is cooking   my puppy is sick |

30 나는 긴장할 때 땀을 많이 흘린다.

→ I sweat a lot _____.

31 내 강아지가 아파서 나는 매우 슬프다.

→ I feel so sad _____.

32 그녀는 퇴근할 때 라디오를 듣는다.

→ _____ ,

she listens to the radio.

33 파스타가 삶아지고 있는 동안에 토마토소스를 준비해라.

→ _____ ,

prepare the tomato sauce.

34 너는 내일 늦게 일어나면, 제시간에 도착할 수 없을 것이다.

→ _____ ,

you can't arrive on time.

35 Raymond는 보통 식사 전에 기도를 한다.

→ Raymond usually prays _____

_____ .

36 다음 대화를 읽고, 밑줄 친 부분을 우리말과 일치하도록 주어진 말을 사용하여 완성하시오.

> A: Let's go to the baseball stadium together tomorrow. It will be so much fun.
> B: Sounds good. But the weather forecaster is saying 정말 더울 거라고 tomorrow.
> A: 내일 정말 덥다면, we'd better stay home and watch the game on TV.

(1) → _____

(be going to, be, hot, really, that)

(2) → _____

(be, hot, really)

37 다음 글을 읽고, 조건 에 맞게 문장을 완성하시오.

> Do you know Helen Keller? Helen Keller was born in 1880. She was American. She was healthy and had no problems at birth. When she was eighteen months old, she got very sick with a high fever. 그녀가 더 나아졌을 때, 그녀는 볼 수도 들을 수 없었다.

┤ 조건 ├
- 부사절 접속사 when을 반드시 사용할 것
- 필요시 동사의 형태를 바꿀 것
- 10단어로 쓸 것
- get better, can, see, hear, anything을 사용할 것

→ _____

_____

[38~40] 다음 글을 읽고, 밑줄 친 부분 중 어법상 틀린 것을 세 군데 찾아 고쳐 쓰시오.

> I visited my friend's house ⓐ in Bangkok, Thailand. I was so excited ⓑ because of it was my first trip to Southeast Asia. My friend moved to Bangkok ⓒ at 2020. ⓓ On Friday, I walked around to see my friend's neighborhood. And then, I went ⓔ to Chatuchak Weekend Market with my friend. It was a big market with so many things to buy. The food was great in Thailand, too. I stayed in my friend's house ⓕ during 5 days. I really enjoyed Bangkok. I ⓖ think that I want to visit there again.

38 _____ → _____

39 _____ → _____

40 _____ → _____

구분	원형	과거형	과거분사형(p.p.)	의미
A A A	cast [kæst]	cast [kæst]	cast [kæst]	던지다
	broadcast [brɔ́:dkæ̀st]	broadcast [brɔ́:dkæ̀st]	broadcast [brɔ́:dkæ̀st]	방송하다
	cost [kɔ(:)st]	cost [kɔ(:)st]	cost [kɔ(:)st]	(비용이) 들다
	cut [kʌt]	cut [kʌt]	cut [kʌt]	자르다
	fit [fit]	fit [fit]	fit [fit]	(크기 등이) 맞다
	hit [hit]	hit [hit]	hit [hit]	치다
	hurt [hə:rt]	hurt [hə:rt]	hurt [hə:rt]	다치게 하다, 다치다
	let [let]	let [let]	let [let]	하게 하다
	put [put]	put [put]	put [put]	놓다, 두다
	quit [kwit]	quit [kwit]	quit [kwit]	그만두다
	read [ri:d]	read [red]	read [red]	읽다
	set [set]	set [set]	set [set]	놓다, 설치하다
	shut [ʃʌt]	shut [ʃʌt]	shut [ʃʌt]	닫다
	spread [spred]	spread [spred]	spread [spred]	펴다, 퍼지다
A A A'	beat [bi:t]	beat [bi:t]	beaten [bí:tən]	때리다
A B A	become [bikʌ́m]	became [bikéim]	become [bikʌ́m]	~이 되다, ~해지다
	come [kʌm]	came [keim]	come [kʌm]	오다
	run [rʌn]	ran [ræn]	run [rʌn]	달리다
A B A'	arise [əráiz]	arose [əróuz]	arisen [ərízən]	(일 등이) 일어나다
	be (am / is / are)	was / were	been [bin]	~(이)다, ~에 있다
	blow [blou]	blew [blu:]	blown [bloun]	(바람 등이) 불다
	do [du]	did [did]	done [dʌn]	하다
	draw [drɔ:]	drew [dru:]	drawn [drɔ:n]	당기다, 그리다
	drive [draiv]	drove [drouv]	driven [drívən]	운전하다
	eat [i:t]	ate [eit]	eaten [í:tən]	먹다
	fall [fɔ:l]	fell [fel]	fallen [fɔ́:lən]	떨어지다
	forgive [fərgív]	forgave [fərgéiv]	forgiven [fərgívən]	용서하다
	give [giv]	gave [geiv]	given [gívən]	주다
	go [gou]	went [went]	gone [gɔ(:)n]	가다

구분	원형	과거형	과거분사형(p.p.)	의미
A B A'	grow [grou]	grew [gru:]	grown [groun]	자라다, 키우다
	know [nou]	knew [nju:]	known [noun]	알다
	ride [raid]	rode [roud]	ridden [rídən]	(차나 기구 등에) 타다
	rise [raiz]	rose [rouz]	risen [rízən]	일어서다, 올라가다
	see [si:]	saw [sɔ:]	seen [si:n]	보다
	shake [ʃeik]	shook [ʃuk]	shaken [ʃéikən]	흔들다
	show [ʃou]	showed [ʃoud]	shown [ʃoun]	보여 주다
	take [teik]	took [tuk]	taken [téikən]	가져가다, 취하다
	throw [θrou]	threw [θru:]	thrown [θroun]	던지다
	write [rait]	wrote [rout]	written [rítən]	쓰다
A B B	bend [bend]	bent [bent]	bent [bent]	구부리다
	bind [baind]	bound [baund]	bound [baund]	묶다
	bring [briŋ]	brought [brɔ:t]	brought [brɔ:t]	가져오다
	build [bild]	built [bilt]	built [bilt]	(건물 등을) 짓다
	burn [bə:rn]	burnt [bə:rnt]	burnt [bə:rnt]	(불에) 타다, 태우다
	buy [bai]	bought [bɔ:t]	bought [bɔ:t]	사다
	catch [kætʃ]	caught [kɔ:t]	caught [kɔ:t]	잡다
	dig [dig]	dug [dʌg]	dug [dʌg]	파다
	dream [dri:m]	dreamt [dremt] / dreamed	dreamt [dremt] / dreamed	꿈꾸다
	feed [fi:d]	fed [fed]	fed [fed]	먹이다
	feel [fi:l]	felt [felt]	felt [felt]	느끼다
	fight [fait]	fought [fɔ:t]	fought [fɔ:t]	싸우다
	find [faind]	found [faund]	found [faund]	발견하다
	grind [graind]	ground [graund]	ground [graund]	갈다
	hang [hæŋ]	hung [hʌŋ]	hung [hʌŋ]	걸다
	have [hæv]	had [hæd]	had [hæd]	가지다, 먹다
	hear [hiər]	heard [hə:rd]	heard [hə:rd]	듣다
	hold [hould]	held [held]	held [held]	지니다, 쥐다

구분	원형	과거형	과거분사형(p.p.)	의미
A B B	keep [ki:p]	kept [kept]	kept [kept]	유지하다
	lay [lei]	laid [leid]	laid [leid]	두다, 놓다
	lead [li:d]	led [led]	led [led]	이끌다
	leave [li:v]	left [left]	left [left]	떠나다
	lend [lend]	lent [lent]	lent [lent]	빌려주다
	lose [lu:z]	lost [lɔ(:)st]	lost [lɔ(:)st]	잃다
	make [meik]	made [meid]	made [meid]	만들다
	mean [mi:n]	meant [ment]	meant [ment]	의미하다
	meet [mi:t]	met [met]	met [met]	만나다
	pay [pei]	paid [peid]	paid [peid]	지불하다
	say [sei]	said [sed]	said [sed]	말하다
	seek [si:k]	sought [sɔ:t]	sought [sɔ:t]	찾다, 구하다
	sell [sel]	sold [sould]	sold [sould]	팔다
	send [send]	sent [sent]	sent [sent]	보내다
	shine [ʃain]	shone [ʃoun]	shone [ʃoun]	빛나다
	shoot [ʃu:t]	shot [ʃɑt]	shot [ʃɑt]	쏘다
	sit [sit]	sat [sæt]	sat [sæt]	앉다
	sleep [sli:p]	slept [slept]	slept [slept]	자다
	slide [slaid]	slid [slid]	slid [slid]	미끄러지다
	smell [smel]	smelt [smelt] / smelled	smelt [smelt] / smelled	냄새 맡다, 냄새가 나다
	spend [spend]	spent [spent]	spent [spent]	소비하다
	spin [spin]	spun [spʌn]	spun [spʌn]	돌다, 회전하다
	spoil [spɔil]	spoilt [spɔilt] / spoiled	spoilt [spɔilt] / spoiled	손상시키다, 망치다
	stand [stænd]	stood [stud]	stood [stud]	서다
	strike [straik]	struck [strʌk]	struck [strʌk]	치다, 때리다
	sweep [swi:p]	swept [swept]	swept [swept]	쓸다, 비질하다
	swing [swiŋ]	swung [swʌŋ]	swung [swʌŋ]	흔들다, 흔들리다
	teach [ti:tʃ]	taught [tɔ:t]	taught [tɔ:t]	가르치다
	tell [tel]	told [tould]	told [tould]	이야기하다

구분	원형	과거형	과거분사형(p.p.)	의미
A B B	think [θiŋk]	thought [θɔːt]	thought [θɔːt]	생각하다
	understand [ʌndərstǽnd]	understood [ʌndərstúd]	understood [ʌndərstúd]	이해하다
	wake [weik]	woke [wouk]	woken [wóukən]	깨다, 깨우다
	win [win]	won [wʌn]	won [wʌn]	이기다
	wind [waind]	wound [waund]	wound [waund]	감다
A B B'	bear [bɛər]	bore [bɔːr]	born [bɔːrn]	낳다, 참다
	bite [bait]	bit [bit]	bitten [bítən]	물다
	break [breik]	broke [brouk]	broken [bróukən]	깨뜨리다
	choose [tʃuːz]	chose [tʃouz]	chosen [tʃóuzən]	고르다
	forget [fərgét]	forgot [fərgát]	forgotten [fərgátən]	잊다
	freeze [friːz]	froze [frouz]	frozen [fróuzən]	얼다, 얼리다
	get [get]	got [gat]	gotten [gátən] / got [gat]	얻다
	hide [haid]	hid [hid]	hidden [hídən]	감추다
	speak [spiːk]	spoke [spouk]	spoken [spóukən]	말하다
	steal [stiːl]	stole [stoul]	stolen [stóulən]	훔치다
	tear [tiər]	tore [tɔːr]	torn [tɔːrn]	찢다
	wear [wɛər]	wore [wɔːr]	worn [wɔːrn]	입다
A B C	begin [bigín]	began [bigǽn]	begun [bigʌ́n]	시작하다
	drink [driŋk]	drank [dræŋk]	drunk [drʌŋk]	마시다
	fly [flai]	flew [fluː]	flown [floun]	날다
	lie [lai]	lay [lei]	lain [lein]	눕다, 가로로 놓여 있다
	ring [riŋ]	rang [ræŋ]	rung [rʌŋ]	울리다
	sing [siŋ]	sang [sæŋ]	sung [sʌŋ]	노래하다
	sink [siŋk]	sank [sæŋk]	sunk [sʌŋk]	가라앉다
	swim [swim]	swam [swæm]	swum [swʌm]	수영하다
조동사	can [kæn]	could [kud]		~할 수 있다
	may [mei]	might [mait]		~할지 모른다
	shall [ʃæl]	should [ʃud]		~할 것이다
	will [wil]	would [wud]		~할 것이다

필독

중학 국어로 수능 잡기

✦ **필독** 중학 국어로 수능 잡기 시리즈

| 문학 | 비문학 독해 | 문법 | 교과서 시 | 교과서 소설 |

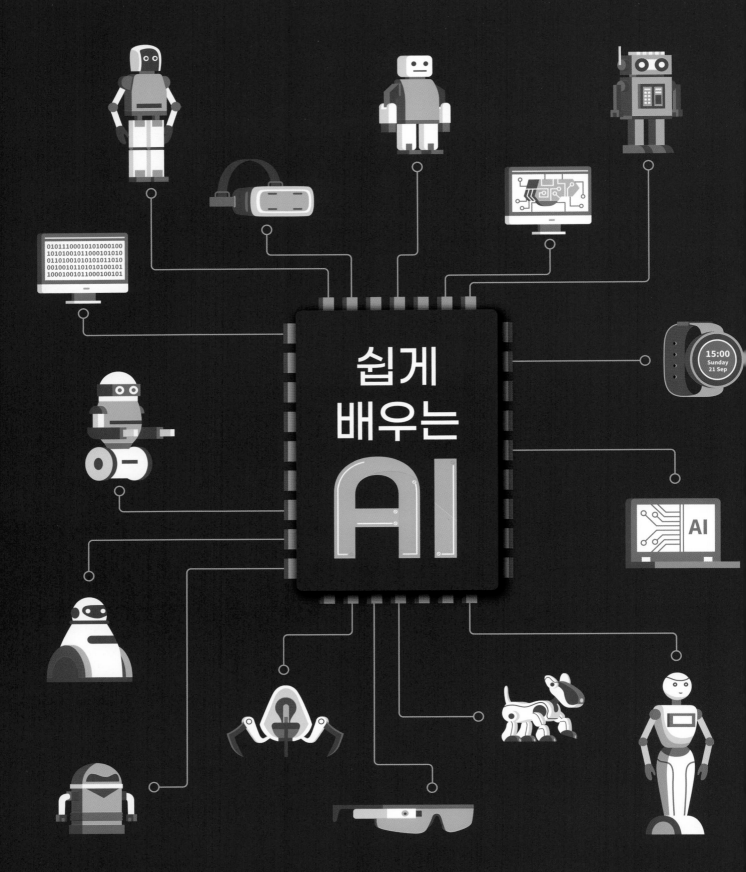

쉽게
배우는
AI

15:00
Sunday
21 Sep

AI

**교육과정과 융합한
쉽게 배우는
인공지능(AI) 입문서**

초등

중학

고교

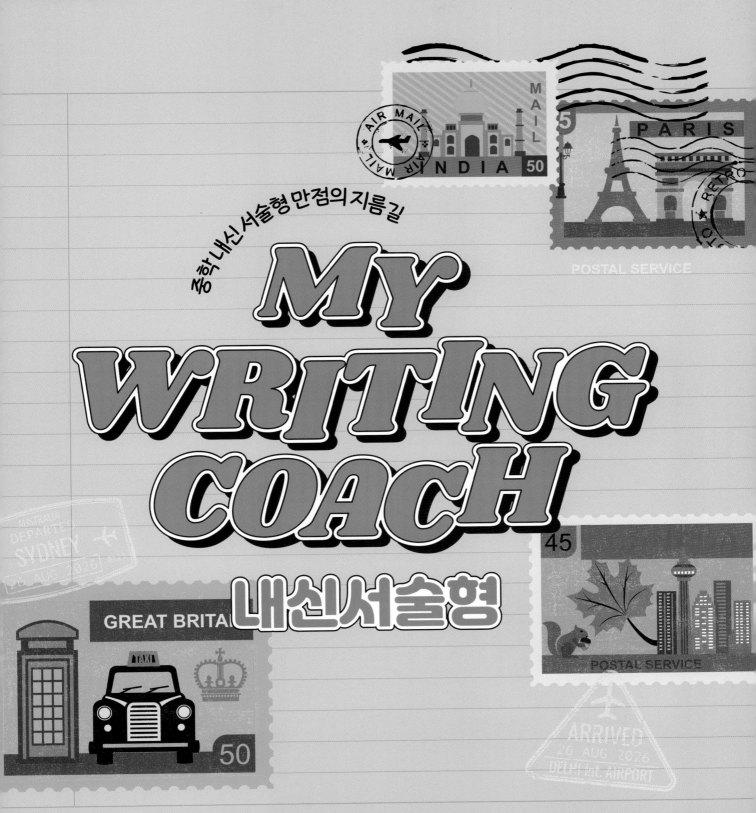

중|학|도|역|시 EBS

EBS

중학내신서술형 만점의 지름길

MY WRITING COACH

내신서술형

Workbook

중1

MY WRITING COACH

내신서술형 중1

Workbook

CHAPTER
01 be동사와 일반동사

중간고사·기말고사 실전문제

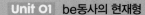

[01~06] 우리말과 일치하도록 주어진 말을 활용하여 빈칸을 완성하시오. (단, 필요시 동사의 형태를 바꿀 것)

01
> 나의 엄마는 경찰관이시다.
> (my, mom, be)

→ _____ _____ _____ a police
officer.

02
> 그녀는 학교에서 물리를 가르친다.
> (she, physics, teach)

→ _____ _____ _____ at school.

03
> 그 아이들은 배고프지 않다.
> (not, the, children, be)

→ _____ _____ _____
hungry.

04
> 그는 아침에 알람을 설정해 두지 않는다.
> (not, he, set, the, alarm, do)

→ _____ _____ _____
_____ in the morning.

05
> 요가는 좋은 운동이니?
> (yoga, good, exercise, a, be)

→ _____ _____ _____ _____
_____?

06
> 그들은 옆집에 사니?
> (live, they, do, next door)

→ _____ _____ _____ _____
_____?

단어 배열

[07~12] 우리말과 일치하도록 주어진 말을 알맞게 배열하시오.

07 지민이는 오늘 학교에 늦니?

(Jimin / be / today / late for school)

→ _____

08 나의 형들은 훌륭한 테니스 선수이다.

(my brothers / good / tennis players / be)

→ _____

09 Jennifer는 일요일마다 컵케이크를 만든다.

(make / Jennifer / cupcakes / on Sundays)

→ _____

10 나는 거미를 무서워하지 않는다.

(I / not / spiders / afraid of / be)

→ _____

11 그 소년은 자전거가 있니?

(have / the boy / a bike / do)

→ _____

12 나의 아버지는 햄버거를 좋아하지 않는다.

(hamburgers / do / like / my father / not)

→ _____

대화 완성

[13~17] 우리말과 일치하도록 대화를 완성하시오.

13

> A: Are they math teachers?
> B: 아니요, 그렇지 않아요.
>   They are Korean teachers.

→ _____, _____ _____.

14

> A: Penny는 치킨을 좋아하니? (chicken)
> B: No, she doesn't. She likes pizza.

→ _____ _____ _____ ?

15

A: Do you eat breakfast in the morning?
B: <u>네, 그래요.</u>

→ _____, _____ _____.

16

A: <u>너는 남동생이 있니?</u> (a brother)
B: No, I don't. I am an only child.

→ _____ _____ _____ _____

_____?

17

A: Do they work for this company?
B: <u>아니요, 그렇지 않아요.</u>
   They are just visitors.

→ _____, _____ _____.

오류 수정
[18~22] 어법상 <u>틀린</u> 부분을 찾아 고쳐 쓰시오.

18

My grandparents lives in Seoul.

→ _____

19

Tim and I is in the same football club.

→ _____

20

My parents don't watches TV.

→ _____

21

Is the stores in the street open on Sundays?

→ _____

22

Does you spend much time watching YouTube?

→ _____

문장 전환

[23~27] 다음 문장을 지시에 맞게 바꿔 쓰시오.

23
> I am interested in art.

[부정문] _____

24
> Mary cleans the kitchen every day.

[의문문] _____

25
> Isn't it fantastic?

[긍정문] _____

26
> Sora plays the drums in her band.

[부정문] _____

27
> Does he know the story well?

[긍정문] _____

조건 영작

[28~30] 우리말과 일치하도록 |조건|에 맞게 문장을 쓰시오.

28 나의 아버지는 열심히 일하신다.
> 조건
> • hard, my father, work를 사용할 것
> • 필요시 동사의 형태를 바꿀 것

→ _____

29 그 아기는 잠들어 있지 않다.
> 조건
> • the baby, be, asleep, not을 사용할 것
> • 현재시제 문장으로 쓸 것

→ _____

30 나의 언니와 나는 방을 같이 사용하지 않는다.
> 조건
> • share, do, I, a room, my sister, and를 사용할 것
> • 필요시 동사의 형태를 바꿀 것

→ _____

CHAPTER
02 시제

중간고사·기말고사 실전문제

빈칸 쓰기

[01~06] 우리말과 일치하도록 주어진 말을 활용하여 빈칸을 완성하시오. (단, 필요시 동사의 형태를 바꿀 것)

01

너는 일요일에 쇼핑을 갈 거니?
(you, go shopping, will)

→ _____ _____ _____ _____ on
Sunday?

02

그 아기는 그때 낮잠을 자고 있었다.
(the baby, be, a nap, take)

→ _____ _____ _____ _____
_____ _____ then.

03

우리는 2년 전에 좋은 친구였다.
(good, be, we, friends)

→ _____ _____ _____ _____
two years ago.

04

너희는 커피를 마시고 있는 중이니?
(drink, you, be, coffee)

→ _____ _____ _____ _____?

05

누군가가 그녀의 신발을 훔쳤다.
(steal, her shoes, someone)

→ _____ _____ _____ _____.

06

Jeff는 어제 여행에서 돌아왔다.
(come back, Jeff, a, trip, from)

→ _____ _____ _____ _____

_____ _____ yesterday.

[07~12] 우리말과 일치하도록 주어진 말을 활용하여 문장을 완성하시오.

07 윤지는 그녀의 스테이크에 후추를 조금 뿌렸다.

(some, Yunji, put, salt)

→ _____ on her steak.

08 우리는 프로젝트를 함께 끝낼 것이다.

(we, our project, finish, will)

→ _____ together.

09 Jinny는 지금 휴식을 취하고 있지 않다.

(be, Jinny, not, take a rest)

→ _____ now.

10 진수는 오늘 저녁에 피자를 만들 예정이다.

(be going to, Jinsu, pizza, make)

→ _____

this evening.

11 그 가수는 무대에서 춤을 추고 있다.

(dance, the singer, be)

→ _____

on stage.

12 너희들은 이번 주말에 등산을 할 거니?

(go, be going to, you, climbing)

→ _____

this weekend?

[13~15] 우리말과 일치하도록 |보기|에서 알맞은 말을 골라 문장을 완성하시오. (단, 필요시 동사의 형태를 바꿀 것)

| 보기 |
| start   jog   wear |

13 그녀는 지금 분홍색 모자를 쓰고 있다.

→ She _____ a pink cap at the moment.

14 부산국제영화제는 1996년에 시작됐다.

→ The Busan Film Festival _____ in 1996.

15 우리는 그때 강을 따라 조깅하고 있었다.

→ We _____ along the river then.

[16~17] 다음 글을 읽고, 질문에 대한 대답을 완성하시오.

> This is Hodu. She is my lovely dog. She is lying under the table now. She has a fever and she didn't eat anything today. After lunch, my mom and I will go to the vet.

16 A: Is Hodu eating lunch?

B: _____, she _____.

17 A: What is Hodu doing now?

B: She _____.

[18~22] 어법상 틀린 부분을 찾아 문장을 고쳐 쓰시오.

18
> I making some bread for my friends now.

→ _____

19
> He payed for the dinner yesterday.

→ _____

20
> Hyunsu and I are going not to fight any more.

→ _____

21
> Were you runing in the street at that time?

→ _____

22
> Will the weather is fine tomorrow?

→ _____

[23~25] 다음 문장을 지시에 맞게 바꿔 쓰시오.

23
> It will be warm next week.

[부정문] _____

24
> Your parents are ordering wine now.

[의문문] _____

25

My father is watering the flowers in the garden.

[부정문] _____

_____

조건영작

[26~30] 우리말과 일치하도록 | 조건 |에 맞게 문장을 쓰시오.

26 ┤ 조건 ├
• 7단어로 쓸 것
• go, the cinema를 사용할 것
• 주어와 be동사는 축약하여 쓸 것

A: Emma, what are you going to do this weekend?
B: 나는 영화관에 갈 예정이야. There is a movie that I want to see.

→ _____

27 ┤ 조건 ├
• 4단어로 쓸 것
• win, game을 사용할 것
• 필요시 동사의 형태를 바꿀 것

A: How did your game go?
B: 나는 그 게임을 이겼어.

→ _____

28 ┤ 조건 ├
• 8단어로 쓸 것
• will, buy, some books, with를 사용할 것
• 필요시 동사의 형태를 바꿀 것

A: What will Jessica do on Saturday afternoon?
B: 그녀는 어머니와 함께 책을 좀 살 거야.

→ _____

29 ┤ 조건 ├
• 6단어로 쓸 것
• 주어와 be동사는 축약하여 쓸 것
• look for, contact lens를 사용할 것
• 필요시 동사의 형태를 바꿀 것

A: You look busy. What are you doing now?
B: 나는 내 콘택트렌즈를 찾고 있는 중이야.

→ _____

30 ┤ 조건 ├
• 5단어로 쓸 것
• enjoy, the party를 사용할 것
• 필요시 동사의 형태를 바꿀 것

A: 너는 파티를 즐기고 있는 중이니?
B: No, I am not. I don't know many people here.

→ _____

CHAPTER
03 조동사

Unit 01 can, may

Unit 02 must, should

Unit 03 have to

중간고사·기말고사 실전문제

빈칸 쓰기

[01~05] 우리말과 일치하도록 보기 에서 알맞은 말을 골라 쓰시오. (단, 한 번씩만 사용할 것)

┌ 보기 ┐
had to	must not	may
can't	should	

01

방문객들은 동물에게 음식을 주어서는 안 된다.

→ The visitors _____ give food to the animals.

02

불안과 화는 아마도 스트레스의 징조일 수 있다.

→ Anxiety and anger _____ be signs of stress.

03

Murphy는 수화로 말할 수 없다.

→ Murphy _____ talk in sign language.

04

그는 부상으로 그의 꿈을 포기해야만 했다.

→ He _____ give up his dream because of the injury.

05

우리는 건강을 위해 매일 운동해야 한다.

→ We _____ work out every day for our health.

대화 완성

[06~09] |보기|에서 알맞은 말을 골라 대화를 완성하시오.

(단, 필요시 동사의 형태를 바꿀 것)

┌ 보기 ┐
have to	should not
can	don't have to

06 A: _____ I take your order?

B: Sure. I'd like to have orange juice, please.

07 A: You _____ fight with your friend any more.

B: You're right. I'll apologize tomorrow.

08 A: Sujin, what are you going to do tonight?

B: I _____ study for my final exam.

09 A: Is it raining now?

B: No, It's sunny and clear.

You _____ bring an umbrella.

빈칸 쓰기

[10~15] 우리말과 일치하도록 주어진 말을 활용하여 빈칸을 완성하시오.

10

수업 시간에 음식을 먹으면 안 된다.

(can, eat)

→ You _____ _____ food in class.

11

식당에 제 개를 데리고 가도 될까요?

(take, may, into)

→ _____ _____ _____ _____

_____ _____ the restaurant?

12

그는 물을 가지고 올 필요가 없다.

(have to, bring)

→ He _____ _____ _____ _____

water.

13

영화관에서 휴대폰을 꺼야만 하나요?

(turn off, I, must, phone, my)

→ _____ _____ _____ _____

_____ _____ in the cinema?

14

이 아기는 빨리 걸을 수 있나요?
(walk, this baby, can)

→ _____ _____ _____ _____

fast?

15

우리는 다른 사람들에게 무례하게 대하면 안 된다.
(be, rude, should)

→ _____ _____ _____ _____

_____ to other people.

단어 배열

[16~21] 우리말과 일치하도록 주어진 말을 알맞게 배열하시오.

16

그들이 우리를 기다리고 있는 중인지도 모른다.
(waiting / may / they / be / for / us)

→ _____

17

너는 나한테 다시 전화할 필요 없다.
(have to / me / you / call / don't / again)

→ _____

18

그녀는 거기 혼자 가지 않는 게 좋다.
(go / should / alone / she / not / there)

→ _____

19

우리는 그 역에 버스로 갈 수 있다.
(we / go / the station / can / to)

→ _____

by bus.

20

자전거를 탈 때는 꼭 헬멧을 써야 한다.
(you / a / wear / have to / helmet)

→ _____

on the bike.

21

그는 좋은 사람이 아닐지도 모른다.
(not / be / a / he / nice / may / guy)

→ _____

문장 전환

[22~26] 다음 문장을 지시에 맞게 바꿔 쓰시오.

22

> Jasper can share his textbook with Andy.

[의문문] _____

23

> You may leave a message after the beep.

[부정문] _____

24

> Must we wear a mask in public places?

[평서문] _____

25

> We should walk 10,000 steps every day.

[의문문] _____

26

> Boram has to save her pocket money this month.

[의문문] _____

조건 영작

[27~28] 다음 대화문을 조건에 맞게 영어로 쓰시오.

조건
- 조동사 can을 사용할 것
- play, the violin, the piano를 사용할 것
- 동사의 형태를 바르게 쓸 것

> A: **27** 너는 바이올린을 연주할 수 있니?
> B: **28** 아니, 할 수 없어. 나는 피아노를 연주할 수 있어.

27 _____

28 No, _____. _____.

조건 영작

[29~30] 다음 대화문을 조건에 맞게 영어로 쓰시오.

조건
- 조동사 have to를 사용할 것
- leave now, hurry를 사용할 것
- 동사의 형태를 바르게 쓸 것

> A: **29** 너는 지금 떠나야 하니?
> B: **30** 아니, 그렇지 않아. 나는 서두를 필요가 없어.

29 _____

30 No, _____. _____.

CHAPTER

04 명사와 대명사

Unit 01 셀 수 있는 명사

Unit 02 셀 수 없는 명사

Unit 03 There is/are + 명사

Unit 04 인칭대명사

Unit 05 재귀대명사, 비인칭 주어 it

Unit 06 one, another, the other

중간고사·기말고사 실전문제

단어 배열

[01~06] 우리말과 일치하도록 주어진 말을 알맞게 배열하시오.
(단, 필요시 동사의 형태를 바꿀 것)

01

지금은 빈 테이블이 없어요.
(is / an / table / empty / there / not)

→ _____

right now.

02

Lena는 자신을 다른 사람들에게 소개했다.
(introduce / herself / others / to)

→ Lena _____

. _____ .

03

저 칼로 너를 다치게 하지 마.
(do / yourself / hurt / not)

→ _____

with that knife.

04

그녀의 방에 TV가 있니?
(there / a / is / her / TV / in)

→ _____

room?

05

너는 큰 강아지가 좋니 아니면 작은 것들이 좋니?
(do / big / or / ones / small / like / you)

→ _____ dogs

_____ ?

06

그것에는 아마 몇 가지 이유가 있을 것이다.
(there / reasons / may / some / be)

→ _____

for that.

문장 완성

[07~12] 우리말과 일치하도록 주어진 말을 활용하여 문장을 완성하시오.

07 지금은 여름이다.

(summer)

→ _____ now.

08 우진이는 어제 그녀에게 전화했다.

(yesterday, call)

→ Woojin _____.

09 세상에는 다양한 축제가 있다.

(various, festivals, there)

→ _____

around the world.

10 그 강을 따라 많은 달리기 코스들이 있나요?

(running courses, there, many)

→ _____

along the river?

11 내가 복숭아 2개를 가져왔어. 하나는 내 것이고, 나머지 하나는 네 것이야.

→ I brought two peaches.

_____,

and _____.

12 Andy는 내 여동생과 나를 그의 요리 수업에 초대했다.

(cooking class, invite, to)

→ Andy _____.

빈칸 쓰기

[13~17] 보기에서 골라 알맞은 형태로 빈칸에 쓰시오.

(단, 보기의 단어를 한 번씩만 사용할 것)

보기		
loaf	pair	piece
bowl	slice	

13 Tony brought twelve _____ of bread for us yesterday.

14 My father eats two _____ of cheese every day.

15 Jamie found three _____ of socks under his brother's bed.

16 The church prepared a hundred _____ of cake for the wedding.

17 I would like to have a chicken burger and a _____ of onion soup, please.

독해형

18 다음 글을 읽고, 밑줄 친 부분 중 어법상 틀린 것을 찾아 고쳐 쓰시오.

> **How to Make Honey-Yogurt Dip**
>
> **WHAT YOU NEED**
> ⓐ two cups of vanilla yogurt
> ⓑ 1/2 cup of honey
> ⓒ 2 teaspoon of ground cinnamon
> ⓓ some fresh apples and oranges
>
> Put the yogurt, honey and cinnamon in a small bowl. Stir everything. Place the bowl on a platter. Cut the apples and oranges and place ⓔ them all around the platter.

_____ → _____

대화완성

[19~23] 주어진 말을 활용하여 대화를 완성하시오.

19

A: Do you have an extra eraser?
B: Yes. _____
　　(there, my, pencil case, in, one)

20

A: Where are the three boys come from?
B: _____, (Korea, from)
_____, (France)
and _____. (Canada)

21

A: Mom, I still have a headache.

_____
(another, need, aspirin, I)
B: Oh, that's too bad. I'll get you one.

22

A: My mom just gave me these three bars of granola.
B: _____?
(can, have, I)
I'm really hungry.

23

A: It is raining now. Our picnic is tomorrow. Can we still have it?
B: Don't worry. _____

_____
(sunny, will, tomorrow)

[24~28] 어법상 **틀린** 부분을 찾아 문장을 고쳐 쓰시오.

24

> There are five childs at the bus stop.

→ _____

25

> I hurt me exercising this morning.

→ _____

26

> Do you see the three bears there? One is big, another is small, and other is so cute.

→ _____

_____

27

> This is very hot and humid here in summer.

→ _____

28

> My dress is white and her is black.

→ _____

[29~30] 우리말과 일치하도록 주어진 말을 사용하여 대화를 완성하시오.

> A: Sehee, **29** 이건 너의 것이니?
> B: Oh, the piano? **30** 그건 나의 것이 아냐. It's my sister's.
> A: It's really nice. Can I play it?
> B: Sure. Go ahead. Can you play the piano?
> A: I'm not very good. But I practice every day.

29 _____

(this)

30 _____

(it)

CHAPTER

05 형용사, 부사, 비교

중간고사·기말고사 실전문제

문장 완성

[01~06] 우리말과 일치하도록 주어진 말을 활용하여 문장을 완성하시오.

01

Jessi는 재미있는 아이디어를 많이 가지고 있다. (many, idea, interesting)

→ Jessi _____ _____

_____ _____ .

02

불행하게도, 나의 할머니가 어제 교통사고를 당하셨다.
(unfortunate, have, a, car, accident)

→ _____, _____ _____

_____ _____ _____

_____ yesterday.

03

오토바이는 차보다 더 위험하다.
(cars, dangerous)

→ Motorcycles _____ _____

_____ _____

_____ .

04

부산에서 경주까지는 많은 시간이 걸리지 않는다. (do, much, take)

→ It _____ _____

_____ _____

from Busan to Gyeongju.

05

지금이 내 인생에서 가장 행복한 순간이다.
(happy, is, moment)

→ This _____ _____ _____

_____ in my life.

06

지현이는 보통은 운동을 하지 않는다.
(exercise)

→ Jihyun _____ _____

_____ .

[07~12] 우리말과 일치하도록 주어진 말을 활용하여 문장을 완성하시오.

07 우리는 여름 방학 때 절대 집에 있지 않는다.

(at home, never, be)

→ _____

during the summer vacation.

08 내 여동생은 저 여배우만큼 예쁘다.

(as, pretty)

→ _____

that actress.

09 내 선생님의 조언은 매우 도움이 되었다.

(helpful, advice, very)

→ My teacher's _____ .

10 과학은 나에게 가장 어려운 과목이다.

(science, subject, difficult, is)

→ _____

to me.

11 냉장고에 우유가 거의 없다.

(have, the refrigerator, in)

→ We _____ .

12 이탈리아 음식은 프랑스 음식만큼 맛있다.

(as, French food, delicious, Italian food)

→ _____ .

[13~15] 다음 대화의 빈칸에 알맞은 말을 |보기|에서 골라 쓰시오.

┤보기├
| many | much | few |
| little | a little | |

13 A: Why is the teacher so angry?

B: Because _____ students finished

their report.

14 A: Danny, can you help me with my computer?

B: I'm sorry I can't. I have _____

knowledge about computers.

15 A: Will you go there by taxi?

B: Yes, I will. I don't have _____ time.
I need to hurry.

도표형
[16~17] 다음 표를 보고, 주어진 질문에 |조건|에 맞는 영어로 답하시오.

World Weather Forecast	
Chicago	10°C / 17°C
Buenos Aires	−8°C / −1°C
Paris	13°C / 21°C
Moscow	−17°C / −5°C
Seoul	20℃ / 31℃

┤조건├
• 최상급을 사용할 것
• 완전한 문장으로 답할 것
• the five cities를 이용하여 문장을 끝낼 것

16 가장 더운 도시는 어디입니까?

→ _____

17 가장 추운 도시는 어디입니까?

→ _____

단어 배열
[18~23] 우리말과 일치하도록 주어진 말을 알맞게 배열하시오.
(단, 필요시 단어의 형태를 바꾸거나 단어를 추가할 것)

18

그녀의 남편이 그녀에게 특별한 선물을 줬다.
(give / special / her / a / husband / present)

→ _____

to her.

19

Mina의 중국어는 Yuna의 것만큼 좋다.
(is / as / Mina's Chinese / good / as / Yuna's)

→ _____

20

나의 어머니는 침대에서 나를 꼭 껴안아 주었다.
(mother / hug / tight / me / my)

→ _____ in bed.

21

베트남에서 가장 인기 있는 음식은 무엇입니까?
(food / what / popular / is / the)

→ _____

in Vietnam?

22

봐! 정원에 이상한 사람이 있어.
(be / someone / in / there / strange / garden / the)

→ Look! _____

23

인생에서 경험은 돈보다 중요하다.
(important / money / experience / is / than)

→ _____ in life.

오류 수정

[24~28] 어법상 **틀린** 부분을 찾아 문장을 고쳐 쓰시오.

24

The musical is more boring the book.

→ _____

25

Maggie talked to her friend quiet during the class.

→ _____

26

Kelly is the smartest girls in her class.

→ _____

27

My friends and I swim never in the lake.

→ _____

28

The stadium is quiet. There are not much people.

→ _____

조건 영작

[29~30] 우리말과 일치하도록 |조건|에 맞게 문장을 쓰시오.

29

┤조건├
• 8단어로 쓸 것
• get along with, other people, easy를 사용할 것
• 필요시 단어의 형태를 바꿀 것

그는 사람들과 쉽게 사이좋게 지낼 수 있다.

→ _____

30

┤조건├
• 7단어로 쓸 것
• 비교급 또는 최상급을 사용할 것
• diamond, hard, thing, on Earth를 사용할 것
• 필요시 단어의 형태를 바꿀 것

다이아몬드는 지구상에서 가장 단단한 것이다.

→ _____

CHAPTER 05 **21**

CHAPTER

06 문장의 종류

중간고사·기말고사 실전문제

빈칸쓰기

[01~05] 우리말과 일치하도록 빈칸에 알맞은 말을 |보기|에서 골라 쓰시오.

보기

what	where	when
how	whose	why

01

너는 언제 여기서 일하기 시작했니?

→ _____ did you start working here?

02

왜 그는 내 졸업식에 오지 못하나요?

→ _____ can't he come to my graduation ceremony?

03

당신은 무슨 종류의 음식을 가장 좋아하세요?

→ _____ kind of food do you like the most?

04

너는 학교에 매일 어떻게 가니?

→ _____ do you go to school every day?

05

오늘 누구의 생일인가요?

→ _____ birthday is it today?

정답과 해설 · 32쪽

대화 완성

[06~11] 주어진 말을 활용하여 대화를 완성하시오.

06
> A: _____?
> (old, your sister)
> B: She is three years older than me.

07
> A: _____
> for her birthday?
> (do, want, your, mother)
> B: She wants new dishes and cups.

08
> A: _____
> want?
> (do, desserts, kind, you, of)
> B: Hmm. Can we try those macarons?

09
> A: _____.
> (waste, do, time, your)
> B: I'm trying not to. I'm making my
> weekly schedule.

10
> A: _____
> your grandma's house?
> (to, go, you)
> B: Last Thanksgiving Day.

11
> A: _____?
> (your aunt)
> B: She is the woman standing over
> there.

단어 배열

[12~17] 우리말과 일치하도록 주어진 말을 알맞게 배열하시오.

12
> 식사를 하기 전에 손을 씻어라.
> (your / hands / wash)
>
> → _____ _____ _____ before meals.

13
> 그녀는 매우 창의적이구나!
> (she / creative / how / is)
>
> → _____ _____ _____ _____!

14
> 네 선생님께 여쭤보는 게 어때?
> (ask / why / your / don't / you / teacher)
>
> → _____ _____ _____ _____
> _____?

15

너는 주말 동안 얼마나 많은 책을 읽었니?

(did / many / read / you / how / books)

→ _____ _____ _____ _____

_____ _____ over the weekend?

16

그의 영어는 얼마나 좋아?

(how / his / good / English / is)

→ _____ _____ _____ _____

_____ ?

17

너는 다음으로 어느 언어를 배우고 싶니, 스페인어 또는 중국어?

(language / you / which / want / do)

→ _____ _____ _____ _____

_____ to learn next, Chinese or Spanish?

문장완성

[18~23] 우리말과 일치하도록 주어진 말을 활용하여 문장을 완성하시오.

18 Norah는 노래를 매우 잘할 수 있어, 그렇지?

(very, sing, can, well)

→ _____ ,

_____ ?

19 그들은 얼마나 형편없는 야구 선수들인가!

(what, baseball, they, terrible, players)

→ _____ !

20 이번 주말에 놀이공원에 가지 않을래?

(why, to, we, the amusement park, go)

→ _____

this weekend?

21 오늘 얼마나 춥고 바람이 부는지!

(windy, how, cold, is, today, it)

→ _____ !

22 건강을 위해 간식을 먹지 마라.

(snacks, eat)

→ _____

for your health.

23 너는 제주도에 얼마나 오랫동안 있었니?

(you, be, how, in, long, Jeju Island)

→ _____ ?

[24~28] 밑줄 친 부분을 바르게 고쳐 문장을 다시 쓰시오.

24

| <u>Careful</u> with my luggage, please. |

→ _____

25

| A: <u>How</u> is your favorite drama? |
| B: It is definitely *Game of Thrones*. |

→ _____

26

| <u>Let's don't</u> watch that movie tonight. |

→ _____

27

| What <u>great</u> musical it is! |

→ _____

28

| Millie won't come in time, <u>did</u> she? |

→ _____

[29~30] 다음 글을 읽고, 두 사람의 대화를 주어진 말을 활용하여 완성하시오.

Dayeong went to the cooking class with her friends last weekend. They went there on foot. She saw a lot of delicious food there. And she learned how to make a pancake. She and her friends had a wonderful time there. So, they will go there again next weekend.

Junsu: How was your weekend?

Dayeong: It was great. I went to the cooking class last weekend.

Junsu: **29** _____ ?

(do, there)

Dayeong: I learned how to make a pancake!

Junsu: Sounds nice.

30 _____ ,

_____ ?

(will, go there, again)

Dayeong: Of course, I will.

29 _____ ?

30 _____ ,

_____ ?

CHAPTER

07 문장의 형식

Unit 01 감각동사 + 형용사

Unit 02 4형식 문장

Unit 03 3형식 vs. 4형식

Unit 04 5형식 문장

중간고사·기말고사 실전문제

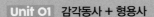

[01~04] 우리말과 일치하도록 주어진 말과 | 보기 | 에서 알맞은 말을 골라 문장을 쓰시오.

보기

| turn | feel | keep | find |

01

You have to wear a jacket. 날씨가 추워졌다.

→ _____

(the weather, cold)

02

I put everything I need in my bag. 나는 그 가방이 무겁다는 걸 알았다.

→ _____

(heavy, the bag)

03

Jimin didn't go anywhere during the vacation. 그는 지루했다.

→ _____

(bored)

04

You should exercise every day. 규칙적인 운동이 너를 건강하게 유지해 준다.

→ _____

(regular, healthy)

단어 배열

[05~10] 우리말과 일치하도록 주어진 말을 알맞게 배열하시오.
(단, 필요시 동사의 형태를 바꿀 것)

05
> 민지는 좋은 아파트에서 산다.
> (live / nice / in / Minji / a / apartment)

→ _____

06
> 모든 문을 다 닫으세요.
> (the / close / all / doors)

→ _____

07
> 나의 할아버지께서는 나에게 인생 교훈을 가르쳐 주셨다. (my / a life lesson / me / grandfather / teach)

→ _____

08
> 그들은 경찰관같이 보여요.
> (look / police / they / like / officers)

→ _____

09
> 나는 내 강아지에게 Gureum이라고 이름 지어 줬다. (I / Gureum / dog / my / name)

→ _____

10
> 그 여배우는 매우 유명해졌다.
> (so / famous / the / become / actress)

→ _____

문장 쓰기

[11~16] 우리말과 일치하도록 주어진 말을 활용하여 문장을 쓰시오.

11 Chris는 중간고사에 대해 걱정하는 것처럼 보인다.
(look, the mid-term, worried, about)

→ _____

12 그의 부모님은 그를 군인이 되게 하셨다.
(make, a, parents, soldier)

→ _____

13 나는 점심 식사 후에 설거지를 했다.
(the dishes, after, wash, lunch)

→ _____

14 알록달록한 나뭇잎들은 가을에 진다.

(leaves, autumn, the, fall, colorful)

→ _____

15 나는 내 친구들에게 크리스마스카드를 보냈다.

(send, Christmas cards, friends)

→ _____

16 사람들은 그를 잘생기고 예의 바르다고 생각했다.

(people, handsome, polite, think)

→ _____

대화 완성
[17~19] 주어진 말을 활용하여 대화를 완성하시오.

17

A: Are you alright? _____
_____ (look, pale, you)
B: I feel sick today.

18

A: How did Charlotte feel?
B: _____
(feel, she, at, disappointed, the, result)

19

A: Yuck! This milk tastes strange.
B: Maybe _____
_____. (turn, the high
temperature, sour, the milk)
A: You should keep it cool.

문장 전환
[20~22] 다음 4형식 문장을 3형식 문장으로 바꿔 쓰시오.

20

May I ask you a favor?

→ _____

21

Lucas bought her a bunch of flowers.

→ _____

22

Yena told me her secrets.

→ _____

[23~28] 어법상 **틀린** 부분을 찾아 문장을 고쳐 쓰시오.

23

| Please remain silently in the hospital. |

→ _____

24

| All my family call my little sister like Bobo. |

→ _____

25

| I'll write to my mother a letter tonight. |

→ _____

26

| The news suddenly made us surprisedly. |

→ _____

27

| Julie found the book usefully. |

→ _____

28

| Eunwoo gave a beautiful necklace of Mina. |

→ _____

[29~30] 다음 글을 읽고, 조건에 맞게 밑줄 친 우리말을 영어로 쓰시오.

29

| I am thinking about my dream these days. I asked myself when is the happiest moment in my life. And I realized that 아이들의 미소는 언제나 나를 행복하게 한다. So, I'm thinking maybe I should become a teacher. |

┌ 조건 ┤
• 주어진 말을 활용할 것
• 6단어로 쓸 것

→ _____

(smiles, always, make, children's)

30

| My old friend Eva will move to another city soon. I am so sad. I decided to give her a good-bye present. 나는 그녀를 위해 스카프를 만들 것이다. I hope she likes it. |

┌ 조건 ┤
• 전치사를 사용할 것
• 주어진 단어를 사용할 것

→ _____

(a scarf, make, will)

CHAPTER

08 to부정사

중간고사·기말고사 실전문제

단어 배열

[01~06] 우리말과 일치하도록 주어진 말을 알맞게 배열하시오.
(단, 필요시 동사의 형태를 바꿀 것)

01

> 만화책을 읽는 것은 참 재미있다.
> (read / be / to / cartoon books / fun / so)

→ _____

02

> 나는 내 친구들과 시간을 보내는 것을 정말 좋아한다.
> (I / spend / like / to / with / friends / time / really / my)

→ _____

03

> Terry는 헌혈을 하기 위해 병원에 갔다.
> (Terry / a / hospital / go to / his / donate / blood / to)

→ _____

04

> 우리는 중국에 있는 삼촌을 방문할 기회가 있었다.
> (have / visit / a / uncle / to / we / chance / our)

→ _____

in China.

05

내 어머니의 직업은 아픈 사람들을 돌보는 것이다.
(mother's / treat / job / to / my / sick / is / people)

→ _____

06

나는 Jina를 만나기 위해 서점으로 갔다.
(I / go to / meet / to / the bookstore / Jina)

→ _____

문장 완성
[07~12] 우리말과 일치하도록 주어진 말을 활용하여 빈칸을 완성하시오.

07

나는 내일까지 내 숙제를 끝낼 필요가 있다.
(finish, homework, need)

→ _____
by tomorrow.

08

Sandra는 이 문제를 푸는 방법을 안다.
(the way, solve, know)

→ Sandra _____
_____ this problem.

09

도시에 사는 것이 흥미롭다.
(a, live, city, be, in, to)

→ _____
fascinating.

10

그는 건강해지기 위해 많이 달린다.
(run, a lot, be, healthy)

→ He _____ .

11

소설을 쓰는 것은 힘든 일이다.
(write, hard, to, a novel, be)

→ _____
work.

12

내 취미는 공포 영화를 보는 것이다.
(watch, horror, hobby, movies, to)

→ My _____ .

[13~17] 주어진 말을 활용하여 대화를 완성하시오.

[18~22] 어법상 틀린 부분을 찾아 문장을 고쳐 쓰시오.

13

A: _____
(write, be, easy, to, not, a song)
B: I love your songs. Cheer up, Jinho.

18

Her job as a nurse is take care of patients.

→ _____

14

A: What position does Tony want on his soccer team?
B: _____
(his, be, become, goalkeeper, a, to, goal)

19

Lucas hopes travels to Europe next holiday.

→ _____

15

A: What is Hyein's plan after graduation?
B: _____
(want, study, she, abroad, to)
A: That's very nice.

20

To hang out with my cousins are a lot of fun.

→ _____

16

A: Were you waiting for me?
B: Yeah, can we talk over lunch?
A: Sure. _____
to me? (something, to, is, say, there)

21

Did your family decide move to another city?

→ _____

17

A: Why are you running?
B: _____
(on time, to, get to, I, the station, need)
A: Oh, I see. Hurry up!

22

Do you have interesting something to read?

→ _____

[23~26] 보기와 같이 주어진 두 문장을 to부정사를 사용하여 한 문장으로 다시 쓰시오.

┌ 보기 ┐
- Jenny woke up early.
- She wanted to see a movie with her friends in the morning.
→ Jenny woke up early to see a movie with her friends in the morning.
└─────────────────────────┘

23 · I went to a hospital.
　　　 · I had to get a flu shot.

　　→ _____

　　　 _____

24 · Sua will call you.
　　　 · She will ask about the homework.

　　→ _____

　　　 _____

25 · Yuna stayed up late last night.
　　　 · She wants to get an A.

　　→ _____

　　　 _____

26 · Dr. Kim went to Africa.
　　　 · He is taking care of sick people there.

　　→ _____

　　　 _____

[27~28] 다음 글을 읽고, 밑줄 친 우리말과 일치하도록 조건에 맞게 영작하시오.

┌─────────────────────────────┐
Yesterday was Parents' Day. **27** 내 남동생과 나는 선물을 사기 원했다. So, we went to the shopping mall after school. After a few minutes, **28** 우리는 하트 모양의 향초를 사기로 결정했다. Our parents really loved our gift.
└─────────────────────────────┘

27 _____

　　(want, a present를 사용할 것)

28 _____

　　(decide, a heart-shaped candle을 사용할 것)

[29~30] 다음 글을 읽고, 밑줄 친 우리말과 일치하도록 조건에 맞게 영작하시오.

┌─────────────────────────────┐
Hi, Emma. It's Jack. How are you? Are you enjoying your summer vacation? For me, **29** 나는 나의 가족들과 함께 디즈니랜드를 방문하기 위해 도쿄로 갔어. The weather was so nice there. We had so much fun together. How about you? **30** 뭔가 재미있는 할 것이 있었니? Tell me what you did so far.
└─────────────────────────────┘

29 _____

　　(go to, visit, Tokyo, Disneyland를 사용할 것)

30 _____

　　(anything, interesting, there, was, to do를 사용할 것)

CHAPTER

09 동명사

중간고사·기말고사 실전문제

단어 배열

[01~06] 우리말과 일치하도록 주어진 말을 알맞게 배열하시오.
(단, 필요시 동사의 형태를 바꿀 것)

01
> 그는 치과에 가는 것을 피했다.
> (he / to / go / avoid / the dentist)

→ _____

02
> 네 자신에 대해 믿음을 갖는 것이 중요하다.
> (be / having / in yourself / faith / important)

→ _____

03
> Daniel은 엄마에게 이야기하기 위해 멈췄다.
> (Daniel / talk / stop / his / to / to / mother)

→ _____

04
> 새로운 친구들을 사귀는 것은 신나는 일이다.
> (new / exciting / making / be / friends)

→ _____

05
> Jinny는 똑같은 실수를 하는 것을 싫어한다.
> (Jinny / make / the / mistake / hate / same)

→ _____

06
> 나는 너에게서 곧 답장을 받길 기다리고 있다.
> (I / look / from / forward / be / soon / hear / to / you)

→ _____

문장 완성

[07~12] 우리말과 일치하도록 주어진 말을 활용하여 문장을 완성하시오.

07

> Jason은 그 약을 먹었다는 것을 잊었다.
> (forget, the medicine, take)

→ Jason _____ .

08

> 그 책은 읽을 가치가 있다.
> (worth, be, read)

→ The book _____ .

09

> 그 여자는 옷을 파는 것으로 큰돈을 벌었다.
> (big money, make, sell, clothes, by)

→ The woman _____
_____ .

10

> 매일 일기를 쓰는 것은 좋은 습관이다.
> (keep, be, a diary, every day)

→ _____
a good habit.

11

> 우리는 달리기 동아리를 시작하는 것에 대해 이야기했다.
> (start, talk about, a, club, running)

→ We _____ .

12

> 나는 내 방을 파란색으로 칠할 것을 고려했다.
> (my, consider, room, paint)

→ I _____
blue.

오류 수정

[13~19] 어법상 **틀린** 부분을 찾아 문장을 고쳐 쓰시오.

13

> My dad made his food salty by add more salt.

→ _____

14

> You are good at to make jokes.

→ _____

15

Sue gave up to learn how to play the piano.

→ _____

16

He tried to climb up a tree for fun.

→ _____

17

I am considering to learn hapkido.

→ _____

18

Mary is looking forward to take a trip to Europe this summer.

→ _____

19

Thank you for lent your laptop to me.

→ _____

도표형

[20~23] 다음 표를 보고, 주어진 말을 활용하여 대화를 완성하시오.

	Jim	Jessica	Matt	Claire
play basketball	○			
learn yoga		○		
turn in the report				○
make gimbap			○	

20 A: What does Jim do in his free time?

B: Jim _____.

(love)

21 A: What does Jessica like?

B: Jessica _____.

(enjoy)

22 A: What is Matt thinking?

B: Matt _____

for the picnic. (consider)

23 A: Why did Claire stay up late?

B: Claire _____

on time. (try)

대화형

24 다음 대화를 읽고, 밑줄 친 우리말과 일치하도록 |보기|의 말을 활용하여 대화를 완성하시오.

> Dad: Hey, Eden. It's already two o'clock in the morning. What are you still doing up?
> Eden: I'm studying now because I have a history test tomorrow.
> Dad: Studying all night long is not good for your health, honey.
> Eden: To be honest, (1) 저는 만화책을 읽는 데 너무 많은 시간을 썼어요. So I didn't have enough time to study.
> Dad: Now I see. (2) 이제부터는 시험에 대한 계획을 세우는 걸 잊지 마라.
> Eden: I won't, Dad.

| 보기 |
> spend / time / too much / read
> forget / make / for / a plan / the exam

(1) I _____
comic books.

(2) _____
from now on.

독해형

[25~26] 다음 글을 읽고, 밑줄 친 부분 중 어법상 틀린 것을 두 군데 찾아 고쳐 쓰시오.

> Nowadays, many people are interested in ⓐ protect the earth. For example, more people avoid ⓑ driving. Instead, they walk, ride a bike, or carpool. Also, people are trying ⓒ to use less water. ⓓ Save water at home is one of the easiest ways ⓔ to protect our environment.

25 _____ → _____

26 _____ → _____

조건 영작

[27~30] Susan의 고민에 대해 주어진 말을 사용하여 조언하는 문장을 완성하시오.

> Susan: Oh my gosh. I gained weight! What should I do?
> Advisor: _____

| 조건 |
• 주어진 말을 사용할 것
• 긍정 명령문과 부정 명령문을 사용할 것

27 Try _____.
(avoid, eat, fatty food)

28 _____
(remember, eat, slowly)

29 Try _____.
(keep, exercise, a lot, in everyday life)

30 _____
(try, sleep, enough)

CHAPTER

10 전치사와 접속사

중간고사·기말고사 실전문제

빈칸 쓰기

[01~06] 우리말과 일치하도록 빈칸에 알맞은 말을 |보기|에서 골라 쓰시오. (단, 각 전치사를 한 번씩만 사용할 것)

보기		
on	in	during
at	for	around

01 The guest wants to stay _____ a room with an ocean view.

02 Jason always gives his girlfriend some flowers _____ Saturdays.

03 My friend and I want to take a trip to Jeju Island _____ the summer vacation.

04 The post office is just _____ the corner. You won't miss it.

05 We can meet _____ lunchtime.

06 The students were standing on the playground _____ an hour.

[07~11] 다음 두 문장을 한 문장으로 바꿔 쓸 때 | 보기 |에서 알
맞은 접속사를 골라 문장을 완성하시오.

┌ 보기 ┐
and   but   or   so   because

07
Did you meet your teacher?
Did you talk to her on the phone?

→ Did you _____
_____ on the phone?

08
She wears glasses.
Her eyesight became poor.

→ She wears glasses _____
_____ .

09
I met Jieun at the cinema yesterday.
I met Taeri at the cinema yesterday, too.

→ I met _____
_____ yesterday.

10
I stayed up late last night.
I am feeling sick today.

→ I stayed up _____ ,
_____ .

11
She went to a restaurant with Matt.
She didn't order anything.

→ She went to _____ ,
_____ .

[12~16] 우리말과 일치하도록 주어진 말을 알맞게 배열하시오.
(단, 필요시 동사의 형태를 바꿀 것)

12
안개 때문에 비행기가 늦게 도착했다.
(because / arrive / late / fog / of / the
airplane)

→ _____
_____

13
그녀는 그녀의 일기장들을 침대 아래에 두었다.
(put / her / the bed / she / diaries /
under)

→ _____
_____

14
쇼를 하는 동안에는 전화기를 사용하지 마세요.
(Do / your phone / not / use / during)

→ _____
_____ the show.

15

Matt은 많이 연습했지만, 오디션에 떨어졌다.
(a / lot / but / he / the audition / practice / fail)

→ Matt _____,
_____.

16

나는 수지가 내게 진실을 말했다는 것을 믿는다.
(I / Suji / tell / believe / that / me / the truth)

→ _____
_____.

문장쓰기
[17~22] 우리말과 일치하도록 주어진 말을 활용하여 문장을 쓰시오.

17

우리 걸어갈까 아니면 택시를 타고 갈까?
(shall, walk, take, a taxi)

→ _____

18

아기가 자는 동안에 시끄럽게 하지 마라.
(make, is sleeping, the baby, a noise)

→ _____

19

우리는 어제 공원에 가서 자전거를 탔다.
(go, the park, a bike, ride)

→ _____

yesterday.

20

Sunny는 그 책이 재밌었다고 말했다.
(Sunny, say, interesting, the book)

→ _____

21

새장 안에 새가 세 마리 있다.
(three, birds, the cage, there)

→ _____

22

그들은 그 문제에 대해 30분간 이야기했다.
(talked about, thirty, minutes, the matter)

→ _____

오류 수정

[23~27] 어법상 <u>틀린</u> 부분을 찾아 문장을 고쳐 쓰시오.

23

My cousin will stay here during a week.

→ _____

24

Mary hung the picture in the wall.

→ _____

25

He went to a bookstore and buy a book yesterday.

→ _____

26

When you will cook, be careful with the knife.

→ _____

27

I guess when we can learn a lot from this class.

→ _____

조건 영작

[28~30] 우리말과 일치하도록 |조건|에 맞게 문장을 완성하시오.

28 ┤조건├
• 전치사 2개를 추가할 것
• 전체 문장을 8단어로 할 것
• will, live, Paris를 사용할 것

나의 가족은 9월부터 파리에 살 것이다.

→ _____
September.

29 ┤조건├
• 전치사 2개를 추가할 것
• 전체 문장을 10단어로 할 것
• No one, enter her room, checking을 사용할 것

그녀가 호텔에 체크인한 후에 아무도 그녀의 방에 들어오지 않았다.

→ _____
the hotel.

30 ┤조건├
• 전치사 3개를 추가할 것
• 전체 문장을 11단어로 할 것
• get a stomachache, his flight, Seoul을 사용할 것

그는 서울에서 부산으로 가는 비행 중에 복통이 있었다.

→ _____
Busan.

* 다음 동사의 의미, 그리고 과거형과 과거분사형을 쓰면서 외우세요.

	의미	과거형	과거분사형(p.p.)
☐ cast			
☐ broadcast			
☐ cost			
☐ cut			
☐ fit			
☐ hit			
☐ hurt			
☐ let			
☐ put			
☐ quit			
☐ read			
☐ set			
☐ shut			
☐ spread			
☐ beat			
☐ become			
☐ come			
☐ run			
☐ arise			
☐ be (am / is / are)			

	의미	과거형	과거분사형(p.p.)
☐ blow			
☐ do			
☐ draw			
☐ drive			
☐ eat			
☐ fall			
☐ forgive			
☐ give			
☐ go			
☐ grow			
☐ know			
☐ ride			
☐ rise			
☐ see			
☐ shake			
☐ show			
☐ take			
☐ throw			
☐ write			
☐ bend			

불규칙 동사 변화 확인

* 다음 동사의 의미, 그리고 과거형과 과거분사형을 쓰면서 외우세요.

	의미	과거형	과거분사형(p.p.)
☐ **bind**			
☐ **bring**			
☐ **build**			
☐ **burn**			
☐ **buy**			
☐ **catch**			
☐ **dig**			
☐ **dream**			
☐ **feed**			
☐ **feel**			
☐ **fight**			
☐ **find**			
☐ **grind**			
☐ **hang**			
☐ **have**			
☐ **hear**			
☐ **hold**			
☐ **keep**			
☐ **lay**			
☐ **lead**			

	의미	과거형	과거분사형(p.p.)
☐ leave			
☐ lend			
☐ lose			
☐ make			
☐ mean			
☐ meet			
☐ pay			
☐ say			
☐ seek			
☐ sell			
☐ send			
☐ shine			
☐ shoot			
☐ sit			
☐ sleep			
☐ slide			
☐ smell			
☐ spend			
☐ spin			
☐ spoil			

* 다음 동사의 의미, 그리고 과거형과 과거분사형을 쓰면서 외우세요.

	의미	과거형	과거분사형(p.p.)
☐ stand			
☐ strike			
☐ sweep			
☐ swing			
☐ teach			
☐ tell			
☐ think			
☐ understand			
☐ wake			
☐ win			
☐ wind			
☐ bear			
☐ bite			
☐ break			
☐ choose			
☐ forget			
☐ freeze			
☐ get			
☐ hide			
☐ speak			

	의미	과거형	과거분사형(p.p.)
☐ steal			
☐ tear			
☐ wear			
☐ begin			
☐ drink			
☐ fly			
☐ lie			
☐ ring			
☐ sing			
☐ sink			
☐ swim			
☐ can			
☐ may			
☐ shall			
☐ will			

내가 가장 취약한 부분에 대해
요점 정리를 해 보세요.

내신서술형 중1

수학

수학 꽉 잡아

중학 수학 완성

1 연산 > **2** 기본 > **3** 심화
1~3학년   1~3학년   1~3학년

사뿐

중학 사회
중학 역사

사회를 한 권으로
가뿐하게!

중학 사회

①-1 　　　②-1 　　　①-2 　　　②-2

중학 역사

①-1 　　　②-1 　　　①-2 　　　②-2

MY WRITING COACH

내신서술형 중
정답과 해설
1

CHAPTER [01] be동사와 일반동사

Unit 01 be동사의 현재형   p. 15

01 She and I are from China.
02 I am free.
03 She is with Jinhee.
04 He is a teacher.
05 am → are
06 are → is
07 My favorite subject is math.
08 He is smart and nice.
09 My aunt is an announcer. She's friendly.
10 Sue and Kim are soccer players. They're fast.

Unit 02 be동사의 부정문과 의문문   p. 17

01 Is / He is not a cook
02 Is / she isn't
03 Are / They are not
04 Are / they aren't
05 Is → Are
06 amn't → am not
07 Jenny and I aren't[are not] in the park.
08 It isn't[is not] his fault.
09 Is / he isn't
10 Is / She is not

Unit 03 일반동사의 현재형   p. 19

01 Mijung has a bike.
02 play soccer
03 reads a book / goes fishing
04 watches TV / plays the violin
05 works → work
06 have → has
07 looks good on
08 washes the dishes
09 goes swimming every day
10 like English / likes math

Unit 04 일반동사의 부정문   p. 21

01 Eric doesn't play baseball on Saturday.
02 We don't play games after school.
03 She doesn't know the answer to the question.
04 My aunt doesn't drink coffee at night.
05 do not gets up → doesn't[does not] get up
06 don't likes → doesn't like
07 He doesn't have a class on Saturday.
08 Henry doesn't wear glasses.
09 They don't read the newspaper.
10 Billy doesn't watch the comedy show.

Unit 05 일반동사의 의문문과 대답   p. 23

01 Does / work / he doesn't
02 Does / drink / she doesn't
03 Does / have / he does
04 Do / play / they don't
05 Is she rides → Does she ride
06 Do the store closes → Does the store close
07 Does your grandfather live in Seoul?
08 Do they know each other?
09 Does Linda study French very hard?
10 Do Paul and Mia go shopping every weekend?

중간고사 • 기말고사 실전문제   p. 24

01 This cellphone is too big.
02 The math classes aren't[are not] easy.
03 Sumi exercises at the gym
04 Is your sister a violinist
05 I'm[I am] from New York.
06 George visits his grandma

01 주어 this cellphone은 3인칭 단수이므로 be동사는 is를 써야 한다.
02 주어 the math classes는 복수이므로 be동사는 are를 사용하고, 부정문일 때는 be동사 뒤에 not이 온다.
03 주어 Sumi가 3인칭 단수이므로, 일반동사의 현재형은 동사원형-s의 형태인 exercises를 써야 한다.
04 주어 your sister는 3인칭 단수이므로 be동사는 is를 쓰고, be동사의 의문문에서 be동사는 주어 앞에 온다.
05 주어가 1인칭 단수 'I'이므로 be동사는 am을 쓴다.
06 주어 George는 3인칭 단수이므로, 일반동사의 현재형은 동사원형-s의 형태인 visits를 써야 한다.

07 Are the noodles delicious?
08 My kitty is so cute.
09 Minho doesn't[does not] eat onions or carrots.
10 Do you have any plans
11 My mom and I prepare dinner
12 Does she like

07 의문문의 주어가 the noodles로 복수이므로 are를 쓰며, 의문일 때는 be동사가 주어 앞에 온다.

08 주어 My kitty는 3인칭 단수이므로 be동사는 is를 써야 한다.

09 주어 Minho는 3인칭 단수이므로 부정문일 때는 doesn't를 쓰고 그 뒤에는 동사원형을 쓴다.

10 일반동사의 의문문은 〈Do/Does + 주어 + 동사원형 ～?〉이고 주어가 2인칭 단수 you이므로 Do를 사용한다.

11 and로 묶인 하나의 주어 My mom and I가 복수 주어이므로 일반동사는 동사원형을 쓴다.

12 일반동사의 의문문은 〈Do/Does + 주어 + 동사원형 ～?〉이고 주어가 3인칭 단수 she이므로 Does를 사용한다.

---

13 Is *Spiderman* / it is

14 Do you / I don't

15 Is your dad / he isn't

16 Does Emily / she doesn't

17 Is this movie / it is

---

13 주어 영화 '스파이더맨'은 3인칭 단수이므로 be동사는 is를 쓴다. / be동사 의문문의 긍정 대답은 〈Yes, + 인칭대명사 + be동사〉이다.

14 일반동사의 의문문은 〈Do/Does + 주어 + 동사원형 ～?〉이고 주어가 2인칭 단수 you이므로 Do를 사용한다. / 일반동사 의문문의 대답은 인칭대명사와 조동사 do/does를 사용한다.

15 의문문의 주어가 your dad 3인칭 단수이므로 is를 쓰며, 의문문일 때는 be동사가 주어 앞에 온다. / be동사 의문문의 부정 대답은 〈No, + 인칭대명사 + be동사 + not〉이다. 이때 be동사와 not은 축약하여 쓴다.

16 일반동사의 의문문은 〈Do/Does + 주어 + 동사원형 ～?〉이고 주어가 3인칭 단수 Emily이므로 Does를 사용한다. / 일반동사 의문문의 대답은 인칭대명사와 조동사 do/does를 사용한다.

17 의문문의 주어가 this movie 3인칭 단수이므로 is를 쓰며, 의문문일 때는 be동사가 주어 앞에 온다. / be동사 의문문의 긍정 대답은 〈Yes, + 인칭대명사 + be동사〉이다.

---

18 studies

19 don't enjoy

20 are

21 doesn't[does not]

22 don't[do not]

---

18 주어 Ian이 3인칭 단수이므로 일반동사는 studies가 되어야 한다.

19 주어가 and로 연결된 3인칭 복수이므로 일반동사는 do를 사용한다. 일반동사의 부정문은 〈don't + 동사원형〉으로 쓴다.

20 and로 묶인 하나의 주어 Jamie and Suji가 3인칭 복수 주어이므로 be동사는 are를 쓴다.

21 주어가 3인칭 단수일 때 일반동사의 부정문은 〈doesn't + 동사원형〉이므로 doesn't[does not]로 쓴다.

22 주어가 복수일 때 일반동사의 부정문은 〈don't + 동사원형〉이므로 don't[do not]로 쓴다.

---

23 Does Bob clean his room every weekend?

24 Are you and your sister at the BTS concert?

25 Do you play computer games on Saturday night?

26 The notebook isn't[is not] mine.

27 We don't[do not] raise two dogs and a hamster.

28 My brother doesn't[does not] have a sports car.

---

23 일반동사의 의문문은 〈Do/Does + 주어 + 동사원형 ～?〉이고 주어가 3인칭 단수 Bob이므로 Does를 사용한다.

24 and로 묶인 하나의 주어 You and your sister가 복수 주어이므로 be동사는 are를 쓰며, be동사의 의문문에서 be동사는 주어 앞에 온다.

25 일반동사의 의문문은 〈Do/Does + 주어 + 동사원형 ～?〉이고 주어가 you이므로 Do를 사용한다.

26 주어 the notebook은 3인칭 단수이므로 be동사는 is를 사용하고, 부정문일 때는 be동사 뒤에 not이 온다.

27 주어가 복수일 때 일반동사의 부정문은 〈don't + 동사원형〉이므로 don't[do not] raise로 쓴다.

28 주어가 3인칭 단수일 때 일반동사의 부정문은 〈doesn't + 동사원형〉이므로 doesn't[does not] have로 쓴다.

---

29 plays soccer

30 is in

31 wake up

32 No, they aren't / aren't[are not]

33 she doesn't / likes K-pop songs

34 Yes, she does / likes musicals

---

29 주어 Dan이 3인칭 단수이므로 일반동사는 plays가 되어야 한다.

30 주어 Jimin은 3인칭 단수이므로 be동사는 is를 쓴다.

31 주어 Ted and his brother가 복수이므로 동사는 wake up이 되어야 한다.

32 Hyemi와 Jiwon은 복수 주어이므로 are, 같은 나이가 아니다. be동사 의문문의 부정 대답은 〈No, + 인칭대명사 + be동사 + not〉이다. 이때 be동사와 not은 축약하여 쓴다.

33 일반동사 의문문의 부정 대답은 〈No, + 인칭대명사 + don't/ doesn't〉이다. Gahee는 책이 아니라 K-pop songs를 좋아한다. 주어가 3인칭 단수이므로 동사는 likes로 쓴다.

34 일반동사 의문문의 긍정 대답은 〈Yes, + 인칭대명사 + do/ does〉이다. 주어가 3인칭 단수이므로 동사는 likes로 쓴다.

---

35 is

36 lives[is]

37 goes

38 don't[do not] study / studies

39 exercise / doesn't[does not] exercise

40 don't[do not] read / reads

---

35 주어가 3인칭 단수이므로 be동사는 is를 쓴다.

36 주어가 3인칭 단수이므로 동사는 lives나 is로 쓴다.

37 주어가 3인칭 단수이므로 일반동사는 원형에 -(e)s를 붙인다.

38 주어가 1인칭 단수일 때 일반동사의 부정문은 〈don't[do not]
＋동사원형〉으로 쓴다. / 주어 Minji가 3인칭 단수이므로 일반
동사는 studies로 쓴다.

39 주어가 1인칭 단수일 때 일반동사는 동사원형을 쓴다. / 주어가
3인칭 단수이고 부정문이므로 doesn't[does not]을 사용한다.

40 주어가 1인칭 단수일 때 일반동사의 부정문은 〈don't[do not]
＋동사원형〉으로 쓴다. / 주어 Minji가 3인칭 단수이므로 일반
동사는 reads로 쓴다.

[CHAPTER 02] 시제

01 Were you at the library an hour ago?

02 I was very busy yesterday.

03 The rooms weren't dirty the other day.

04 Were they at the theater last weekend?

05 weren't → wasn't

06 Yena were → Was Yena

07 The boy was here two hours ago.

08 Was Lisa 13 years old last year?

09 Were / they were

10 Was / he wasn't

01 I met John on the street.

02 Clara went to the museum 3 days ago.

03 He didn't[did not] work at the hospital.

04 Did they see a movie last night?

05 Do they finished → Did they finish

06 broke not → didn't break

07 Jimin ate lunch with me yesterday.

08 Did you live in New York 3 years ago?

09 She studied English

10 Jin didn't buy a new bag

01 He was cutting paper with scissors.

02 She is cleaning her room

03 They were taking a yoga lesson

04 The cat is sitting under the chair.

05 swiming → swimming

06 was eating → were eating

07 Lena is writing a letter

08 I was drawing a picture

09 They are lying on the grass.

10 She was waiting for the bus.

01 Was / playing / he wasn't

02 Is / studying / she is

03 Were / helping / I wasn't

04 Are / cooking / they aren't

05 He works → Is he working

06 are not cry → was not crying

07 I wasn't[was not] playing baseball then.

08 Was he taking a shower

09 We weren't swimming in the pool.

10 Is the baby sleeping now?

Unit 05 미래 표현 will
p. 39

01 Will she come to the party?

02 I will meet Sue tonight.

03 They won't[will not] buy a new computer.

04 Will she join our club this semester?

05 willn't → won't

06 The class will starts → Will the class start

07 will visit Busan next month

08 won't go camping this weekend

09 Will the plane leave tomorrow?

10 Greg won't be here next year.

Unit 06 미래 표현 be going to
p. 41

01 James is going to come tomorrow.

02 is going to arrive

03 We are not going to stay

04 Are you going to meet him

05 is going to being → are going to be

06 going visits → going to visit

07 I am going to have a sandwich

08 Is she going to read the book

09 Are / going to / they aren't / are / go

10 Is / to take / Yes / is

중간고사 · 기말고사 실전문제
p. 42

01 You were sick last night.

02 They are running

03 We moved to a new house

04 It will rain this weekend.

05 The girl saw a mouse in the kitchen

06 My father is going to buy a new car

01 be동사 현재형 are의 과거형은 were이다.

02 '~하는 중이다'를 나타내는 현재진행형은 〈be동사 + 동사 -ing〉로 쓴다.

03 문장의 시제가 과거이므로 동사를 과거형인 〈동사원형-ed〉로 쓴다.

04 미래를 나타낼 때는 조동사 will을 쓰며, 조동사 다음에는 동사 원형이 온다.

05 see는 불규칙 과거동사로 과거형은 saw이다.

06 '~할 예정이다'를 나타낼 때 〈be going to + 동사원형〉을 쓴다.

---

07 Was Tommy tall a year ago?

08 Were people waiting for

09 Ellen slept enough yesterday.

10 Are you going to go camping?

11 Amy isn't[is not] reading the article

12 My brother and I won't[will not] play games

07 주어 Tommy는 3인칭 단수이고 문장의 시제가 과거이므로 be동사의 과거형 was가 와야 한다. 의문문의 어순은 be동사 를 주어 앞에 쓴다.

08 '하고 있었다'라는 뜻의 과거진행형은 현재진행형 〈be동사 + 동사-ing〉에서 be동사만 과거형으로 바꿔 쓴다.

09 sleep은 불규칙 과거동사로 과거형은 slept이다.

10 '~할 예정이다'와 같이 일정을 나타낼 때는 〈be going to + 동사원형〉을 쓴다. 의문문에서는 be동사가 주어 앞에 온다.

11 '~을 하고 있다'를 나타내는 현재진행형은 〈be동사 + 동사 -ing〉이며, 부정문은 not을 be동사 뒤에 붙인다.

12 '~할 것이다'의 미래 표현 will의 부정형은 not을 조동사 뒤에 붙인다.

---

13 Is Jason reading books / he isn't / He's[He is] having lunch

14 Will they play again / they won't / This is their last show

15 Did your team win the basketball game / we didn't / We lost the game

16 What are you going to do / I'm[I am] going to visit

13 '~을 하고 있다'를 나타내는 현재진행형은 〈be동사 + 동사 -ing〉이며, 의문문은 be동사를 주어 앞에 쓴다. / 진행형 의문 문에 대한 부정 대답은 〈No, 주어 + be동사 + not〉을 축약해 서 쓴다.

14 조동사 will의 의문문은 〈Will + 주어 + 동사원형 ~?〉이며, 이 에 대한 부정 대답은 〈No, 주어 + won't〉로 쓴다.

15 과거 일에 대한 의문문은 〈Did + 주어 + 동사원형 ~?〉이며, 이 에 대한 부정 대답은 〈No, 주어 + didn't〉이다.

16 '~할 예정이다'와 같이 일정을 나타낼 때는 〈be going to + 동사원형〉을 쓴다. 의문사 의문문은 〈의문사 + be동사 + 주어 + going to + 동사원형 ~?〉의 어순으로 쓴다.

---

17 finded → found

18 swiming → swimming

19 writing → write

20 Do → Did

21 are → were

17 find는 불규칙 과거동사로 과거형은 found이다.

18 swim은 현재진행형으로 쓸 때 동사에 마지막 자음 1개를 추가 한 후 -ing를 붙인다.

19 '~할 예정이다'와 같이 일정이나 예정을 나타낼 때는 〈be

---

going to + 동사원형)을 써야 하므로 동사원형 write로 고쳐
야 한다.

20 last night으로 보아 의문문의 시제가 과거이므로 조동사 do
를 과거형 did로 써야 한다.

21 two days ago로 보아 문장의 시제가 과거이고, 주어는 복수
이므로 be동사는 are의 과거형 were가 와야 한다.

---

22 Did he open the door?
23 Was her mother sick
24 Are you going to stay / I am
25 is lying
26 will visit a bookstore
27 No / they aren't

---

22 대답을 보면 과거에 그가 문을 열었냐는 과거형이 되어야 하므
로 일반동사 과거형의 의문문이 와야 한다. 일반동사 과거 의문
문은 ⟨Did + 주어 + 동사원형 ~?⟩이다.

23 어젯밤에 관한 내용이므로 과거시제이다. 주어가 3인칭 단수이
므로 be동사는 was를 사용하며 주어 앞에 온다.

24 '~할 예정이다'와 같이 일정을 나타낼 때는 ⟨be going to +
동사원형⟩을 쓴다. 의문문에서는 be동사가 주어 앞에 온다.
you로 물어봤으므로 대답은 I와 I에 맞는 be동사를 이용한다.

25 '~을 하고 있다'를 나타내는 현재진행형은 ⟨be동사 + 동사
-ing⟩이며, 동사 lie처럼 -ie로 끝나는 동사는 ie를 삭제하고
-ying를 붙인다.

26 미래를 나타낼 때는 조동사 will을 쓰며, 조동사 다음에는 동사
원형이 온다.

27 '~할 예정이다'와 같이 일정을 나타내는 ⟨be going to + 동사
원형⟩의 의문문에 대한 부정 대답은 ⟨No, 주어 + be동사
+ not의 축약형⟩이다.

---

28 broke a dish
29 played volleyball
30 were at the theater
31 I'm[I am] planning
32 am going to go
33 Will you take

---

28 break는 불규칙 과거동사로 과거형은 broke이다.
29 play는 규칙 과거동사로 과거형은 played이다.
30 주어가 3인칭 복수이므로 are의 과거형 were가 와야 한다.
31 Jina는 현재 여행 계획을 세우고 있으므로, '하고 있음'을 나타
내는 현재진행형 ⟨be동사 + 동사-ing⟩를 쓴다.

32 Jina는 해운대에 갈 예정이므로 ⟨be going to + 동사원형⟩을
써야 한다.

33 '~할 것이다'는 미래의 의지를 나타낼 때 ⟨조동사 will + 동사원
형⟩을 사용한다. 의문문은 주어 앞에 조동사가 온다.

---

34 ⓐ made → make
35 ⓑ goed → went

---

36 ⓔ Do → Did

34 과거 일의 의문문은 ⟨Did + 주어 + 동사원형 ~?⟩이다.
35 go는 불규칙 과거동사로 과거형은 went이다.
36 의문문의 시제가 지난 크리스마스로 과거이므로 조동사 Do를
과거형 Did로 써야 한다.

---

37 is going to buy snacks and drinks
38 is going to write invitation cards
39 are going to make a birthday cake
40 is going to wrap presents

37~40 '~할 예정이다'와 같이 일정을 나타낼 때는 ⟨be going
to + 동사원형⟩을 쓴다. 이때 be동사는 주어에 맞추어 쓴다.

CHAPTER [03] 조동사

04 don't have to
05 can't
06 has to

01 충고의 의미로 '～해야 한다'라고 할 때는 〈조동사 should + 동사원형〉으로 쓴다.
02 '～해도 될까요?'라고 허가를 구할 때는 〈조동사 May + I + 동사원형 ～?〉으로 쓴다.
03 의무, 규칙의 의미로 '～해야 한다'라고 할 때는 〈조동사 must + 동사원형〉으로 쓰며, 부정문은 must not이다.
04 '～할 필요가 없다'는 불필요를 나타낼 때는 have to의 부정형 don't have to를 쓴다.
05 조동사 can의 부정형 can't는 '～할 수 없다'는 의미이다.
06 '～해야 한다'라는 뜻의 의무, 당위를 나타내는 표현으로 have to를 쓴다. 주어가 3인칭 단수이므로 has to로 쓴다.

07 May I take your picture?
08 They have to clean the bathroom
09 Can I use your phone
10 He doesn't have to run for the train.
11 This story may be true.
12 You should apologize for your rudeness.

07 '～해도 될까요?'라고 허가를 구할 때는 〈조동사 May + I + 동사원형 ～?〉으로 쓴다.
08 '～해야 한다'라는 뜻의 의무, 당위를 나타내는 표현으로 have to를 쓴다.
09 '～해도 될까요?'라고 허가를 구할 때는 〈조동사 Can + I + 동사원형 ～?〉으로 쓴다.
10 '～할 필요가 없다'는 불필요를 나타낼 때는 have to의 부정형 don't have to를 쓴다. 주어가 3인칭 단수일 때는 doesn't have to로 바꿔 쓴다.
11 〈조동사 may + 동사원형〉은 '～할지 모른다'라는 추측의 의미가 있다.
12 충고의 의미로 '～해야 한다'라고 할 때는 〈조동사 should + 동사원형〉으로 쓴다.

13 You shouldn't[should not] eat too much fast food.
14 May I sit next to you?
15 You should stay quiet in the library.
16 Mijun can speak French very well.
17 Do we have to wait long?
18 Derek doesn't have to wake up early

13 충고의 의미로 '～하면 안 된다'라고 할 때는 〈조동사 should + not + 동사원형〉으로 쓴다.
14 '～해도 될까요?'라고 허가를 구할 때는 〈조동사 May + I + 동사원형 ～?〉으로 쓴다.
15 충고의 의미로 '～해야 한다'라고 할 때는 〈조동사 should + 동사원형〉으로 쓴다.

16 〈조동사 can + 동사원형〉은 '~할 수 있다'라는 의미이다.

17 '~해야 한다'라는 뜻의 의무, 당위를 나타내는 표현 have to의 의문문은 〈조동사 Do[Does] + 주어 + have to ~?〉으로 쓴다.

18 '~할 필요가 없다'는 불필요를 나타낼 때는 have to의 부정형 don't have to를 쓴다. 주어가 3인칭 단수일 때는 doesn't have to이다.

---

19 My brother cannot[can't] drive.

20 He doesn't have to save the money.

21 Does Sidney have to take care of his baby sister today?

22 Andy had to help Jina last night.

23 You may not swim in the river.

---

19 〈조동사 cannot[can't] + 동사원형〉은 '~할 수 없다'의 의미이다. can not으로 띄어 쓰지 않는다.

20 '~할 필요가 없다'는 불필요를 나타낼 때는 have to의 부정형 don't have to를 쓴다. 주어가 3인칭 단수일 때는 doesn't have to이다.

21 '~해야 한다'라는 뜻의 의무, 당위를 나타내는 표현 have to의 의문문은 〈조동사 Do[Does] + 주어 + have to ~?〉로 쓴다.

22 '~해야 한다'라는 뜻의 의무, 당위를 나타내는 표현으로 have to를 쓴다. 주어가 3인칭 단수일 때는 has to, 과거일 때는 had to로 바꿔 쓴다.

23 허가의 의미로 '~할 수 있다'라고 할 때는 조동사 may를 쓰며, '~하면 안 된다'는 부정문은 may뒤에 not을 쓴다. may not은 축약해서 쓰지 않음을 유의한다.

---

24 shouldn't[should not] spit

25 cannot[can't] bring your pet

26 should take a break

27 must fasten your seatbelt

---

24 충고의 의미로 '~하지 않는 게 좋다'라고 할 때는 〈조동사 should + not + 동사원형〉으로 쓴다.

25 〈조동사 cannot[can't] + 동사원형〉은 '~할 수 없다'의 의미이다.

26 충고의 의미로 '~해야 한다'라고 할 때는 〈조동사 should + 동사원형〉으로 쓴다.

27 '~해야 한다'라는 뜻의 의무, 당위를 나타내는 표현으로 〈조동사 must + 동사원형〉을 쓴다.

---

28 Can I borrow the notebook today?

29 Teenagers shouldn't[should not] skip meals.

30 Does Jeremy have to finish his report tomorrow?

31 May I call you later?

32 Must Gary wear a school uniform?

33 has to prepare a birthday party

---

28 '~해도 될까요?'라고 허가를 구할 때는 〈조동사 Can + I + 동사원형 ~?〉으로 쓴다.

---

29 '~해야 한다'라는 뜻의 충고를 나타내는 표현으로 〈조동사 should + 동사원형〉을 쓰며, 그 부정형은 조동사 should 뒤에 not이 온다.

30 '~해야 한다'라는 뜻의 의무, 당위를 나타내는 표현으로 〈조동사 has to + 동사원형〉의 의문문은 〈Does + 주어 + have to + 동사원형 ~?〉으로 쓴다.

31 '~해도 될까요?'라고 허가를 구할 때는 〈조동사 May + I + 동사원형 ~?〉으로 쓴다.

32 '~해야 한다'라는 뜻의 의무, 당위를 나타내는 표현으로 〈조동사 must + 동사원형〉을 쓰며, 그 의문형은 주어와 조동사의 순서를 바꾼다.

33 '~해야 한다'라는 뜻의 의무, 당위를 나타내는 표현으로 have to를 쓴다. 주어가 3인칭 단수일 때는 has to로 바꿔 쓴다.

---

34 ⓒ may not eat

35 ⓓ should be quiet

36 ⓔ do we have to turn off

---

34 '~해도 된다, 괜찮다'라는 의미의 조동사 may의 부정형은 may not이다. may not은 줄여 쓰지 않는다.

35 충고의 의미로 '~해야 한다'라고 할 때는 〈조동사 should + 동사원형〉이므로 are의 동사원형 be로 쓴다.

36 '~해야 한다'라는 뜻의 의무, 당위를 나타내는 표현 have to의 의문문은 〈조동사 Do[Does] + 주어 + have to + 동사원형 ~?〉으로 쓴다. 주어가 we이므로 do we ~?로 쓴다.

---

37 must not drink so much soda

38 should set a time limit

39 have to study hard

40 should start a budget

---

37 '~해야 한다'라는 뜻의 의무, 당위를 나타내는 표현으로 〈조동사 must + 동사원형〉을 쓰며, 그 '~하지 말아야 한다'라는 뜻의 부정형은 조동사 must 뒤에 not이 온다.

38 충고의 의미로 '~해야 한다'라고 할 때는 〈조동사 should + 동사원형〉으로 쓴다.

39 '~해야 한다'라는 뜻의 의무, 당위를 나타내는 표현으로 have to를 쓴다.

40 충고의 의미로 '~해야 한다'라고 할 때는 〈조동사 should + 동사원형〉으로 쓴다.

CHAPTER [04] 명사와 대명사

Unit 01 셀 수 있는 명사 p. 61

01 He is putting the boxes on a truck.
02 She needs three pianos.
03 I saw three men and two children.
04 Bring knives and forks.
05 banana and a egg → a banana and an egg
06 storys to the babyes → stories to the babies
07 sheep are drinking
08 leaves are falling
09 five potatoes and two onions
10 three tomatoes and an[one] orange

Unit 02 셀 수 없는 명사 p. 63

01 I need five loaves of bread and a bowl of water.
02 two bars of chocolate
03 four pieces of pizza
04 a bag of flour
05 two bowl of soups → two bowls of soup
06 bottle of a wine → a bottle of wine
07 has a cup of coffee
08 have three glasses of juice
09 two glasses of milk / two loaves of bread
10 three bottles of juice and a bowl of salad

Unit 03 There is/are + 명사 p. 65

01 There are four eggs in the bowl.
02 There are two books on
03 There is a cat under the desk.
04 There is juice in the bottle.
05 Is / there isn't
06 Are there / there are
07 Are there students in
08 There isn't[is not] a gym at
09 Is there a sofa in your room?
10 There aren't[are not] cups on the table.

Unit 04 인칭대명사 p. 67

01 Can I borrow yours?
02 She is my friend
03 You lent him your umbrella. 또는 You lent your umbrella to him.
04 They[Those] are hers.
05 theirs → their
06 you he → me his
07 Your sister / my name
08 You / its cover
09 He met them.
10 We visited her yesterday.

Unit 05 재귀대명사, 비인칭 주어 it p. 69

01 she won't trust herself anymore
02 He was proud of himself.
03 We can see ourselves in the water.
04 It's[It is] too cold outside.
05 sheself → themselves
06 That → It
07 It is 12[twelve] o'clock
08 The girl loves herself
09 Introduce yourself
10 He was angry at himself

Unit 06 one, another, the other p. 71

01 Can I eat one?
02 I like the white ones.
03 One is Korean / the other is Italian
04 Another is red / the other is green
05 another → the other
06 one → it
07 One is / the other is
08 One is / Another / the other is
09 One is my / The other is my father.
10 Can I borrow one?

중간고사 · 기말고사 실전문제 p. 72

01 cup
02 sheet
03 bowls / slices
04 loaves
05 bottles

01 셀 수 없는 명사 coffee는 용기에 담는 단위 cup을 써서 수를 나타낸다.

02 셀 수 없는 명사 paper는 세는 단위 sheet을 써서 수를 나타낸다.

03 셀 수 없는 명사 soup는 용기에 담는 단위 bowl에 -s를 붙여 복수형을 만든다. / 셀 수 없는 명사 pizza는 세는 단위 slice에 -s를 붙여 복수형을 만든다.

04 셀 수 없는 명사 bread는 세는 단위 loaf의 복수형(f를 v로 바꾸고 -es)을 써서 복수형을 만든다.

05 셀 수 없는 명사 orange juice는 용기에 담는 단위 bottle에 -s를 붙여 복수형을 만든다.

06 her
07 him
08 mine
09 another
10 it
11 the other
12 one / another / the other

06 문맥상 '그녀의' 오빠가 되어야 하므로 she의 소유격 her가 와야 한다.
07 문맥상 '그에게' 동의한다는 뜻이 되어야 하므로, 목적격 him이 와야 한다.
08 문맥상 the doll이 '내 것'이라는 뜻이 되어야 하므로 소유대명사 mine이 와야 한다.
09 '또 다른 하나'를 의미하는 부정대명사는 another이다.
10 my password를 새것으로 바꾸고 싶다는 내용이므로 it을 쓴다.
11 둘 중의 하나는 one, 나머지 하나는 the other로 쓴다.
12 셋 중의 하나는 one, 또 다른 하나는 another, 나머지 하나는 the other로 쓴다.

13 She looked at herself in the glass.
14 There are five girls in the playground.
15 It is very cloudy
16 There is not much money in my pocket
17 My laptop is too old. I want a new one.
18 We must finish our report

13 주어(She)와 목적어가 같은 대상일 때는 재귀대명사를 herself를 사용한다.
14 '~가 있다'라고 할 때는 〈There is/are ~〉를 쓰고 뒤에 주어를 쓴다. 주어가 five girls로 복수이므로 There are로 시작한다.
15 날씨를 나타낼 때는 비인칭 주어 It을 쓴다.
16 '~가[이] 없다'라는 의미를 나타낼 때는 〈There is/are + not ~〉의 형태로 쓰고, 돈은 셀 수 없는 명사이므로 is not much로 쓴다.
17 앞서 말한 것과 같은 종류의 것 하나를 말할 때는 부정대명사 one을 쓴다.
18 '우리의' 보고서이므로 명사 report 앞에는 소유격 our가 온다.

19 nice sculptures are theirs
20 Can I see another
21 has two teeth
22 Are there many stars
23 She buys a cup of coffee
24 It takes three hours to Paris

19 '그들의 것'이라는 뜻은 소유대명사 theirs로 나타낸다.
20 '또 다른 하나'를 의미하는 부정대명사는 another이다.
21 명사 tooth의 복수형은 불규칙으로 teeth이다.
22 '~이 있니?'라는 뜻의 의문문은 〈Is/Are there + 주어 ~?〉로 쓴다. 주어가 복수이므로 Are there로 시작한다.
23 주어는 3인칭 단수이므로 동사에 -s를 붙이고, 셀 수 없는 명사 coffee는 용기에 담는 단위 cup을 써서 수를 나타낸다.
24 걸리는 시간을 나타낼 때는 비인칭 주어 It을 쓴다.

25 There are three books
26 There is a family picture
27 There are three[3] boys
28 One / Another / The other

25~26 그림의 내용과 일치하도록 문장을 완성하되, 명사의 단수형 앞에는 There is를 쓰고, 명사의 복수형 앞에는 There are를 써서 문장을 시작한다.
27 '~가 있다'라고 할 때는 〈There + be동사〉를 쓰고 뒤에 주어를 쓴다. 주어가 three boys로 복수이므로 There are로 시작한다.
28 셋 중의 하나는 one, 또 다른 하나는 another, 나머지 하나는 the other로 쓴다.

29 it → one
30 other → another
31 her → hers
32 This → It

29 앞서 말한 것과 같은 종류의 것 하나를 말할 때는 대명사 it이 아니라 부정대명사 one을 쓴다.
30 '또 다른 하나'를 말할 때는 부정대명사 another를 쓴다.
31 의미상 '그녀의 것'이어야 하므로 소유격 her가 아닌 소유대명사 hers가 와야 한다.
32 날짜를 나타낼 때는 비인칭 주어 It을 쓴다.

33 One / another / the other
34 there aren't
35 yours / mine
36 one / it
37 One / the other

33 셋 중의 하나는 one, 또 다른 하나는 another, 나머지 하나는 the other로 쓴다.
34 〈Are there ~?〉 의문문에 대한 대답은 Yes, there are. 또는 No, there aren't.로 한다.
35 문맥상 '너의 것'과 '내 것'이 와야 하므로 각각 소유대명사로 써야 한다.
36 앞서 말한 것과 같은 종류의 것 하나를 말할 때는 부정대명사 one, 앞서 말한 바로 그것을 말할 때는 it을 쓴다.
37 둘 중의 하나는 one, 나머지 하나는 the other로 쓴다.

38 had two sandwiches and a glass of apple juice

39 had a bowl of chicken soup and two cups of milk

40 have two bottles of water

38 '-ch'로 끝나는 셀 수 있는 명사 sandwich는 -es를 붙여 복수형을 만들고, 셀 수 없는 명사 juice는 용기에 담는 단위 glass를 써서 수를 나타낸다.

39 셀 수 없는 명사 soup는 용기에 담는 단위 bowl을 써서 수를 나타내고, 셀 수 없는 명사 milk는 용기에 담는 단위 cup를 써서 수를 나타낸다.

40 셀 수 없는 명사 water는 용기에 담는 단위 bottle을 써서 복수형을 만든다.

Unit 01 형용사   p. 79

01 There is someone strange.

02 You are an important person.

03 I prepared something special

04 The Chinese restaurant was famous.

05 a game exciting → an exciting game

06 interesting anything → anything interesting

07 They want something sweet.

08 I couldn't find anything wrong.

09 I bought fresh fruits

10 My lovely daughter is tall.

Unit 02 수량형용사   p. 81

01 There are a few erasers.

02 Many[A lot of, Lots of] students are playing soccer

03 There are few flowers

04 There is some water

05 much → many[a lot of, lots of]

06 some → any

07 has many[a lot of] friends

08 There is little sugar

09 Are there any cookies

10 Did he spend much[a lot of] time

Unit 03 일반부사와 빈도부사   p. 83

01 He is hardly free on weekdays.

02 She always brushes her teeth after

03 solved the problem very easily

04 I am rarely at home

05 big really → really big

06 usually doesn't → doesn't usually

07 He sometimes goes swimming.

08 My father drives very carefully.

09 always cleans his

10 is never late for

Unit 04 as ~ as 원급 비교   p. 85

01 runs as slowly as

02 is as young as

03 is as tall as

04 runs as fast as

05 as tall → as tall as

06 quick → quickly
07 This chair is as comfortable as
08 He danced as nicely as
09 is as friendly as
10 speak Spanish as fluently as

Unit 05 비교급 p. 87

01 goes faster than
02 is heavier than
03 did worse than
04 did better than
05 hoter → hotter
06 slowlier → more slowly
07 Health is more important than money.
08 My phone is smaller than yours.
09 Amy arrived later than her sister.
10 is more expensive than mine[my bag]

Unit 06 최상급 p. 89

01 goes the fastest (bike) of
02 gets up the earliest of
03 gets up the latest of
04 is the most expensive
05 is the best of
06 John is the laziest (boy[student])
07 Soccer is the most popular sport in
08 studies the hardest of
09 the prettiest woman of
10 the worst mistake

중간고사 · 기말고사 실전문제 p. 90

01 many books
02 much money
03 few people
04 a little butter
05 a few friends

01 many는 '많은'이란 뜻으로 셀 수 있는 명사의 수를 나타낸다.
02 much는 '많은'이란 뜻으로 셀 수 없는 명사의 양을 나타낸다.
03 '거의 없는'이란 뜻으로 셀 수 있는 명사의 수를 나타내는 형용사는 few이다.
04 '조금, 약간 있는'이란 뜻으로 셀 수 없는 명사의 양을 나타내는 형용사는 a little이다.
05 '조금, 약간 있는'이란 뜻으로 셀 수 있는 명사의 수를 나타내는 형용사는 a few이다.

06 Jinhee often plays computer games with her brother.
07 Andrea found something strange in the forest.
08 Susan makes fresh fruit juice every day.
09 Hyunji made a very nice scarf for her mother.
10 He is never late for school.

06 '자주'의 뜻을 나타내는 빈도부사 often은 일반동사 앞에 쓴다.
07 -thing으로 끝나는 명사는 형용사가 뒤에서 꾸며 준다.
08 형용사 fresh는 명사 바로 앞에서 명사를 꾸며 준다.
09 형용사 nice는 명사 바로 앞에서 명사를 꾸며 주고, 부사 very는 형용사 바로 앞에서 nice를 꾸며 준다.
10 '전혀[절대]~하지 않다'의 뜻을 나타내는 빈도부사 never는 be동사 뒤에 쓴다.

11 Minsu and I often go to the movies
12 This walnut pie is as big as
13 The delicious food is ready.
14 I can draw better than my sister.
15 Today was the coldest day of this year.
16 Jimmy will buy a few flowers

11 '자주'의 뜻을 나타내는 빈도부사 often은 일반동사 앞에 쓴다.
12 '~만큼 …한'은 〈as + 형용사 + as〉로 표현한다.
13 형용사 delicious는 명사 food를 꾸며 주고, 형용사 ready는 〈be동사 + 형용사〉의 형태로 주어가 어떠한지 서술한다.
14 비교급이 쓰였으므로 good은 better로 바꾸어 쓰고, 비교하는 대상 my sister 앞에 than을 넣어 쓴다.
15 최상급 앞에는 the를 쓰고, '가장 추운'은 coldest로 쓴다.
16 '조금, 약간 있는'이란 뜻으로 셀 수 있는 명사의 수를 나타내는 형용사는 a few이고, 뒤에는 명사의 복수형이 와야 한다.

17 Jinho is the tallest student in the class.
18 There is little space in my suitcase.
19 James played the piano beautifully.
20 We are proud of our long history.
21 Larry is more talkative than his brother.
22 Sumi is as polite as you (are).

17 최상급 앞에는 the를 쓴다.
18 '거의 없는'이란 뜻으로 셀 수 없는 명사의 양을 나타내는 형용사는 little이다.
19 '아름답게'라고 문장의 끝에서 동사를 수식하므로 beautiful의 부사형 beautifully가 와야 한다.
20 형용사 long은 our와 명사 사이에서 명사를 꾸며 준다.
21 '~보다 더 …한[하게]'은 〈비교급 + than〉으로 표현한다. talkative는 2음절 이상이므로 more를 붙여 비교급을 만들고, 비교 대상 앞에 than을 쓴다.
22 '~만큼 …한'은 〈as + 형용사 + as〉로 표현한다.

23 taller than

24 the tallest (student)

25 faster than

26 the fastest (student)

27 as high

28 the highest

---

23 '~보다 더 …한[하게]'은 〈비교급 + than〉으로 표현한다.

24 최상급 앞에는 the를 쓴다.

25 '~보다 더 …한[하게]'은 〈비교급 + than〉으로 표현한다.

26 최상급 앞에는 the를 쓴다.

27 '~만큼 …한'은 〈as + 형용사 + as〉로 표현한다.

28 최상급 앞에는 the를 쓴다.

---

29 Sad → Sadly

30 wrong something → something wrong

31 tree → trees

32 early → earlier

33 always will → will always

---

29 문장 전체를 수식하는 부사 Sadly를 문장 맨 앞에 써 준다.

30 -thing으로 끝나는 명사는 형용사가 뒤에서 꾸며 준다.

31 명사 앞에 셀 수 있는 명사를 셀 수 있는 형용사 'a lot of(많은)' 가 왔으므로 명사의 복수형이 와야 한다.

32 '~보다 더 …한[하게]'은 〈비교급 + than〉으로 표현해야 하므로 early의 비교급 earlier로 쓴다.

33 '항상'의 뜻을 나타내는 빈도부사 always는 조동사 뒤, 일반동사 앞에 쓴다.

---

34 older than the Lotte World Tower

35 the tallest (tower) of the three

36 ⓑ a few sugar → a little sugar

37 ⓓ sweet something → something sweet

38 often reads books

39 never goes camping

40 sometimes does yoga

---

34 Shanghai Tower는 Lotte World Tower보다 더 오래 됐다. '~보다 더 …한[하게]'은 〈비교급 + than〉으로 표현해야 한다.

35 셋 중에 가장 높은 빌딩이 Burj Khalifa이므로 최상급으로 표현한다.

36 sugar는 셀 수 없는 명사이다. '조금, 약간 있는'이란 뜻으로 셀 수 없는 명사의 양을 나타내는 형용사는 a little이다.

37 -thing으로 끝나는 명사는 형용사가 뒤에서 꾸며 준다.

38~40 빈도를 나타내는 빈도부사 often, never, sometimes 는 be동사나 조동사 뒤, 일반동사 앞에 온다.

CHAPTER

[06] 문장의 종류

Unit 01 명령문   p. 97

01 Take off your shoes here.

02 Don't talk loudly here.

03 Pay attention to him.

04 Don't be noisy here.

05 Not parks → Don't[Do not] park

06 Kind → Be kind

07 Washing → Wash

08 Don't[Do not] use your mobile phone

09 Please write your name

10 Don't[Do not] be careless about spelling.

Unit 02 감탄문   p. 99

01 What an old painting it is!

02 How clean your room is!

03 What a fast boy he is!

04 What an interesting movie it is!

05 a pretty glove → pretty gloves

06 fluent → fluently

07 How diligent your sister is!

08 What delicious bread it is!

09 What a beautiful ring she has!

10 How tall this building is!

Unit 03 청유문, 제안문   p. 101

01 Why don't we play soccer

02 Let's do our homework right now.

03 Why don't you tell him

04 Let's not go out today.

05 Let's don't → Let's not

06 don't you visiting → don't we visit

07 Let's throw a party next Saturday.

08 Why don't we look around the town?

09 Why don't you go to a doctor?

10 Let's not skip dinner today.

Unit 04 의문사 의문문   p. 103

01 Why did you leave early?

02 What is your favorite sport?

03 Who baked this bread?

04 How does she go to work?

05 When you → What did you

01 '어디서'를 뜻하는 의문사는 where이다.

02 명사를 강조하는 감탄문은 <What + 명사 + 주어 + 동사>로 쓴다.

03 '왜'를 뜻하는 의문사는 why이다.

04 몇 가지 중에서 골라야 할 때는 <which + 명사>로 쓰며, '어느 ~'라는 뜻이다.

05 <whose + 명사>는 '누구의 ~'라는 의문사이다.

06 '언제'를 뜻하는 의문사는 when이다.

07 Be careful when you cross the street.

08 Why don't we make a chocolate cake

09 How sparkling this ring is!

10 Calm down and tell me everything.

11 How long does it take to get there

12 You are sleepy / aren't you

07 '~해라'와 같이 상대방에게 명령하는 명령문은 주어 없이 동사 원형으로 시작한다. be동사 명령문은 원형인 Be로 시작한다.

08 '(같이) ~하자', '(같이) ~하는 게 어때?'란 뜻의 제안문은 <Why don't we + 동사원형 ~?>으로 쓴다.

09 '정말 ~구나!', '얼마나 ~한가!'를 의미하는 how로 시작하는 감탄문은 <How + 형용사/부사 + 주어 + 동사>로 쓴다.

10 '~하세요'와 같이 상대방에게 명령하는 명령문은 주어 없이 동 사원형으로 시작한다.

11 how 뒤에 부사 long을 붙이면 '얼마나 오래'라는 뜻의 의문사 가 된다.

12 평서문(긍정) 뒤에 <부정 동사 + 주어?>를 붙여 '안 그래?', '그 렇지 않니?'라는 의미의 부가의문문을 만든다.

13 What kind of clothes should I wear?

14 Why did you wake up so early

15 What an excellent painting that is!

16 Which way is the exit?

17 Let's not make the same mistake

18 Who did you go on your summer holiday

13 <what + 명사>는 '무슨 ~'라는 의문사가 된다. <What kind of + 명사>는 '무슨 종류의 ~'이란 뜻의 의문사이다.

14 '왜'를 뜻하는 의문사는 why이다.

15 '정말 ~구나!', '얼마나 ~한가!'를 뜻하는 what으로 시작하는 감탄문은 <What + 관사 + 형용사 + 명사 + 주어 + 동사>로 쓴다.

16 몇 가지 중에서 골라야 할 때는 <which + 명사>로 쓰며, '어느 ~'라는 뜻이다.

17 '(같이) ~하자', '(같이) ~하는 게 어때?'라는 뜻의 제안문은 <Let's + 동사원형>으로 쓴다. 부정 청유문은 <Let's not + 동 사원형>이다.

18 '누구'를 뜻하는 의문사 who를 맨 앞에 쓰고 과거 의문문이므

로 〈did you + 동사원형〉의 순서로 쓴다.

19 don't we
20 Why
21 didn't he
22 How
23 Let's not leave

19 '(같이) ~하자', '(같이) ~하는 게 어때?'라는 뜻의 제안문은 〈Why don't we + 동사원형 ~?〉으로 쓴다.

20 대답에 전화를 한 이유가 나와 있으므로 질문은 이유를 묻는 의문사 why가 와야 한다.

21 평서문(긍정) 뒤에 〈부정 동사 + 주어?〉를 붙여 '안 그래?', '그렇지 않니?'라는 의미의 부가의문문을 만든다.

22 how 뒤에 형용사 far를 붙이면 '얼마나 멀리'라는 뜻의 의문사가 된다.

23 부정 청유문은 〈Let's not + 동사원형〉으로 쓴다.

24 Go straight and turn left.
25 Turn off your phone. 또는 Turn your phone off.
26 Don't[Do not] talk loudly here.
27 kind and handsome the boy is
28 a friendly teacher she is
29 cute the baby is

24 '~하세요'와 같이 상대방에게 명령하는 명령문은 주어 없이 동사원형으로 시작한다.

25 '~하세요'와 같이 상대방에게 명령하는 명령문은 주어 없이 동사원형으로 시작한다. '~을 끄다'라는 turn off의 목적어는 turn off 뒤에 오거나 turn과 off 사이에 올 수도 있다.

26 '~하지 마세요'와 같은 부정 명령문은 〈Don't + 동사원형〉으로 시작한다.

27 '정말 ~구나!', '얼마나 ~한가!'를 뜻하는 how로 시작하는 감탄문은 〈How + 형용사/부사 + 주어 + 동사〉로 쓴다.

28 '정말 ~구나!', '얼마나 ~한가!'를 뜻하는 what으로 시작하는 감탄문은 〈What + 관사 + 형용사 + 명사 + 주어 + 동사〉로 쓴다.

29 '정말 ~구나!', '얼마나 ~한가!'를 뜻하는 how로 시작하는 감탄문은 〈How + 형용사/부사 + 주어 + 동사〉로 쓴다.

30 are so noisy / aren't they
31 will send a package / won't she
32 doesn't like / does he
33 You didn't have dinner / did you

30 평서문(긍정) 뒤에 〈부정 동사 + 주어?〉를 붙여 '안 그래?', '그렇지 않니?'란 의미의 부가의문문을 만든다. be동사는 사용된 be동사를 이용한다.

31 평서문에 조동사가 있다면 그 조동사를 반대로 사용하여 '안 그래?', '그렇지?'란 의미의 부가의문문을 만든다.

32 평서문(부정) 뒤에 〈긍정 동사 + 주어?〉를 붙여 '그렇지?'라는 의미의 부가의문문을 만든다.

33 평서문(부정) 뒤에 〈긍정 동사 + 주어?〉를 붙여 '그렇지?'라는 의미의 부가의문문을 만든다. 동사가 과거형이므로 부가의문문은 과거형 긍정인 did로 쓴다.

34 How often do you go to the mountains?
35 Why do you like mountain climbing?
36 Where did you go last weekend?
37 Who[Whom] did you go there

34 대답에서 산에 가는 빈도에 대해 설명하고 있으므로, 질문에 '얼마나 자주'라는 의문사가 와야 한다. how 뒤에 부사 often을 붙이면 '얼마나 자주'라는 뜻의 의문사가 된다.

35 대답에서 등산을 좋아하는 이유에 대해 설명하고 있으므로 '이유'를 묻는 의문사 why가 와야 한다.

36 지난 주말에 간 장소에 대해 설명하고 있으므로 '장소'를 묻는 의문사 where가 와야 한다.

37 대답에서 같이 간 사람들에 대해 설명하고 있으므로 '누구'를 묻는 의문사 who가 와야 한다. whom도 가능하다.

38 ⓐ How → What
39 ⓓ will we → won't we
40 How often does he have violin lessons

38 '정말 ~구나!', '얼마나 ~한가!'를 뜻하는 감탄문은 〈What + 관사 + 명사(+ 주어 + 동사)〉로 쓰는데, news(소식)는 셀 수 없는 명사이므로 관사를 쓰지 않는다.

39 평서문에 조동사가 있다면 그 조동사를 반대로 사용하여 '안 그래?', '그렇지?'라는 의미의 부가의문문을 만든다.

40 대답에서 Ted가 바이올린 수업을 받는 횟수에 대해 설명하고 있으므로 질문에는 '얼마나 자주'라는 의문사가 와야 한다. how 뒤에 부사 often을 붙이면 '얼마나 자주'라는 뜻의 의문사이다.

CHAPTER
[07] 문장의 형식

01 감각동사 look 뒤에 오는 주격보어 자리에는 형용사를 쓴다.

02 '~을 …하게 만들다'를 나타내는 동사 make는 목적격보어 자리에 형용사 또는 명사를 쓴다.

03 감각동사 taste 뒤에 오는 주격보어 자리에는 형용사를 쓴다.

04 감각동사 sound 뒤에 오는 주격보어 자리에는 형용사를 쓴다.

05 find가 '~이 …임을 알았다'라는 의미일 때는 〈find + 목적어 + 목적격보어〉 구조를 취한다. 목적격보어로는 형용사나 명사가 온다.

06 walk는 목적어가 필요 없는 자동사로 〈주어 + 동사〉의 1형식 문장이다.

07 give는 〈동사 + 간접목적어(~에게) + 직접목적어(…을/를)〉의 4형식 문장으로 쓸 수 있다.

08 감각동사 taste 뒤에 오는 주격보어 자리에는 형용사를 쓴다.

09 목적어가 필요한 동사 love 뒤에 목적어가 온 3형식 문장이다.

10 주어 Everyone은 3인칭 단수로 취급하여 동사는 calls로 쓴다. call이 '~을 …라고 부르다'라는 의미로 쓰일 때는 〈call + 목적어 + 목적격보어〉 구조를 취한다. 목적격보어로는 명사가 온다.

11 send는 〈동사 + 간접목적어(~에게) + 직접목적어(…을/를)〉의 4형식 문장으로 쓸 수 있다.

12 ask는 〈동사 + 간접목적어(~에게) + 직접목적어(…을/를)〉의 4형식 문장으로 쓸 수 있다. 또는 전치사 of를 이용하여 3형식 문장으로도 쓸 수 있다.

13 scream은 목적어가 필요 없는 자동사로 〈주어 + 동사〉의 1형식 문장이다.

14 〈send + 간접목적어 + 직접목적어〉의 4형식 문장을 3형식 문장으로 쓸 때 간접목적어 앞에 전치사 to를 쓴다.

15 감각동사 look 뒤에 오는 주격보어 자리에는 형용사를 쓴다. lively는 '활기 넘치는'이라는 형용사이다.

16 make가 '~을 …하게 만들다'라는 5형식 동사로 쓰일 때는 〈make + 목적어 + 목적격보어〉 구조를 취한다. 목적격보어로는 형용사나 명사가 온다.

17 감각동사 smell 뒤에 오는 주격보어 자리에는 형용사를 쓴다.

---

18 I made delicious cookies for Liam.
19 Can you get a glass of water for me?
20 Emma showed her cat to James.
21 My teacher asked a difficult question of me.
22 Books give useful information to us.
23 Jacob teaches English to his son.

---

18 〈make + 간접목적어 + 직접목적어〉 구조의 4형식 문장을 3형식 문장으로 쓸 때 간접목적어 앞에 전치사 for를 쓴다.

19 〈get + 간접목적어 + 직접목적어〉 구조의 4형식 문장을 3형식 문장으로 쓸 때 간접목적어 앞에 전치사 for를 쓴다.

20 〈show + 간접목적어 + 직접목적어〉 구조의 4형식 문장을 3형식 문장으로 쓸 때 간접목적어 앞에 전치사 to를 쓴다.

21 〈ask + 간접목적어 + 직접목적어〉 구조의 4형식 문장을 3형식 문장으로 쓸 때 간접목적어 앞에 전치사 of를 쓴다.

22 〈give + 간접목적어 + 직접목적어〉 구조의 4형식 문장을 3형식 문장으로 쓸 때 간접목적어 앞에 전치사 to를 쓴다.

23 〈teach + 간접목적어 + 직접목적어〉 구조의 4형식 문장을 3형식 문장으로 쓸 때 간접목적어 앞에 전치사 to를 쓴다.

---

24 My dad made it for me.
25 This paper feels like silk.
26 Leave the windows open.
27 I'll show you my childhood pictures. 또는 I'll show my childhood pictures to you.
28 This tastes like mint chocolate.

---

24 〈make + 간접목적어 + 직접목적어〉 구조의 4형식 문장을 3형식 문장으로 쓸 때 간접목적어 앞에 전치사 for를 쓴다. 직접목적어가 대명사일 때는 4형식 문장으로 쓰지 않는다.

25 감각동사 뒤에 명사를 쓸 때는 〈감각동사 + 전치사 like + 명사〉와 같이 쓴다.

26 leave가 '~을 …하게 놔두다'라는 의미로 쓰일 때는 〈leave + 목적어 + 목적격보어〉 구조를 취한다. 목적격보어로는 형용사가 온다.

27 show는 〈동사 + 간접목적어(~에게) + 직접목적어(…을/를)〉의

4형식 문장으로 쓸 수 있다. 또는 전치사 to를 이용하여 3형식 문장으로도 쓸 수 있다.

28 감각동사 뒤에 명사를 쓸 때는 〈감각동사 + 전치사 like + 명사〉와 같이 쓴다.

---

29 cleanly → clean
30 for me → to me
31 angrily → angry
32 call me like sweety → call me sweety
33 to us → for us

---

29 keep이 '~을 …하게 유지하다'라는 의미로 쓰일 때는 〈keep + 목적어 + 목적격보어〉 구조를 취한다. 목적격보어로는 형용사가 온다.

30 〈lend + 간접목적어 + 직접목적어〉의 4형식 문장을 3형식 문장으로 쓸 때 간접목적어 앞에 전치사 to를 쓴다.

31 be동사의 보어로는 부사가 아니라 형용사나 명사가 올 수 있다.

32 call이 '~을 …라고 부르다'라는 의미로 쓰일 때는 〈call + 목적어 + 목적격보어〉 구조를 취한다. 목적격보어로는 명사가 온다. 따라서 like를 삭제한다.

33 〈cook + 간접목적어 + 직접목적어〉 구조의 4형식 문장을 3형식 문장으로 쓸 때 간접목적어 앞에 전치사 for를 쓴다.

---

34 ⓐ as little Chopin → little Chopin
35 ⓒ sadly → sad
36 ⓓ of his mom → to his mom

---

34 call이 '~을 …라고 부르다'라는 의미로 쓰일 때는 〈call + 목적어 + 목적격보어〉 구조를 취한다. 목적격보어로는 명사가 온다. 따라서 as를 삭제한다.

35 make가 '~을 …하게 만들다'라는 의미로 쓰일 때는 〈make + 목적어 + 목적격보어〉 구조를 취한다. 목적격보어로는 형용사나 명사가 오므로 부사 sadly를 형용사 sad로 바꾼다.

36 〈tell + 간접목적어 + 직접목적어〉 구조의 4형식 문장을 3형식 문장으로 쓸 때 간접목적어 앞에 전치사 to를 쓴다.

---

37 lend you my computer
38 ask your math teacher the questions
39 buy him a new toy
40 send her your present

---

37 전치사를 사용하지 말아야 하므로 lend를 〈동사 + 간접목적어(~에게) + 직접목적어(…을/를)〉의 4형식 문장으로 쓴다.

38 전치사를 사용하지 말아야 하므로 ask를 〈동사 + 간접목적어(~에게) + 직접목적어(…을/를)〉의 4형식 문장으로 쓴다.

39 전치사를 사용하지 말아야 하므로 buy를 〈동사 + 간접목적어(~에게) + 직접목적어(…을/를)〉의 4형식 문장으로 쓴다.

40 전치사를 사용하지 말아야 하므로 send를 〈동사 + 간접목적어(~에게) + 직접목적어(…을/를)〉의 4형식 문장으로 쓴다.

[08] to부정사

CHAPTER

Unit 01 명사적 쓰임 1 – 주어, 보어   p. 131

01 To get up early in the morning is hard.

02 To go skiing in winter is exciting.

03 Her goal is to become a firefighter.

04 To eat blueberries is good for your eyes.

05 Climb the mountain were → To climb the mountain was (Climbing ~도 가능)

06 travel → to travel (traveling도 가능)

07 To exercise regularly makes us healthy.

08 To keep a promise is important.

09 My goal is to speak English fluently.

10 Her wish is to be a great pianist.

Unit 02 명사적 쓰임 2 – 목적어   p. 133

01 hopes to play baseball / doesn't hope to play baseball

02 wants to go on a picnic / doesn't want to read books

03 likes to play computer games / doesn't like to clean her room

04 plans to study math / doesn't plan to watch the program

05 promised taking → promised to take

06 wishes visit → wish to visit

07 Fred learned to play the drums.

08 They decided to buy a new air conditioner.

09 You need to finish your homework.

10 I plan to visit Kate tomorrow.

Unit 03 부사적 쓰임 – 목적, 감정의 원인   p. 135

01 called her to talk about the trip

02 stopped by the market to buy some snacks

03 stayed up all night to finish her work

04 went to the airport to pick up his son

05 in order to pass the exam

06 I'm[I am] glad to hear the good news.

07 He turned on the TV to[in order to, so as to] watch the movie.

08 I'm[I am] sorry to bother you again.

09 I'm[I am] really sad to say goodbye.

10 I'm[I am] very happy to win this contest.

Unit 04 형용사적 쓰임   p. 137

01 He didn't need anyone to help him.

02 has a lot of reports to read

03 need something cold to drink

04 wanted a dress to wear at the party

05 interesting nothing watch → nothing interesting to watch

06 anything ask to → anything to ask

07 don't[do not] have time to take a rest

08 looking for someone to help her

09 Kate needs a fork to eat with.

10 I found somebody to talk with.

중간고사 · 기말고사 실전문제   p. 138

01 It is time to go to bed now.

02 To live abroad is not easy.

03 My sister studied harder to pass the exam.

04 My grandmother wishes to see things clearly.

05 He decided to buy a new house.

06 Her dad stopped the car in order to pick up Jessica.

01 to부정사는 '~하는, ~해야 할'이라는 의미로 명사를 수식하는 형용사 역할을 한다. to go to bed는 '자야 할'이라는 의미로 명사 time을 수식한다.

02 to부정사는 명사의 역할을 하여 주어 자리에 와서 주어 역할을 한다. '~하는 것, ~하기'라는 의미이다.

03 '시험에 통과하기 위해'라는 의미이므로 목적을 나타내는 to부정사를 사용한다.

04 명사 역할을 하는 to부정사는 목적어 자리에 쓸 수 있다. 동사 wish의 목적어로 쓰였다.

05 명사 역할을 하는 to부정사는 목적어 자리에 쓸 수 있다. 동사 decide의 목적어로 쓰였다.

06 '태우기 위해'라는 의미이므로 목적을 나타내는 in order to를 사용한다.

07 His new year's goal is to lose

08 has many friends to help her

09 To learn a foreign language takes

10 younger brother likes to cook

11 We should save money so as to prepare

12 have no one to understand me

07 to부정사는 명사의 역할을 하여 보어 자리에 쓸 수 있다.

08 to부정사는 '~하는, ~해야 할'이라는 의미로 명사를 수식하는 형용사 역할을 한다. to help her는 '그녀를 도와 줄'이라는 의미로 명사 friends를 수식한다.

09 to부정사는 명사의 역할을 하여 주어 자리에 와서 주어 역할을 한다. '~하는 것'이라는 의미이다.

10 명사 역할을 하는 to부정사는 목적어 자리에 쓸 수 있다. 동사 like의 목적어로 쓰였다.

11 '미래를 대비하기 위해'라는 의미이므로 목적을 나타내는 to부정사를 사용한다. 목적을 강조하기 위해 so as to 대신 in order to로도 쓸 수 있다.

12 to부정사는 '~하는, ~해야 할'이라는 의미로 명사를 수식하는 형용사 역할을 한다. to understand me는 '나를 이해해 줄'이라는 의미로 명사 one을 수식한다.

---

13 Richard went to Korea in order[so as] to visit his friend.

14 I got up early in order[so as] to get to the airport on time.

15 I went there (in order[so as]) to play baseball with my friends.

16 I needed to buy a book for homework.

17 is to take the subway

18 I was so glad to meet him.

19 I went to the hospital (in order[so as]) to see my uncle.

---

13 문맥상 '친구를 방문하기 위해서'라는 의미가 되어야 하므로 목적을 나타내는 to부정사를 사용한다. 목적을 강조하기 위해 in order to나 so as to로도 쓸 수 있다.

14 문맥상 '정시에 공항에 도착하기 위해서'라는 의미가 되어야 하므로 목적을 나타내는 to부정사를 사용한다. 목적을 강조하기 위해 in order to나 so as to로도 쓸 수 있다.

15 문맥상 '친구들과 야구를 하기 위해서'라는 의미가 되어야 하므로 목적을 나타내는 to부정사를 사용한다. in order to나 so as to로 쓸 수도 있다.

16 명사 역할을 하는 to부정사는 목적어 자리에 쓸 수 있다. 동사 need의 목적어로 쓰였다.

17 to부정사는 명사의 역할을 하여 보어 자리에 쓸 수 있다.

18 to부정사는 감정을 나타내는 형용사 glad 뒤에서 '~하게 되어'라는 의미로 쓴다.

19 문맥상 '내 삼촌을 보기 위해서'라는 의미가 되어야 하므로 목적을 나타내는 to부정사를 사용한다. in order to나 so as to로 쓸 수도 있다.

---

20 are → is

21 seeing → to see

22 helps → to help

23 become → to become (becoming도 가능)

24 use → to use

---

20 to부정사 주어는 3인칭 단수 취급하여 be동사는 is/was를 쓰므로 is로 쓴다.

21 to부정사는 감정을 나타내는 형용사 happy 뒤에서 '~하게 되어'라는 의미로 쓴다.

22 명사 역할을 하는 to부정사는 목적어 자리에 쓸 수 있다. 동사

promise의 목적어로 쓰였다.

23 to부정사는 명사의 역할을 하여 보어 자리에 쓸 수 있다.

24 문맥상 '인터넷을 사용하기 위해서'라는 의미가 되어야 하므로 목적을 나타내는 to부정사를 사용한다.

---

25 goes to the cafeteria (in order[so as]) to have lunch

26 a swimming class to take during the summer

27 time to take a break

28 wants to read many books

---

25 '점심을 먹기 위해'라는 목적으로 표현하려면 to부정사 to have lunch를 쓴다. in order to나 so as to로 쓸 수도 있다.

26 to take during the summer는 a swimming class를 수식하는 형용사로 쓰였다.

27 time to take a break는 '휴식을 취할 시간'이라는 의미로 to부정사가 명사 time을 수식한다.

28 to read many books는 '많은 책을 읽기를'이라는 명사로 동사 wants의 목적어로 쓰였다.

---

29 To take an airplane

30 to travel aboard for the first time

31 to visit

32 hope to

---

29 문맥상 '비행기를 타기 위해 공항에 일찍 갔다'가 되어야 하므로 목적을 나타내는 to부정사를 사용한다. 목적을 나타내는 to부정사는 문장 맨 앞에 올 수 있다.

30 to부정사는 감정을 나타내는 형용사 excited 뒤에서 '~하게 되어'라는 의미로 쓴다.

31 to visit은 '방문할'이라는 의미로 앞의 명사 botanical gardens and zoos를 수식한다.

32 명사 역할을 하는 to부정사는 목적어 자리에 쓸 수 있다. 동사 hope의 목적어로 쓰였다.

---

33 ⓑ planned prepare → planned to prepare

34 ⓔ excited see → excited to see

35 My dream is to become a figure skater like her.

36 (in order[so as]) to study for the exam

37 (in order[so as]) to borrow a book

38 (in order[so as]) to meet her friend

39 to go to a BTS concert

40 to get a new computer

---

33 명사 역할을 하는 to부정사는 목적어 자리에 쓸 수 있다. 동사 planned의 목적어가 와야 하므로 to prepare가 되어야 한다.

34 to부정사는 감정을 나타내는 형용사 excited 뒤에서 '~하게 되어'라는 의미로 쓴다. 따라서 to see가 와야 한다.

35 명사 역할을 하는 to부정사는 is의 보어 자리에 쓸 수 있다.

36 '시험공부를 하기 위해'라는 의미가 되어야 하므로 목적을 나타내는 to부정사를 사용한다. in order to나 so as to로 쓸 수도 있다.

37 '책을 한 권 빌리기 위해'라는 의미가 되어야 하므로 목적을 나타내는 to부정사를 사용한다. in order to나 so as to로 쓸 수도 있다.

38 '친구를 만나기 위해'라는 의미가 되어야 하므로 목적을 나타내는 to부정사를 사용한다. in order to나 so as to로 쓸 수도 있다.

39 명사 역할을 하는 to부정사는 목적어 자리에 쓸 수 있다. 동사 wish의 목적어로 쓰였다.

40 명사 역할을 하는 to부정사는 목적어 자리에 쓸 수 있다. 동사 hope의 목적어로 쓰였다.

CHAPTER 09 동명사

Unit 01 주어와 보어 역할 p. 145

01 Is visiting many countries your dream?
02 Learning English is not easy.
03 His job is designing buildings.
04 Talking with Tom was exciting.
05 My duty is walking the dogs
06 Riding a bike / is not safe
07 Her plan is going to the beach
08 Cooking pies for him was
09 Exercising regularly is good for
10 Watching TV after dinner was relaxing.

Unit 02 목적어 역할 p. 147

01 have to quit playing games
02 must finish writing the report
03 should avoid eating too much chocolate
04 should stop talking on the phone
05 to wait → waiting
06 to chat → chatting / play → playing
07 quit smoking 10 years ago
08 practices singing every day
09 Keep doing your best
10 suggested eating out tonight

Unit 03 동명사 목적어 vs. to부정사 목적어 p. 149

01 I forgot calling him.
02 Don't forget to bring your ID.
03 Do you remember going fishing
04 Try to lose your weight.
05 to bringing → to bring
06 to write → writing
07 hates singing[to sing] in front of people
08 began explaining[to explain] his plan
09 Remember to take the medicine
10 should try to save energy

Unit 04 전치사의 목적어, 동명사 관용 표현 p. 151

01 Are you interested in visiting
02 I don't feel like eating
03 Are you good at taking
04 He spent lots of money buying
05 Peter left without saying

06 You can relax by taking

07 went skate → went skating

08 to watch → to watching

09 I can't help falling

10 museum is worth visiting

중간고사 · 기말고사 실전문제　　　　p. 152

01 Designing clothes is her job.

02 Jenny enjoys cooking for her family.

03 I love playing[to play] badminton.

04 My family will go camping this weekend.

05 He was busy preparing for the book fair.

06 Ted started running[to run] an hour ago.

01 '동사-ing' 형태인 동명사는 주어 자리에 쓸 수 있다. 동명사 주어는 3인칭 단수 취급한다.

02 enjoy는 동명사를 목적어로 취하는 동사이다.

03 love는 의미 변화 없이 to부정사와 동명사를 둘 다 목적어로 취하는 동사이다.

04 go V-ing는 '~하러 가다'라는 뜻의 동명사 표현이다.

05 be busy V-ing는 '~하느라 바쁘다'라는 뜻의 동명사 표현이다.

06 start는 의미 변화 없이 to부정사와 동명사 둘 다를 목적어로 취하는 동사이다.

07 is taking photos

08 forgot to bring

09 Taking a shower will refresh

10 Do you mind opening

11 is good at dancing

12 Being honest is always important

07 '동사-ing' 형태인 동명사는 보어 자리에 쓸 수 있다.

08 forget은 to부정사와 동명사를 둘 다 쓰지만 의미가 달라진다. '~해야 할 것을 잊어버렸다'라는 의미로 쓸 때는 to부정사를 목적어로 쓴다.

09 '동사-ing' 형태인 동명사는 주어 자리에 쓸 수 있다.

10 mind는 동명사를 목적어로 취하는 동사이다.

11 be good at V-ing는 '~을 잘하다, ~에 능숙하다'라는 뜻의 동명사 표현이다.

12 '동사-ing' 형태인 동명사는 주어 자리에 쓸 수 있다. 빈도부사 always는 be동사 뒤에 쓴다.

13 hate studying[to study] mathematics

14 stopped talking

15 Being on time is necessary.

16 remembers going there last Wednesday

17 denied playing computer games

13 hate는 의미 변화 없이 to부정사와 동명사를 둘 다 목적어로 취하는 동사이다.

14 stop은 동명사를 목적어로 쓰며(~하기를 멈추다), to부정사를 stop 뒤에 쓰면 '~하기 위해 멈추다'라는 의미가 된다.

15 '동사-ing' 형태인 동명사는 주어 자리에 쓸 수 있다.

16 remember는 to부정사와 동명사를 둘 다 쓰지만 의미가 달라진다. '~했던 것을 기억했다'라는 의미로 쓸 때는 동명사를 목적어로 쓴다.

17 deny는 동명사를 목적어로 취하는 동사이다.

18 Being[To be] an astronaut is my

19 I cannot help laughing

20 will be interested in listening

21 Do you mind turning down the music

22 I spend much time watching movies

18 '동사-ing' 형태인 동명사나 to부정사를 주어 자리에 쓸 수 있다.

19 cannot[can't] help V-ing는 '~하지 않을 수 없다'라는 뜻의 동명사 표현이다.

20 be interested in V-ing는 '~하는 데 관심이 있다'라는 뜻의 동명사 표현이다.

21 mind는 동명사를 목적어로 취하는 동사이다.

22 spend time V-ing는 '~하는 데 시간을 쓰다'라는 뜻의 동명사 표현이다.

23 to ask → asking

24 talk → talking

25 to study → studying

26 to eat → eating

27 making → to make

28 to go → going

29 to waste → wasting

23 keep은 동명사를 목적어로 취하는 동사이다.

24 be busy V-ing는 '~하느라 바쁘다'라는 뜻의 동명사 표현이다.

25 be interested in V-ing는 '~하는 데 관심이 있다'라는 뜻의 동명사 표현이다.

26 avoid는 동명사를 목적어로 취하는 동사이다.

27 want는 to부정사를 목적어로 취하는 동사이다.

28 feel like V-ing는 '~하고 싶다'라는 뜻의 동명사 표현이다.

29 전치사 뒤에는 명사나 대명사 외에도 동명사를 쓸 수 있다. 단, to부정사는 쓸 수 없다.

30 to put → putting

31 writing → to write

32 overcoming → to overcome

33 to propose → proposing

30 '~하는 게 어때?'라는 표현 How about ~?에서 about은 전치사이므로 뒤에 동명사가 와야 한다. 전치사 뒤에 to부정사는

쓸 수 없다.

31 remember는 to부정사와 동명사를 둘 다 쓰지만 의미가 달라진다. 문맥상 '~할 것을 기억하다'라는 의미로 써야 하고, 이때는 to부정사를 목적어로 쓴다.

32 try는 to부정사와 동명사를 둘 다 쓰지만 의미가 달라진다. 문맥상 '~하려고 노력하다'라는 의미로 써야 하고, 이때는 to부정사를 목적어로 쓴다.

33 keep은 동명사를 목적어로 취하는 동사이다.

34 She's[She is] interested in writing.
35 You're[You are] very good at writing.
36 She enjoys baking bread.
37 He practices jumping rope.

34 be interested in V-ing는 '~하는 데 관심이 있다'라는 뜻의 동명사 표현이다.

35 be good at V-ing는 '~을 잘하다, ~에 능숙하다'라는 뜻의 동명사 표현이다.

36 enjoy는 동명사를 목적어로 취하는 동사이다.

37 practice는 동명사를 목적어로 취하는 동사이다.

38 I'm[I am] considering going to New York to see you
39 I kept persuading them.
40 I'm[I am] looking forward to meeting you soon.

38 consider는 동명사를 목적어로 취하는 동사이다.

39 keep은 동명사를 목적어로 취하는 동사이다.

40 look forward to V-ing는 '~하기를 고대하다'라는 뜻의 동명사 표현이다.

[CHAPTER 10] 전치사와 접속사

Unit 01 전치사 1 – 장소, 위치   p. 159

01 It[The painting] is on the wall.
02 is standing at the bus stop
03 is sleeping behind
04 is between John and Ann
05 near → around
06 in → in front of
07 put these slippers under the table
08 found the key in the drawer
09 is near the lake
10 Anna will sit by[next to] me

Unit 02 전치사 2 – 시간   p. 161

01 Did she arrive at noon?
02 will go on a vacation for two weeks
03 have dinner before the concert
04 moved to Seattle in 2019
05 in → at
06 on → in
07 He usually takes a walk after lunch.
08 They plan to go camping on Sunday.
09 met her cousin during the holidays
10 do at seven in the evening

Unit 03 등위 접속사   p. 163

01 I was tired but went there.
02 is nice but expensive
03 gets up early and goes jogging
04 missed the bus / so I was late
05 and → or
06 and he takes → so he took
07 speak English and French
08 studied hard but failed the exam
09 be at home or in the library
10 was cold / so I closed

Unit 04 부사절 접속사   p. 165

01 Before they come, I will cook for them.
02 because we can go to school
03 if it is sunny / we will go camping
04 makes his bed before he goes
05 because of → because

06 Before he will graduate → After he graduates

07 visit me while I was out

08 If you need help / you can tell

09 When[If, While] you drive a car, you must wear

10 walked slowly because he had a bad leg 또는 walked slowly because of his bad leg

Unit 05 명사절 접속사 that
p. 167

01 The truth is that he lied to us.

02 I couldn't believe that he stole

03 The problem is that I don't know

04 That I love you is certain.

05 hope that he will get better

06 fact is that we don't have

07 That he lied to you is

08 They know that Emily is

09 I think that it is exciting.

10 That you came late made her angry.

중간고사 · 기말고사 실전문제
p. 168

01 in

02 for

03 during

04 because

05 at

06 If

07 on

01 달 May(5월) 앞에는 전치사 in이 온다.

02 숫자를 포함한 구체적인 기간 앞에는 전치사 for를 쓴다.

03 특정한 때를 나타내는 the winter vacation이 쓰였으므로 전치사 during을 쓴다.

04 문맥상 '~ 때문에'라는 뜻의 부사절을 이끄는 접속사인 because가 와야 한다.

05 좁거나 공간이 없는 곳 앞에는 전치사 at을 쓴다.

06 문맥상 '만약 ~라면'이라는 뜻의 부사절을 이끄는 접속사인 if 가 와야 한다.

07 표면에 접촉한 상태인 '~ 위에'를 나타낼 때는 전치사 on을 쓴다.

08 I went to a library and studied for the exam.

09 Because the macarons taste good / the cafe is

10 That Jihye has a twin brother is

11 do you like better / pizza or chicken

12 If the shoes are not expensive / I'll buy

08 같은 종류의 말을 '그리고'로 연결할 때 접속사 and를 쓴다.

09 문맥상 '~ 때문에'라는 뜻의 부사절을 이끄는 접속사인 because가 맨 앞에 와야 한다.

10 That으로 시작하는 명사절은 명사와 같이 주어 자리에 올 수 있다.

11 같은 종류의 말을 '또는'으로 연결할 때 접속사 or를 쓴다.

12 문맥상 '만약 ~라면'이라는 뜻의 부사절을 이끄는 접속사인 if 가 와야 한다.

13 There is a mountain near my house.

14 It will rain today / so I brought my umbrella

15 Take two pills after meals.

16 couldn't come to the party because he was

17 My parents think that I like vegetables.

18 The musical ended at 11:30.

13 '~ 근처에'라는 뜻의 전치사는 near을 이용하여 쓴다.

14 같은 종류의 말을 '그래서'로 연결할 때 접속사 so를 쓴다.

15 '~ 후에'를 의미하는 시간 전치사는 after를 이용하여 쓴다.

16 문맥상 '~ 때문에'라는 뜻의 부사절을 이끄는 접속사인 because를 이용하여 쓴다.

17 동사 think의 목적어로 절이 오므로 명사절을 이끄는 접속사 that을 이용하여 쓴다.

18 구체적인 시각이나 때를 표현하기 위해서는 전치사 at을 쓴다.

19 will make → make

20 at → on

21 because of → because

22 dance → dancing

23 if → that

19 시간/조건의 부사절에서는 의미가 미래라도 현재시제로 쓴다.

20 크리스마스와 같이 특별한 날은 전치사 on을 쓴다.

21 뒤에 주어와 동사가 있는 완전한 문장이 왔으므로 접속사 because가 와야 한다.

22 동사가 and로 연결될 때는 같은 종류의 동사구를 연결하므로 dance를 앞의 동명사구와 맞춰 동명사 dancing으로 바꿔 준다.

23 동사 believe의 목적어로 절이 오므로 if를 명사절을 이끄는 접속사 that으로 고쳐야 한다.

24 between the two red boats

25 in front of the yellow boat

26 behind the yellow boat

27 beautiful flowers in the vase

28 is standing at[by] the door

29 his friend at the bus stop

24 '~ 사이에'를 의미하는 위치 전치사는 between이다.

25 '~ 앞(에)'를 의미하는 위치 전치사는 in front of이다.

26 '~ 뒤(에)'를 의미하는 위치 전치사는 behind이다.

27 꽃들이 꽃병 '안에' 있으므로 위치 전치사 in이 와야 한다.

28 좁거나 공간이 없는 곳 앞에는 전치사 at이나 '문 옆에'라는 의미로 by를 쓴다.

29 좁거나 공간이 없는 곳 앞에는 전치사 at을 쓴다.

> **30** when I'm[I am] nervous
> **31** because my puppy is sick
> **32** When she leaves work
> **33** While pasta is cooking
> **34** If you get up late
> **35** before he eats food 또는 before eating food

30 '~할 때'라는 뜻의 부사절을 이끄는 접속사인 when이 와야 한다.

31 '~ 때문에'라는 뜻의 부사절을 이끄는 접속사인 because가 와야 한다.

32 '~할 때'라는 뜻의 부사절을 이끄는 접속사인 when이 와야 한다.

33 '~하는 동안'이라는 뜻의 부사절을 이끄는 접속사인 while이 와야 한다.

34 '~라면'이라는 뜻의 부사절을 이끄는 접속사인 if가 와야 한다.

35 '~ 이전에'라는 뜻의 부사절을 이끄는 접속사인 before가 와야 한다. 또는 before 뒤에 동명사를 써서 before를 전치사로 쓸 수도 있다.

> **36** (1) that it is going to be really hot
> (2) If it is really hot tomorrow
> **37** When she got better, she couldn't see and hear anything. 또는 She couldn't see and hear anything when she got better.
> **38** ⓑ because of → because
> **39** ⓒ at 2020 → in 2020
> **40** ① during → for

36 (1) 목적어절은 that을 이용하여 쓰고, that절 안에는 날씨를 나타내는 비인칭 주어 it과 미래 예정을 나타내는 be going to be를 사용한다.

(2) 문맥상 '만약 ~라면'이라는 뜻의 부사절을 이끄는 접속사인 if가 와야 한다. 조건절에서는 현재시제가 미래를 대신한다.

37 문맥상 '~할 때'라는 뜻의 부사절을 이끄는 접속사인 when이 와야 한다. '볼 수도 들을 수 없었다'라는 같은 종류의 절과 절을 의미상 '그리고'로 연결할 때는 접속사 and를 쓴다.

38 뒤에 주어와 동사가 있는 완전한 문장이 왔으므로 접속사 because가 와야 한다.

39 연도 앞에는 전치사 in을 써야 한다.

40 숫자를 포함한 구체적인 기간인 5 days가 쓰였으므로 전치사 for를 써야 한다.

MY WRITING COACH

내신서술형 중 1

Workbook
정답과 해설

CHAPTER [01] be동사와 일반동사

중간고사 · 기말고사 실전문제 p. 2

01 My mom is
02 She teaches physics
03 The children are not
04 He doesn't set the alarm
05 Is yoga a good exercise
06 Do they live next door

01 주어 My mom은 3인칭 단수이므로 be동사는 is를 쓴다.
02 주어 She는 3인칭 단수이므로 일반동사는 teaches를 쓴다.
03 주어 The children은 3인칭 복수이므로 be동사는 are이며 부정문이므로 not이 be동사 뒤에 온다.
04 주어가 He인 일반동사의 부정문은 〈doesn't + 동사원형〉이므로 doesn't set으로 쓴다.
05 주어가 3인칭 단수이므로 be동사는 Is를 사용하며 의문문은 be동사를 주어 앞에 쓴다.
06 일반동사의 의문문은 〈Do/Does + 주어 + 동사원형 ~?〉이고 주어가 3인칭 복수 they이므로 Do를 사용한다.

07 Is Jimin late for school today?
08 My brothers are good tennis players.
09 Jennifer makes cupcakes on Sundays.
10 I'm[I am] not afraid of spiders.
11 Does the boy have a bike?
12 My father doesn't[does not] like hamburgers.

07 주어가 3인칭 단수이므로 be동사는 Is를 사용하며 의문문은 be동사를 주어 앞에 쓴다.
08 주어가 복수이므로 be동사는 are를 쓴다.
09 주어 Jennifer가 3인칭 단수이므로 일반동사는 makes를 쓴다.
10 주어가 I이므로 be동사는 am을 쓰고, 부정문이므로 not이 be동사 뒤에 온다.
11 일반동사의 의문문은 〈Do/Does + 주어 + 동사원형 ~?〉이고 주어가 3인칭 단수 the boy이므로 Does를 사용한다.
12 주어가 3인칭 단수일 때 일반동사의 부정문은 〈doesn't[does not] + 동사원형〉으로 쓴다.

13 No, they aren't.
14 Does Penny like chicken?
15 Yes, I do.
16 Do you have a brother?
17 No, they don't.

13 be동사 의문문에 대한 부정 대답은 〈No, + 인칭대명사 + be동사 + not〉이다. 이때 be동사와 not은 축약하여 쓴다.

14 일반동사의 의문문은 〈Do/Does + 주어 + 동사원형 ~?〉이고 주어가 3인칭 단수 Penny이므로 Does를 사용한다.
15 일반동사 의문문의 긍정 대답은 〈Yes, + 인칭대명사 + 조동사 do/does〉이다.
16 일반동사의 의문문은 〈Do/Does + 주어 + 동사원형 ~?〉이고 주어가 2인칭 단수이므로 Do를 사용한다.
17 일반동사 의문문의 부정 대답은 〈No, + 인칭대명사 + 조동사 don't/doesn't〉이다.

18 lives → live
19 is → are
20 don't watches → don't watch
21 Is → Are
22 Does → Do

18 주어 My grandparents가 복수이므로 일반동사는 live를 쓴다.
19 and로 묶인 하나의 주어 Tim and I가 복수 주어이므로 be동사는 are를 쓴다.
20 주어가 복수이므로 do를 사용하고, 부정문은 〈don't + 동사원형〉이므로 don't watch를 쓴다.
21 주어 the stores in the street가 복수이므로 be동사는 are를 사용한다.
22 일반동사의 의문문은 〈Do/Does + 주어 + 동사원형 ~?〉이고, 주어가 you이므로 Do를 사용한다.

23 I'm[I am] not interested in art.
24 Does Mary clean the kitchen every day?
25 It's[It is] fantastic.
26 Sora doesn't[does not] play the drums in her band.
27 He knows the story well.

23 be동사의 부정문은 be동사 뒤에 not을 쓴다.
24 일반동사의 의문문은 〈Do/Does + 주어 + 동사원형 ~?〉이고, 주어가 3인칭 단수 Mary이므로 Does를 사용한다.
25 주어가 3인칭 단수 it이므로 be동사 is를 사용한다.
26 주어가 3인칭 단수인 일반동사의 부정문은 〈doesn't[does not] + 동사원형〉이므로 doesn't[does not] play로 쓴다.
27 주어 He는 3인칭 단수이므로 일반동사는 knows를 쓴다.

28 My father works hard.
29 The baby isn't[is not] asleep.
30 My sister and I don't[do not] share a room.

28 주어 My father는 3인칭 단수이므로 일반동사는 works를 쓴다.
29 주어 The baby는 3인칭 단수이므로 is를 쓰며, 부정문은 be동사 뒤에 not을 붙인다.
30 주어가 복수이므로 do를 쓰며, 주어가 복수일 때 일반동사의 부정문은 〈don't + 동사원형〉이다.

중간고사 · 기말고사 실전문제   p. 6

01 Will you go shopping
02 The baby was taking a nap
03 We were good friends
04 Are you drinking coffee
05 Someone stole her shoes
06 Jeff came back from a trip

01 '~할 것이다'의 미래 표현 will의 의문문은 〈Will + 주어 + 동사원형 ~?〉이다.
02 '하고 있었다'라는 뜻의 과거진행형은 현재진행형 〈be동사 + 동사-ing〉에서 be동사만 과거형으로 바꿔 쓴다.
03 문장의 시제가 과거이고 주어가 We이므로 be동사의 과거형 were를 쓴다.
04 '~하고 있는 중이니?'를 묻는 진행형의 의문문은 〈be동사 + 주어 + 동사-ing〉이다.
05 steal은 불규칙 과거동사로 과거형은 stole이다.
06 come은 불규칙 과거동사로 과거형은 came이다.

07 Yunji put some salt
08 We will finish our project
09 Jinny is not taking a rest
10 Jinsu is going to make pizza
11 The singer is dancing
12 Are you going to go climbing

07 put의 과거형은 현재형과 같은 put이다.
08 '~할 것이다'라는 미래의 의지를 나타낼 때 〈조동사 will + 동사원형〉을 사용한다.
09 '하고 있음'을 나타내는 현재진행형은 〈be동사 + 동사-ing〉이며, 부정문은 not을 be동사 뒤에 붙인다.
10 '~할 예정이다'와 같이 일정을 나타낼 때는 〈be going to + 동사원형〉을 쓴다.
11 '하고 있음'을 나타내는 현재진행형은 〈be동사 + 동사-ing〉로 쓴다.
12 '~할 예정이다'와 같이 일정을 나타낼 때는 〈be going to + 동사원형〉을 쓴다. 의문문에서는 be동사가 주어 앞에 온다.

13 is wearing
14 started
15 were jogging
16 No / isn't
17 is lying under the table

13 '지금 쓰고 있음'을 나타내려면 현재진행형 〈be동사 + 동사-ing〉로 써야 한다.

14 과거의 일을 나타내므로 일반동사의 과거형(동사원형-ed)로 쓴다.
15 '하고 있었다'라는 뜻의 과거진행형은 〈be동사 + 동사-ing〉에서 be동사만 과거형으로 바꿔 쓴다. 동사 jog는 동사에 마지막 자음 1개를 추가한 후 -ing를 붙인다.
16 진행형 의문문에 대한 부정 대답은 〈No, 주어 + be동사 + not〉을 축약해서 쓴다.
17 '지금 하고 있음'을 나타내려면 현재진행형 〈be동사 + 동사-ing〉로 써야 한다.

18 I'm[I am] making some bread for my friends now.
19 He paid for the dinner yesterday.
20 Hyunsu and I are not going to fight any more.
21 Were you running in the street at that time?
22 Will the weather be fine tomorrow?

18 '지금 만들고 있음'을 나타내려면 현재진행형 〈be동사 + 동사-ing〉로 써야 하는데, be동사가 빠졌다.
19 pay는 불규칙 과거동사로 과거형은 paid이다.
20 be going to의 부정문은 be동사 뒤에 not을 쓴다.
21 동사 run은 동사에 마지막 자음 1개를 추가한 후 -ing를 붙인다.
22 조동사 will이 있는 문장의 의문문은 〈Will + 주어 + 동사원형 ~?〉으로 쓴다.

23 It won't[will not] be warm next week.
24 Are your parents ordering wine now?
25 My father isn't[is not] watering the flowers in the garden.

23 will이 있는 문장의 부정문은 will 뒤에 not을 붙인다. will not을 축약해서 won't로 쓰기도 한다.
24 '지금 하고 있음'을 나타내는 현재진행형은 〈be동사 + 동사-ing〉이며, 의문문은 〈be동사 + 주어 + 동사-ing〉이다.
25 '하고 있음'을 나타내는 현재진행형의 부정문은 현재진행형 문장의 be동사 뒤에 not을 붙인다.

26 I'm going to go to the cinema.
27 I won the game.
28 She will buy some books with her mother.
29 I'm looking for my contact lens.
30 Are you enjoying the party?

26 영화관에 갈 것이라는 예정을 나타내므로 〈be going to + 동사원형〉을 쓴다.
27 과거의 일을 이야기하므로 과거시제로 쓴다. 동사 win은 불규칙 과거동사로 과거형은 won이다.
28 '~할 것이다'라는 미래의 의지를 나타낼 때 〈조동사 will + 동사원형〉을 사용한다.
29 '지금 찾고 있음'을 나타내려면 현재진행형 〈be동사 + 동사-ing〉로 쓴다.
30 '하고 있음'을 나타내는 현재진행형은 〈be동사 + 동사-ing〉이며, 의문문은 〈be동사 + 주어 + 동사-ing〉이다.

01 must not
02 may
03 can't
04 had to
05 should

01 '~해야 한다'라는 뜻의 의무, 규칙을 나타내는 표현으로 〈조동사 must + 동사원형〉을 쓰며, '~하지 말아야 한다'라는 뜻의 부정형은 조동사 must 뒤에 not이 온다.

02 〈조동사 may + 동사원형〉은 '~일지 모른다'라는 추측의 의미가 있다.

03 조동사 can의 부정형 can't는 '~할 수 없다'라는 의미이다.

04 '~해야 한다'라는 뜻의 의무, 당위를 나타내는 표현으로 have to를 써야 하는데, 과거이므로 had to를 쓴다.

05 충고의 의미로 '~해야 한다'라고 할 때는 〈조동사 should + 동사원형〉으로 쓴다.

06 Can
07 should not
08 have to
09 don't have to

06 '~해도 될까요?'라고 허가를 구할 때는 〈조동사 Can[May] + I + 동사원형 ~?〉으로 쓴다.

07 충고의 의미로 '~하지 않는 게 좋다'라고 할 때는 〈조동사 should + not + 동사원형〉으로 쓴다.

08 '~해야 한다'라는 뜻의 의무, 당위를 나타내는 표현으로 have to를 쓴다.

09 '~할 필요가 없다'라는 불필요를 나타낼 때는 have to의 부정형 don't have to를 쓴다.

10 cannot[can't] eat
11 May I take my dog into
12 doesn't have to bring
13 Must I turn off my phone
14 Can this baby walk
15 We should not be rude

10 조동사 can의 부정형 cannot[can't]는 '~할 수 없다, ~하면 안 된다'라는 의미이다.

11 '~해도 될까요?'라고 허가를 구할 때는 〈조동사 May + I + 동사원형 ~?〉으로 쓴다.

12 '~할 필요가 없다'라는 불필요를 나타낼 때는 have to의 부정형 don't have to를 쓴다. 주어가 3인칭 단수일 때는 doesn't have to로 바꿔 쓴다.

13 '~해야 한다'라는 뜻의 의무, 규칙을 나타내는 표현으로 〈조동사 must + 동사원형〉을 쓰며, 의문문은 주어와 조동사의 순서를 바꾼다.

14 〈조동사 can + 동사원형〉은 '~할 수 있다'는 의미이다. 의문문은 조동사를 주어 앞에 써서 〈조동사 Can + 주어 + 동사원형 ~?〉이다.

15 충고의 의미로 '~하면 안 된다, ~하지 않는 게 좋다'라고 할 때는 〈조동사 should + not + 동사원형〉으로 쓴다.

16 They may be waiting for us.
17 You don't have to call me again.
18 She should not go there alone.
19 We can go to the station
20 You have to wear a helmet
21 He may not be a nice guy.

16 〈조동사 may + 동사원형〉은 '~할지 모른다'라는 추측의 의미가 있다. 동작이 현재 진행됨을 나타내므로 현재진행형 〈be + 동사-ing〉로 쓴다.

17 '~할 필요가 없다'는 불필요를 나타낼 때는 have to의 부정형 don't have to를 쓴다.

18 충고의 의미로 '~하지 않는 게 좋다'라고 할 때는 〈조동사 should + not + 동사원형〉으로 쓴다.

19 〈조동사 can + 동사원형〉은 '~할 수 있다'라는 의미이다.

20 '~해야 한다'라는 뜻의 의무, 당위를 나타내는 표현으로 have to를 쓴다.

21 〈조동사 may + 동사원형〉은 '~할지 모른다'라는 추측의 의미가 있다. 부정형은 조동사 may뒤에 not을 쓴다.

22 Can Jasper share his textbook with Andy?
23 You may not leave a message after the beep.
24 We must wear a mask in public places.
25 Should we walk 10,000 steps every day?
26 Does Boram have to save her pocket money this month?

22 〈조동사 can + 동사원형〉은 '~할 수 있다'라는 의미이다. 의문문은 조동사를 주어 앞에 써서 〈조동사 Can + 주어 + 동사원형 ~?〉이다.

23 '~해도 된다, 괜찮다'란 의미의 조동사 may의 부정형은 may not이다. may not은 줄여 쓰지 않는다.

24 '~해야 한다'라는 뜻의 의무, 규칙을 나타내는 표현으로 〈조동사 must + 동사원형〉을 쓴다.

25 충고의 의미로 '~해야 한다'라고 할 때는 〈조동사 should + 동사원형〉으로 쓴다. 의문문은 조동사를 주어 앞에 써서 〈조동사 Should + 주어 + 동사원형 ~?〉이다.

26 '~해야 한다'라는 뜻의 의무, 당위를 나타내는 표현 have to의 의문문은 〈조동사 Do[Does] + 주어 + have to ~?〉로 쓴다. 주어가 3인칭 단수 Boram이므로 Does로 묻는다.

[05 형용사, 부사, 비교

중간고사 • 기말고사 실전문제
p. 18

01 has many interesting ideas
02 Unfortunately / my grandmother had a car accident
03 are more dangerous than cars
04 doesn't take much time
05 is the happiest moment
06 doesn't usually exercise

01 many는 '많은'이란 뜻으로 셀 수 있는 명사의 수를 나타낸다. 그러므로 idea 뒤에 -s를 붙여 ideas로 쓴다.
02 unfortunate는 형용사이다. 그러므로 문장 전체를 수식하는 부사 Unfortunately로 바꾸어 문장 맨 앞에 써 준다.
03 '~보다 더 …한[하게]'은 〈비교급＋than〉으로 표현해야 하므로 dangerous의 비교급 more dangerous로 쓴다.
04 time은 셀 수 없는 명사이다. much는 '많은'이란 뜻으로 셀 수 없는 명사의 양을 나타낸다.
05 최상급 앞에는 the를 쓴다.
06 '보통'의 뜻을 나타내는 빈도부사 usually는 일반동사 앞에 쓴다.

07 We are never at home
08 My sister is as pretty as
09 advice was very helpful
10 Science is the most difficult subject
11 have little milk in the refrigerator
12 Italian food is as delicious as French food

07 '전혀[절대] ~하지 않다'의 뜻을 나타내는 빈도부사 never는 be동사 뒤에 쓴다.
08 '~만큼 …한'은 〈as＋형용사＋as〉로 표현한다.
09 형용사 helpful은 〈be동사＋형용사〉의 형태로 주어가 어떠한지 서술한다.
10 최상급 앞에는 the를 쓰며, difficult는 2음절 이상이므로 most를 붙여 최상급으로 만든다.
11 milk는 셀 수 없는 명사이다. '거의 없는'이란 뜻으로 셀 수 없는 명사의 양을 나타내는 형용사는 little이다.
12 '~만큼 …한'은 〈as＋형용사＋as〉로 표현한다.

13 few
14 little
15 much

13 student는 셀 수 있는 명사이다. '거의 없는'이란 뜻으로 셀 수 있는 명사의 수를 나타내는 형용사는 few이다.
14 knowledge는 셀 수 없는 명사이다. '거의 없는'이란 뜻으로 셀 수 없는 명사의 양을 나타내는 형용사는 little이다.
15 time은 셀 수 없는 명사이다. much는 '많은'이란 뜻으로 셀 수 없는 명사의 양을 나타낸다.

16 Seoul is the hottest[warmest] (city) of the five cities.
17 Moscow is the coldest (city) of the five cities.

16 가장 더운 도시는 Seoul이다. 최상급 앞에는 the를 쓴다. '~중에서'는 복수 명사 앞에 of를 쓴다. hot(뜨거운)이나 warm(따뜻한)을 이용하며, hot의 최상급은 hottest라는 데 주의한다.
17 가장 추운 도시는 Moscow이다. 최상급 앞에는 the를 쓴다. '~중에서'는 복수 명사 앞에 of를 쓴다.

18 Her husband gave a special present
19 Mina's Chinese is as good as Yuna's.
20 My mother hugged me tightly
21 What is the most popular food
22 There is someone strange in the garden.
23 Experience is more important than money

18 형용사 special은 명사 앞에서 꾸며 준다.
19 '~만큼 …한'은 〈as＋형용사＋as〉로 표현한다.
20 '꼭'이라는 뜻으로 동사를 수식하므로 형용사 tight의 부사형 tightly가 와야 한다.
21 최상급 앞에는 the를 쓰며, popular는 2음절 이상이므로 most를 붙여 최상급으로 만든다.
22 -one으로 끝나는 명사는 형용사가 뒤에서 꾸며 준다.
23 '~보다 더 …한[하게]'은 〈비교급＋than〉으로 표현한다. important는 2음절 이상이므로 more를 붙여 비교급을 만든다.

24 The musical is more boring than the book.
25 Maggie talked to her friend quietly during the class.
26 Kelly is the smartest girl in her class.
27 My friends and I never swim in the lake.
28 The stadium is quiet. There are not many people.

24 '~보다 더 …한[하게]'은 〈비교급＋than〉으로 표현한다. boring은 more를 붙여 비교급을 만든다.
25 '조용히'라는 뜻으로 동사를 수식하므로 형용사 quiet의 부사형 quietly가 와야 한다.
26 가장 똑똑한 소녀이므로 복수 girls가 아닌 단수 girl이 되어야 한다.
27 '전혀[절대] ~하지 않다'의 뜻을 나타내는 빈도부사 never는 일반동사 앞에 쓴다.
28 people은 셀 수 있는 사람들이므로 much가 아닌 many가 와야 한다.

29 He can get along with other people easily.
30 Diamond is the hardest thing on Earth.

29 다른 사람들과 '쉽게' 어울린다는 의미로 동사를 수식하는 부사가 되어야 하므로 easily가 와야 한다.
30 최상급 앞에는 the를 쓴다. '단단한, 어려운'이라는 형용사 hard의 최상급은 the hardest이다.

[CHAPTER
06 문장의 종류]

중간고사 · 기말고사 실전문제   p. 22

01 When
02 Why
03 What
04 How
05 Whose

01 '언제'를 뜻하는 의문사는 When이다.
02 '왜'를 뜻하는 의문사는 Why이다.
03 〈what kind of + 명사〉로 쓰며, '무슨 종류의 〜'라는 뜻이다.
04 '어떻게'를 뜻하는 의문사는 how이다.
05 〈whose + 명사〉는 '누구의 〜'라는 의문사이다.

06 How old is your sister
07 What does your mother want
08 What kind of desserts do you
09 Don't[Do not] waste your time
10 When did you go to
11 Who is your aunt

06 how 뒤에 형용사 old를 붙이면 '얼마나 나이 든'이라는 뜻의 의문사가 된다.
07 '무엇'을 뜻하는 의문사는 what이다.
08 〈What kind of + 명사〉는 '무슨 종류의 〜'이라는 뜻의 의문사이다.
09 '〜하지 마세요'와 같은 부정 명령문은 〈Don't[Do not] + 동사원형〉으로 시작한다.
10 '언제'를 뜻하는 의문사는 when이다.
11 '누구'를 뜻하는 의문사는 who이다.

12 Wash your hands
13 How creative she is
14 Why don't you ask your teacher
15 How many books did you read
16 How good is his English
17 Which language do you want

12 '〜하세요'와 같이 상대방에게 명령하는 명령문은 주어 없이 동사원형으로 시작한다.
13 '정말 〜구나!', '얼마나 〜한가!'를 의미하는 how로 시작하는 감탄문은 〈How + 형용사/부사 + 주어 + 동사〉로 쓴다.
14 '(네가) 〜하는 게 어때?'란 뜻의 제안문은 〈Why don't you + 동사원형 〜?〉으로 쓴다.
15 how 뒤에 형용사 many를 붙이면 '얼마나 많은'이라는 뜻의 의문사가 된다.
16 how 뒤에 형용사 good을 붙이면 '얼마나 좋은'이라는 뜻의 의

문사가 된다.
17 몇 가지 중에서 골라야 할 때는 〈which + 명사〉로 쓰며, '어느 〜'라는 뜻이다.

18 Norah can sing very well / can't she
19 What terrible baseball players they are
20 Why don't we go to the amusement park
21 How cold and windy it is today
22 Don't[Do not] eat snacks
23 How long were you in Jeju Island

18 평서문에 조동사가 있다면 그 조동사를 반대로 사용하여 '안 그래?', '그렇지?'란 의미의 부가의문문을 만든다.
19 '정말 〜구나!', '얼마나 〜한가!'를 뜻하는 감탄문은 〈What + 관사 + 형용사 + 명사 + 주어 + 동사〉로 쓰는데, 여기서는 복수 명사가 쓰였으므로 관사를 쓰지 않는다.
20 '(같이) 〜하자', '(같이) 〜하는 게 어때?'란 뜻의 제안문은 〈Why don't we + 동사원형 〜?〉으로 쓴다.
21 '정말 〜구나!', '얼마나 〜한가!'를 의미하는 how로 시작하는 감탄문은 〈How + 형용사/부사 + 주어 + 동사〉로 쓴다. today 는 부사로 it is 뒤에 쓴다.
22 '〜하지 마세요'와 같은 부정 명령문은 〈Don't + 동사원형〉으로 시작한다.
23 how 뒤에 형용사 long을 붙이면 '얼마나 오래'라는 뜻의 의문사가 된다.

24 Be careful with my luggage, please.
25 What is your favorite drama?
26 Let's not watch that movie tonight.
27 What a great musical it is!
28 Millie won't come in time, will she?

24 '〜하세요'와 같이 상대방에게 명령하는 명령문은 주어 없이 동사원형으로 시작하므로 Be를 넣는다.
25 '무엇'을 뜻하는 의문사는 what이다.
26 부정 청유문은 〈Let's not + 동사원형〉으로 쓴다.
27 '정말 〜구나!', '얼마나 〜한가!'를 뜻하는 감탄문은 〈What + 관사 + 형용사 + 명사 + 주어 + 동사〉로 쓴다. 명사가 셀 수 있는 명사일 때는 관사를 써 준다.
28 평서문에 조동사가 있다면 그 조동사를 반대로 사용하여 '안 그래?', '그렇지?'라는 의미의 부가의문문을 만든다.

29 What did you do there
30 You will go there again / won't you

29 대답에서 요리 교실에서 무엇을 했는지에 대해 설명하고 있으므로 질문에 의문사 '무엇'이란 뜻의 what 의문사로 쓴다.
30 평서문에 조동사가 있다면 그 조동사를 반대로 사용하여 '안 그래?', '그렇지?'라는 의미의 부가의문문을 만든다.

CHAPTER 07 문장의 형식

중간고사 · 기말고사 실전문제 p. 26

01 The weather turned cold.
02 I found the bag heavy.
03 He felt bored.
04 Regular exercise keeps you healthy.

01 turn은 '~이 되다'라는 뜻으로 보어가 필요한 2형식 동사이다. 주격보어로는 형용사나 명사가 온다.
02 find가 '~이 …임을 알았다'라는 의미로 쓰일 때는 〈find + 목적어 + 목적격보어〉 구조를 취한다. 목적격보어로는 형용사나 명사가 온다.
03 감각동사 feel 뒤에 오는 주격보어 자리에는 형용사나 명사를 쓴다.
04 keep이 '~를 …하게 유지하다'라는 의미로 쓰일 때는 〈keep + 목적어 + 목적격보어〉 구조를 취한다. 목적격보어로는 형용사가 온다.

05 Minji lives in a nice apartment.
06 Close all the doors.
07 My grandfather taught me a life lesson.
08 They look like police officers.
09 I named my dog Gureum.
10 The actress became so famous.

05 live는 목적어가 필요 없는 자동사로 〈주어 + 동사〉의 1형식 문장이다.
06 목적어가 필요한 동사 close 뒤에 목적어가 온 3형식 문장이다.
07 teach는 〈동사 + 간접목적어(~에게) + 직접목적어(…을/를)〉의 4형식 문장으로 쓸 수 있다.
08 감각동사 뒤에 명사를 쓸 때는 〈감각동사 + 전치사 like + 명사〉와 같이 쓴다.
09 name이 '~를 …라고 이름 짓다[부르다]'라는 의미로 쓰일 때는 〈name + 목적어 + 목적격보어〉 구조를 취한다. 이때 목적격보어로는 명사가 온다.
10 become은 '~이 되다'라는 뜻으로 보어가 필요한 2형식 동사이다. 주격보어로는 형용사나 명사가 온다. so는 형용사 famous를 꾸며 주는 부사이다.

11 Chris looks worried about the mid-term.
12 His parents made him a soldier.
13 I washed the dishes after lunch.
14 The colorful leaves fall in autumn.
15 I sent my friends Christmas cards. 또는 I sent Christmas cards to my friends.
16 People thought him handsome and polite.

11 감각동사 look 뒤에 오는 주격보어 자리에는 형용사나 명사를 쓴다.
12 make가 '~을 …으로 만들다'라는 의미로 쓰일 때는 〈make + 목적어 + 목적격보어〉 구조를 취한다. 목적격보어로는 명사가 온다.
13 목적어가 필요한 동사 wash 뒤에 목적어가 온 3형식 문장이다.
14 fall은 목적어가 필요 없는 자동사로 〈주어 + 동사〉의 1형식 문장이다.
15 send는 〈동사 + 간접목적어(~에게) + 직접목적어(…을/를)〉의 4형식 문장이나 〈동사 + 직접목적어 + to + 간접목적어〉의 3형식 문장으로 쓸 수 있다.
16 think는 '~을 …라고 생각하다'라는 의미로 〈think + 목적어 + 목적격보어〉 구조이고, 이때 목적격보어로는 형용사가 온다.

17 You look pale.
18 She felt disappointed at the result.
19 the high temperature turned the milk sour

17 look은 '~해 보이다'라는 뜻으로 보어가 필요한 2형식 동사이다. 주격보어로는 형용사나 명사가 온다.
18 감각동사 feel 뒤에 오는 주격보어 자리에는 형용사나 명사를 쓴다.
19 turn은 '~을 …으로 바꾸다, 변하게 하다'라는 의미로 쓰일 때는 〈turn + 목적어 + 목적격보어〉 구조를 취한다. 목적격보어로는 형용사나 명사가 온다.

20 May I ask a favor of you?
21 Lucas bought a bunch of flowers for her.
22 Yena told her secrets to me.

20 〈ask + 간접목적어 + 직접목적어〉의 4형식 문장을 3형식 문장으로 쓸 때 간접목적어 앞에 전치사 of를 쓴다.
21 〈buy + 간접목적어 + 직접목적어〉의 4형식 문장을 3형식 문장으로 쓸 때 간접목적어 앞에 전치사 for를 쓴다.
22 〈tell + 간접목적어 + 직접목적어〉의 4형식 문장을 3형식 문장으로 쓸 때 간접목적어 앞에 전치사 to를 쓴다.

23 Please remain silent in the hospital.
24 All my family call my little sister Bobo.
25 I'll write a letter to my mother tonight. 또는 I'll write my mother a letter tonight.
26 The news suddenly made us surprised.
27 Julie found the book useful.
28 Eunwoo gave a beautiful necklace to Mina.

23 remain은 '계속 여전히 ~이다'는 뜻으로 보어가 필요한 2형식 동사이다. 주격보어로는 형용사나 명사가 온다.
24 call이 '~을 …라고 부르다'라는 의미로 쓰일 때는 〈call + 목적어 + 목적격보어〉 구조를 취한다. 목적격보어로는 명사가 오므로 like를 삭제해야 한다.

25 ⟨write + 간접목적어 + 직접목적어⟩의 4형식 문장으로 고치거나 3형식 문장으로 쓰려면 간접목적어 앞에 전치사 to를 써야 한다.

26 make가 '~을 …하게 만들다'라는 의미로 쓰일 때는 ⟨make + 목적어 + 목적격보어⟩ 구조를 취한다. 목적격보어로는 형용사가 온다.

27 find가 '~이 …임을 알게 되다'라는 의미로 쓰일 때는 ⟨find + 목적어 + 목적격보어⟩ 구조를 취한다. 목적격보어로는 형용사나 명사가 온다.

28 ⟨give + 간접목적어 + 직접목적어⟩ 구조의 4형식 문장을 3형식 문장으로 쓸 때 간접목적어 앞에 전치사 to를 쓴다.

29 children's smiles always make me happy
30 I'll[I will] make a scarf for her.

29 make가 '~을 …하게 만들다'라는 의미로 쓰일 때는 ⟨make + 목적어 + 목적격보어⟩ 구조를 취한다. 목적격보어로는 형용사가 온다.

30 ⟨make + 간접목적어 + 직접목적어⟩의 4형식 문장을 3형식 문장으로 쓸 때 간접목적어 앞에 전치사 for를 쓴다.

CHAPTER 08 to부정사

중간고사 · 기말고사 실전문제 p. 30

01 To read cartoon books is so fun.
02 I really like to spend time with my friends.
03 Terry went to a hospital to donate his blood.
04 We had a chance to visit our uncle
05 My mother's job is to treat sick people.
06 I went to the bookstore to meet Jina.

01 to부정사는 명사의 역할을 하여 주어 자리에 와서 주어 역할을 한다. '~하는 것'이라는 의미이다. to부정사 주어는 3인칭 단수 취급하여 be동사는 is/was를 쓰므로 is로 쓴다.

02 명사 역할을 하는 to부정사는 목적어 자리에 쓸 수 있다. 동사 like의 목적어로 쓰였다.

03 '헌혈을 하기 위해'라는 목적을 나타내는 to부정사를 사용한다.

04 to부정사는 '~하는, ~해야 할'이라는 의미로 명사를 수식하는 형용사 역할을 한다. to visit our uncle은 '우리의 삼촌을 방문할'이라는 의미로 명사 a chance를 수식한다.

05 to부정사는 명사의 역할을 하여 보어 자리에 쓸 수 있다.

06 'Jina를 만나기 위해'라는 의미이므로 목적을 나타내는 to부정사를 사용한다.

07 I need to finish my homework
08 knows the way to solve
09 To live in a city is
10 runs a lot to[in order to, so as to] be healthy
11 To write a novel is hard
12 hobby is to watch horror movies

07 명사 역할을 하는 to부정사는 목적어 자리에 쓸 수 있다. 동사 need의 목적어로 쓰였다.

08 to부정사는 '~하는, ~해야 할'이라는 의미로 명사를 수식하는 형용사 역할을 한다. to solve는 '푸는'이라는 의미로 명사 the way를 수식한다.

09 to부정사는 명사의 역할을 하여 주어 자리에 와서 주어 역할을 한다. '~하는 것'이라는 의미이다. to부정사 주어는 3인칭 단수 취급하여 be동사는 is를 쓴다.

10 문맥상 '건강하기 위해'라는 의미가 되어야 하므로 목적을 나타내는 to부정사를 사용한다. 목적의 의미를 강조하기 위해 in order to나 so as to로 쓸 수도 있다.

11 to부정사는 명사의 역할을 하여 주어 자리에 와서 주어 역할을 한다. '~하는 것'이라는 의미이다. to부정사 주어는 3인칭 단수 취급하여 be동사는 is를 쓴다.

12 to부정사는 명사의 역할을 하여 보어 자리에 쓸 수 있다.

13 To write a song is not easy.

14 His goal is to become a goalkeeper. 또는 To become a goalkeeper is his goal.

15 She wants to study abroad.

16 Is there something to say

17 I need to get to the station on time.

13 to부정사는 명사의 역할을 하여 주어 자리에 와서 주어 역할을 한다. '~하는 것'이라는 의미이다.

14 to부정사는 명사의 역할을 하여 주어나 보어 자리에 쓸 수 있다.

15 명사 역할을 하는 to부정사는 목적어 자리에 쓸 수 있다. 동사 want의 목적어로 쓰였다.

16 to부정사는 '~하는, ~해야 할'이라는 의미로 명사를 수식하는 형용사 역할을 한다.

17 to부정사는 명사(목적어) 역할을 하는 to부정사이다. 동사 need의 목적어로 쓰였다.

18 Her job as a nurse is to take[taking] care of patients.

19 Lucas hopes to travel to Europe next holiday.

20 To hang out with my cousins is a lot of fun.

21 Did your family decide to move to another city?

22 Do you have something interesting to read?

18 to부정사는 명사의 역할을 하여 보어 자리에 쓸 수 있다.

19 명사 역할을 하는 to부정사는 목적어 자리에 쓸 수 있다. 동사 hope의 목적어로 〈to + 동사원형〉으로 쓴다. 유럽으로 여행 가기를 바란다는 내용이므로 hopes to travel로 써야 한다. travel 뒤의 to는 '~으로'라는 전치사이다.

20 to부정사는 명사의 역할을 하여 주어 자리에 와서 주어 역할을 한다. '~하는 것'이라는 의미이다. to부정사 주어는 3인칭 단수 취급하여 be동사는 is/was를 쓰므로 is로 쓴다.

21 명사 역할을 하는 to부정사는 목적어 자리에 쓸 수 있다. 동사 decide의 목적어로 쓰였다.

22 to부정사는 '~하는, ~해야 할'이라는 의미로 명사를 수식하는 형용사 역할을 한다. -thing으로 끝나는 명사를 쓸 때는 〈-thing + 형용사 + to부정사〉의 어순으로 수식한다.

23 I went to a hospital to get a flu shot.

24 Sua will call you to ask about the homework.

25 Yuna stayed up late last night to get an A.

26 Dr. Kim went to Africa to take care of sick people (there).

23 문맥상 '독감 주사를 맞기 위해서'라는 의미가 되어야 하므로 목적을 나타내는 to부정사를 사용한다.

24 문맥상 '숙제에 대해 물어보기 위해서'라는 의미가 되어야 하므로 목적을 나타내는 to부정사를 사용한다.

25 문맥상 '좋은 성적을 받기 위해서'라는 의미가 되어야 하므로 목적을 나타내는 to부정사를 사용한다.

26 문맥상 '(거기에서) 아픈 사람들을 돌보기 위해서'라는 의미가

되어야 하므로 목적을 나타내는 to부정사를 사용한다.

27 My brother and I wanted to buy a present.

28 we decided to buy a heart-shaped candle

29 I went to Tokyo to[in order to, so as to] visit Disneyland with my family.

30 Was there anything interesting to do?

27 명사 역할을 하는 to부정사는 목적어 자리에 쓸 수 있다. 동사 wanted의 목적어로 쓰였다.

28 명사 역할을 하는 to부정사는 목적어 자리에 쓸 수 있다. 동사 decided의 목적어로 쓰였다.

29 '디즈니랜드를 방문하기 위해'라는 의미가 되어야 하므로 목적을 나타내는 to부정사를 사용한다. 목적의 의미를 강조하기 위해 in order to나 so as to로 쓸 수도 있다.

30 to부정사는 '~하는, ~해야 할'이라는 의미로 명사를 수식하는 형용사 역할을 한다. -thing으로 끝나는 명사는 형용사가 뒤에서 수식한다.

중간고사 · 기말고사 실전문제   p. 34

01 He avoided going to the dentist.
02 Having faith in yourself is important.
03 Daniel stopped to talk to his mother.
04 Making new friends is exciting.
05 Jinny hates making[to make] the same mistake.
06 I'm[I am] looking forward to hearing from you soon.

01 avoid는 동명사를 목적어로 취하는 동사이다.
02 '동사-ing' 형태인 동명사는 주어 자리에 쓸 수 있다.
03 stop 뒤에 to부정사를 쓰면 '~하기 위해 멈추다'라는 의미가 된다.
04 '동사-ing' 형태인 동명사는 주어 자리에 쓸 수 있다.
05 hate는 의미 변화 없이 to부정사와 동명사를 둘 다 목적어로 취할 수 있는 동사이다.
06 look forward to V-ing는 '~하기를 고대하다'라는 뜻의 동명사 표현이다.

07 forgot taking the medicine
08 is worth reading
09 made big money by selling clothes
10 Keeping a diary every day is
11 talked about starting a running club
12 considered painting my room

07 forget은 to부정사와 동명사를 둘 다 쓰지만 의미가 달라진다. '~(이미) 한 것을 잊어버렸다'는 의미로 쓸 때는 동명사를 목적어로 쓴다.
08 be worth V-ing는 '~할 가치가 있다'라는 뜻의 동명사 표현이다.
09 by V-ing는 '~함으로써'라는 뜻의 동명사 표현이다.
10 '동사-ing' 형태인 동명사는 주어 자리에 쓸 수 있다.
11 전치사의 목적어로 동명사를 쓸 수 있다.
12 consider는 동명사를 목적어로 취하는 동사이다.

13 My dad made his food salty by adding more salt.
14 You are good at making jokes.
15 Sue gave up learning how to play the piano.
16 He tried climbing up a tree for fun.
17 I am considering learning hapkido.
18 Mary is looking forward to taking a trip to Europe this summer.
19 Thank you for lending your laptop to me.

13 by V-ing는 '~함으로써'라는 뜻의 동명사 표현이다.

14 be good at V-ing는 '~을 잘하다, ~에 능숙하다'라는 뜻으로 전치사 뒤에는 동명사를 쓸 수 있다.
15 give up은 동명사를 목적어로 취하는 동사이다.
16 try는 to부정사와 동명사를 둘 다 쓰지만 의미가 달라진다. 문맥상 '시험 삼아 한번 해 보다'라는 의미로 써야 하고, 이때는 동명사를 목적어로 쓴다.
17 consider는 동명사를 목적어로 취하는 동사이다.
18 look forward to V-ing는 '~하기를 고대하다'라는 뜻의 동명사 표현이다.
19 전치사 뒤에는 명사나 대명사 외에도 동명사를 쓸 수 있다. 과거 동사 lent를 lending으로 고쳐야 한다. to부정사는 쓸 수 없다.

20 loves playing[to play] basketball
21 enjoys learning yoga
22 considers[is considering] making gimbap
23 tried to turn in the report

20 love는 to부정사와 동명사 모두 목적어로 취하는 동사이다.
21 enjoy는 동명사를 목적어로 취하는 동사이다.
22 consider는 동명사를 목적어로 취하는 동사이다.
23 try는 to부정사와 동명사를 둘 다 쓰지만 의미가 달라진다. 문맥상 '~하려고 노력하다'라는 의미로 써야 하고, 이때는 to부정사를 목적어로 쓴다.

24 (1) spent too much time reading
 (2) Don't[Do not] forget to make a plan for the exam

24 (1) 〈spend + 시간/돈 + V-ing〉는 '~하는 데 시간/돈을 쓰다'라는 의미이다.
 (2) forget은 to부정사와 동명사를 둘 다 쓰지만 의미가 달라진다. '~해야 할 것을 잊지 마라'라는 의미로 쓸 때는 to부정사를 목적어로 쓴다.

25 ⓐ protect → protecting
26 ⓓ Save → Saving[To save]

25 be interested in V-ing는 '~하는 데 관심이 있다'라는 뜻의 동명사 표현이다.
26 Save는 주어 자리이므로 동사원형이 아니라 '동사-ing' 형태인 동명사로 써야 한다. to부정사도 가능하다.

27 to avoid eating fatty food
28 Remember to eat slowly.
29 to keep exercising a lot in everyday life
30 Try to sleep enough.

27 try는 to부정사와 동명사를 둘 다 쓰지만 의미가 달라진다. 문맥상 '~하려고 노력하다'라는 의미로 써야 하고, 이때는 to부정사를 목적어로 쓴다. avoid는 동명사를 목적어로 취한다.
28 remember는 to부정사와 동명사를 둘 다 쓰지만 의미가 달라

진다. 문맥상 '~할 것을 기억하다'라는 의미로 써야 하고, 이때는 to부정사를 목적어로 쓴다.

29 keep은 동명사를 목적어로 취하는 동사이다.

30 try는 to부정사와 동명사를 둘 다 쓰지만 의미가 달라진다. 문맥상 '~하려고 노력하다'라는 의미로 써야 하고, 이때는 to부정사를 목적어로 쓴다.

중간고사 · 기말고사 실전문제   p. 38

01 in
02 on
03 during
04 around
05 at
06 for

01 넓은 장소나 내부 앞에는 전치사 in을 쓴다.
02 특정한 요일을 나타내는 시간 앞에는 전치사 on을 쓴다.
03 특정한 때를 나타내는 the summer vacation이 쓰였으므로 전치사 during을 쓴다.
04 '~ 주위에'를 나타내는 장소 전치사는 around이다.
05 구체적인 시간을 나타낼 때는 시간 전치사 at을 사용한다.
06 숫자를 포함한 기간 동안을 나타내는 시간 전치사는 for이다.

07 meet your teacher or (did you) talk to her
08 because her eyesight became poor
09 Jieun and Taeri at the cinema
10 late last night / so I am feeling sick today
11 a restaurant with Matt / but she didn't order anything

07 같은 종류의 절과 절을 '또는'으로 연결할 때는 접속사 or를 쓴다. Did you 뒤에 동사(meet ~)와 동사(talk ~)를 연결할 수도 있다.
08 나쁜 시력 때문에 안경을 쓰는 것이므로 because를 써야 한다.
09 같은 종류의 단어와 단어를 '그리고'로 연결할 때는 접속사 and를 쓴다.
10 같은 종류의 절과 절을 '그래서'로 연결할 때는 접속사 so를 쓴다.
11 '식당에 갔지만 주문하지 않았다'라는 의미로 접속사 but을 써야 한다.

12 The airplane arrived late because of fog.
13 She put her diaries under the bed.
14 Don't[Do not] use your phone during
15 practiced a lot, but he failed the audition
16 I believe that Suji told me the truth.

12 because of는 전치사로 뒤에 명사를 쓴다.
13 '~ 아래에'를 표현하는 위치 전치사는 under이다. put의 과거형은 put이다.
14 특정한 때를 나타내는 the show가 쓰였으므로 전치사 during을 the show 앞에 쓴다.
15 같은 종류의 절과 절을 '그러나'로 연결할 때는 접속사 but을

30 특정한 때를 나타내는 his flight가 쓰였으므로 전치사 during 을 쓴다. '~에서 …으로'를 나타내는 전치사는 from ~ to …이 다.

16 동사 believe의 목적어로 절이 오므로 명사절을 이끄는 접속 사 that으로 절과 절을 연결한다.

17 Shall we walk or take a taxi?
18 Don't[Do not] make a noise while the baby is sleeping.
19 We went to the park and rode a bike
20 Sunny said that the book was interesting.
21 There are three birds in the cage.
22 They talked about the matter for thirty minutes.

17 같은 종류의 절과 절을 '또는'으로 연결할 때는 접속사 or를 쓴다.
18 문맥상 '~하는 동안'이라는 뜻의 부사절을 이끄는 접속사인 while로 써야 한다.
19 같은 종류의 절과 절을 '그리고'로 연결할 때는 접속사 and를 쓴다.
20 동사 say의 목적어로 절이 오므로 명사절을 이끄는 접속사 that으로 절과 절을 연결한다.
21 넓은 장소나 내부 앞에는 전치사 in을 쓴다.
22 숫자를 포함한 구체적인 기간인 thirty minutes가 쓰였으므로 전치사 for를 써야 한다.

23 My cousin will stay here for a week.
24 Mary hung the picture on the wall.
25 He went to a bookstore and bought a book yesterday.
26 When you cook, be careful with the knife.
27 I guess that we can learn a lot from this class.

23 숫자를 포함한 구체적인 기간인 a week가 쓰였으므로 전치사 for를 써야 한다.
24 표면에 접촉한 상태인 '~ 위에'를 나타내는 위치 전치사는 on 이다.
25 동사가 and로 연결될 때는 같은 종류의 동사구를 연결하므로 buy를 앞의 동사구의 시제와 맞춰 과거시제인 bought로 바꿔 야 한다.
26 시간/조건의 부사절에서는 의미가 미래라도 현재시제로 써야 하므로, will을 삭제하고 현재형으로 쓴다.
27 동사 guess(추측하다)의 목적어로 절이 오므로 접속사 that으 로 고쳐야 한다.

28 My family will live in Paris from
29 No one entered her room after checking in
30 He got a stomachache during his flight from Seoul to

28 넓은 장소나 내부 앞에는 전치사 in을 쓰며, '~부터'라는 시간 을 나타내는 전치사는 from이다.
29 '~ 이후'를 표현하는 시간 전치사는 after이며, 호텔에 체크인 하는 전치사는 in이다.

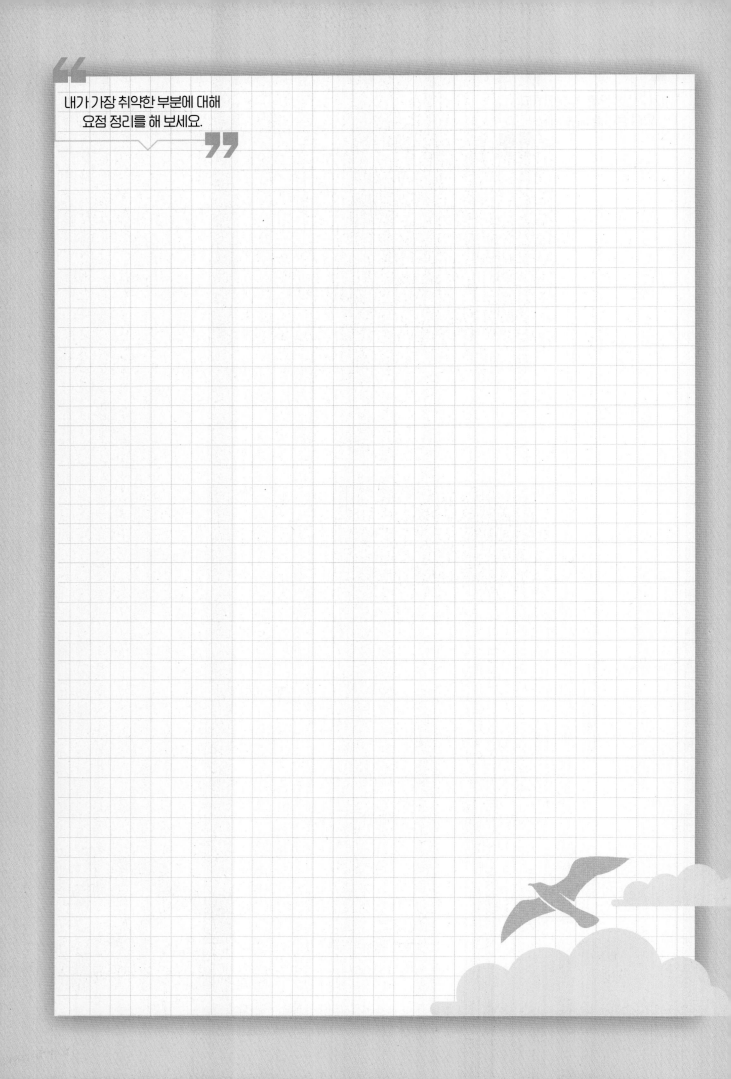

중학도 EBS!

EBS중학의 무료강좌와 프리미엄강좌로 완벽 내신대비!

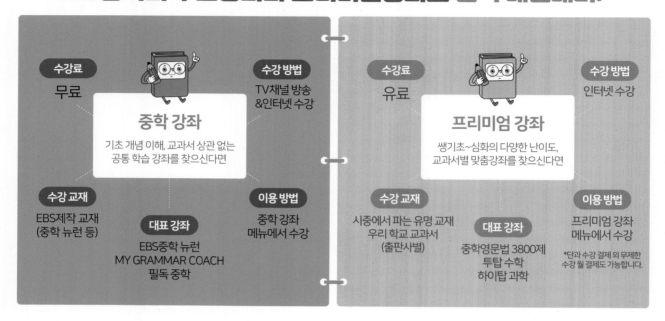

수강료
무료

수강 방법
TV채널 방송
&인터넷 수강

중학 강좌
기초 개념 이해, 교과서 상관 없는
공통 학습 강좌를 찾으신다면

수강 교재
EBS제작 교재
(중학 뉴런 등)

대표 강좌
EBS중학 뉴런
MY GRAMMAR COACH
필독 중학

이용 방법
중학 강좌
메뉴에서 수강

수강료
유료

수강 방법
인터넷 수강

프리미엄 강좌
쌩기초~심화의 다양한 난이도,
교과서별 맞춤강좌를 찾으신다면

수강 교재
시중에서 파는 유명 교재
우리 학교 교과서
(출판사별)

대표 강좌
중학영문법 3800제
투탑 수학
하이탑 과학

이용 방법
프리미엄 강좌
메뉴에서 수강

*단과 수강 결제 외 무제한
수강 월 결제도 가능합니다.

프리패스 하나면 EBS중학프리미엄 전 강좌 무제한 수강

내신 대비 진도 강좌

☑ 국어/영어: 출판사별 국어7종/ 영어9종
　우리학교 교과서 맞춤강좌

☑ 수학/과학: 시중 유명 교재 강좌
　모든 출판사 내신 공통 강좌

☑ 사회/역사: 개념 및 핵심 강좌
　자유학기제 대비 강좌

영어 수학 수준별 강좌

☑ 영어: 영역별 다양한 레벨의 강좌
　문법 5종/독해 1종/듣기 1종
　어휘 3종/회화 3종/쓰기 1종

☑ 수학: 실력에 딱 맞춘 수준별 강좌
　기초개념 3종/ 문제적용 4종
　유형훈련 3종/ 최고심화 3종

시험 대비 / 예비 강좌

· 중간, 기말고사 대비 특강
· 서술형 대비 특강
· 수행평가 대비 특강
· 반배치 고사 대비 강좌
· 예비 중1 선행 강좌
· 예비 고1 선행 강좌

왜 EBS중학프리미엄 프리패스를 선택해야 할까요?

현직 교사들이
직접 참여하는 강의

타사 대비 60% 수준의
합리적 수강료

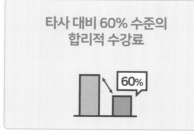

60%

프리패스 회원만을
위한 특별한 혜택

자세한 내용은 EBS중학 > 프리미엄 강좌 > 무한수강 프리패스(http://mid.ebs.co.kr/premium/middle/index) 에서 확인할 수 있습니다.

*사정상 개설강좌, 가격정책은 변경될 수 있습니다.

중학도 EBS! 최고의 강의, 합리적인 가격
프리패스 구매 문의 : 1588-1580 / 연중무휴 EBS중학프리미엄